JN096205

地域福祉と
包括的支援体制

川村匡由 編著

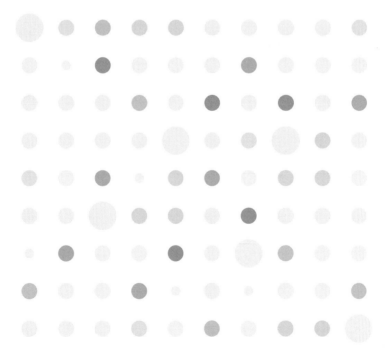

ミネルヴァ書房

まえがき

　『入門　地域福祉と包括的支援体制』は旧カリキュラムの「地域福祉論」，新カリキュラムの「地域福祉の理論と方法」および「福祉行財政と福祉計画」を統合しただけでなく，政府はもとより，自治体や社会福祉協議会，福祉施設，保険医療機関，NPO，企業・事業所，ボランティアなど地域社会をあげて高齢者や障害児者，児童，乳幼児，母子・父子・寡婦世帯，妊産婦，貧困者・生活困窮者，ホームレス（路上生活者），外国人，さらには非常時および災害時の被災者などを支援すべく地域包括ケアシステムを深化させて地域共生社会を実現し，誰でも住み慣れた地域でいつまでも安全・安心な生活を確保する理論と方法を教授する内容に改められた。

　そこで，今後の地域福祉は長引く不況のもと，2065年の本格的な少子高齢社会および人口減少に向け，政府および自治体の制度・政策を基本としながらも市民自治・主権にもとづく公私協働，とりわけ，多職種および多機関協働によってさまざまな事業・活動にも取り組み，地域福祉化・組織化を図ることが必要である。中でも地方は無医地区が多い上，過疎化が進んで限界集落化しているところもある。また，都市部では地方からの人口流入によって共同体機能が弱体化し，限界団地も増えつつある。このため，地方，都市部を問わず，どのように再生すべきか，さらに非常時や災害時に住民の生命や財産，生活の安全をどのように確保するのか，健康増進，老活および終活，見守り，安否確認などの自助や互助，さらには他地域の市民らによる支援物資や支援金，寄附金，災害ボランティアの受け入れなど共助等のベストミックスをどのように構築すべきか，が喫緊の課題となっている。

　ちなみに，国際連合（国連）サミットは2015年9月，加盟193カ国が2030年までに取り組むべきとして貧困や飢餓，健康，教育，安全・安心なまちづくりなど計17のSDGs（持続可能な開発目標）を採択，日本政府は翌年，「持続可能な

開発目標（SDGs）推進本部」を設置，経済や社会，環境の分野など8つの優先課題と140の施策を盛り込み，これらの課題解決に向けて取り組んでいくことになった。

　いずれにしても，「地域福祉と包括的支援体制」を学ぶにあたっては国民主権，基本的人権の尊重，平和主義を三大原則とする日本国憲法を国是に，2065年の本格的な少子高齢社会および人口減少に備え，地域福祉化・組織化に取り組んで地域社会の持続可能性を追求することが必要である。

　なお，本文中の実線はこれまでの社会福祉士や精神保健福祉士の国家試験で出題された個所，および今後の出題が予想される個所を示したものである。学習の一助としていただければ幸いである。

2021年3月

武蔵野大学名誉教授

川村匡由

目　　次

第1章	地域福祉の基本的な考え方

学びのポイント

地域福祉の基本的な考え方は，第二次世界大戦（アジア太平洋戦争）後，欧米の
コミュニティケアやコミュニティオーガニゼーションの理論と方法が紹介され，そ
の後，ノーマライゼーションの理念やソーシャルインクルージョンの実践によって
地域福祉の推進に取り組まれるようになった。しかし，ややもすると政府の行財政
改革のもとで提唱されてきただけに，市民自治・主権にもとづく住民運動や市民活
動として取り組み，地域社会の持続可能性を追求するとともに政府や自治体に対し，
さらなる支援を求めていくことが必要である。

1　地域福祉の概念と理論

（1）地域福祉の概念，地域福祉の構造と機能

1）地域福祉の概念

　地域福祉の概念についての学説は多々あるが，いまだに定説には至っていな
い。現に，高齢者や障害児者，児童，乳幼児，母子・父子・寡婦世帯，妊産婦，
貧困者・生活困窮者，ホームレス（路上生活者），外国人などを年金や医療，介
護，福祉の対象とすべき社会保障や社会福祉は明治維新後の1874年から第二次
世界大戦後の1950年代にかけ，恤救規則や救護法（現・生活保護法），国民年
金法，厚生年金保険法をはじめ，老人福祉法や身体障害者福祉法，児童福祉法
など福祉六法が制定されるまで，また，1949年，戦後処理の一環としてGHQ
（連合国軍最高司令官総司令部）から「社会福祉活動に関する協議会」の設置の指
示を受けることになった。これは，家制度のもと，講や結い，催合，頼母子講
および無尽など伝統的な親族相扶および隣保相扶，すなわち，家族や親族の自
助や住民の互助によって高齢者や障害児者，児童，貧困者などを保護すること

が美徳とされる日本社会の価値規範に鑑みての指示であった。

　このような中，18世紀のイギリスにおける COS（慈善組織協会）や宗教家，大学教授などによる慈善事業，セツルメント運動，社会事業，また，精神障害者や知的障害者を施設から在宅に移し，地域で支援するコミュニティケア，およびその後のアメリカにおける高齢者や障害児者，児童などの支援のため，住民や社会福祉施設，保険医療機関など地域の社会資源を組織化するコミュニティオーガニゼーションなどの事例を基に，地域福祉をコミュニティケア，地域組織化，福祉組織化，予防的福祉からなる地域社会福祉による福祉コミュニティケアの形成と捉えたのが岡村重夫である。このうち，地域組織化は地域を地域福祉によって組織化するものであるのに対し，福祉組織化は社会福祉施設などの社会資源を組織化するものである。

　その後，阿部志郎や右田紀久恵，井岡勉らがこの岡村の説を踏まえつつ新たな地域福祉の概念を相次いで提起した。このうち，阿部はキリスト教徒として社会福祉施設の社会化を踏まえ，住民のボランティア活動など地域の公私の機関が協同（協働）し，各種社会福祉施策・施設など地域の社会資源を動員して地域のニーズを充足させ，当該地域の福祉を実現していく実践の体系を試みた。

　また，右田は日本国憲法および地方自治法を踏まえ，地域における生活問題を生活原則・権利原則・住民主体の原則に立脚し，その軽減，除去，または発生を防止し，労働者や住民の主体的な生活全般にかかる福祉サービスの水準を保障するだけでなく，より高めるための社会的施策と方法の総体を地域福祉と捉え，自治型地域福祉による「あらたな公共」をめざすべきと主張した。このほか，井岡は地域生活課題への社会的対策，大橋謙策は参加型・住民主体型地域福祉，野口定久はコミュニティのQOL（生活の質）の向上を図るものなどと地域福祉を定義した。

　これに対し，筆者はこれらの先学を踏まえ，地域福祉は住民はもとより，当該地域に通勤・通学・通所・通院する擬似構成員も含めた市民が日本国憲法の三大原則である国民主権，基本的人権の尊重，平和主義を踏まえ，だれでも住み慣れた地域でいつまでも健康で文化的な最低限度の生活，すなわち，同法第25条第1～2項にもとづき生存権[6]が保障されるべく政府の社会保障的義務[7]およ

図表1-1　地域福祉の概念の諸説

	理　　念	方　　法	目　　標
岡村　重夫	福祉コミュニティの形成	住民主体の地域社会 福祉活動・地域組織化	制度政策の改革
井岡　　勉	地域生活課題への 社会的対策	福祉運動	社会保障・労働政策・ 地域生活改善
右田紀久恵	自治型地域福祉 （あらたな公共）	住民運動・地域福祉計画・ 地域組織化	生活権の保障・ 社会的自己実現
真田　　是	地域福祉政策の拡充	福祉運動	社会変革
阿部　志郎	ボランティア活動	公私協同	
永田　幹夫	在宅福祉型地域福祉	資源調整・環境改善・ 地域組織化	個人・家族の自立
三浦　文夫	社会福祉経営論	ニード論・政策経営	政策の開発・経営
大橋　謙策	参加型・ 住民主体型地域福祉	福祉教育	住民の主体形成
京極　高宣	在宅福祉・ケア・ 施設サービス	啓蒙教育・環境整備・ 組織化・計画化	―
野口　定久	コミュニティのQOL	参加・主体化・コミュニテ ィ資源の活用と開発	市民社会の形成
川村　匡由	市民自治・主権＋公私協 働	制度・政策・事業・活動	社会福祉普遍化・市民福祉社 会・福祉コミュニティの構築

出典：川村匡由・石田路子編著『地域福祉の理論と方法』久美出版，2010年，17頁などを一部改変。

び自治体と連携した公的責任としての制度・政策，すなわち，公助を基本としながらも市民自治・主権にもとづく自助・互助およびボランティアやNPO（特定非営利活動法人），企業・事業所の共助による事業・活動からなる公私協働，すなわち，これらのベストミックスによって社会福祉を普遍化し，市民社会から市民福祉社会への形成，さらには福祉コミュニティの構築へと昇華すべきものだと考える（図表1-1）。

　なお，福祉は一口にいえば幸福の追求とその社会的実現，およびそのための努力の過程だが，より厳密には市民・住民の日常生活上の社会的，経済的，文化的欲求，すなわち，福祉ニーズを総合的，かつ客観的に充足させるだけでなく，その充実をめざすべき状態をいう。ちなみに，A.H.マズローはこの生活欲求の発生過程について，自己実現や承認，所属と愛，安全，生理的の五つの欲求が段階的に発生するという欲求階層説を主張している。

図表 1 - 2　牧里の地域福祉の構造と機能

視　　点	概　　念	代表的学説
構造的アプローチ	政策制度論的アプローチ	右田紀久恵・井岡勉
	運動論的アプローチ	真田是・井岡勉
機能的アプローチ	主体論的アプローチ	岡村重夫・右田紀久恵・大橋謙策
	資源調整的アプローチ	永田幹夫・三浦文夫

出典：図表 1 - 1 と同じ，16頁を筆者修正。

2）地域福祉の構造と機能

　一方，牧里毎治はこのような地域福祉の概念を構造的アプローチおよび機能的アプローチの 2 つに整理し，前者は政策制度論的アプローチと運動論的アプローチ，後者は主体論的アプローチと資源調整的アプローチに細分化している。その上で政策制度論的アプローチは右田の自治型地域福祉と井岡の地域生活課題への社会的対策，運動論的アプローチは真田と井岡の福祉運動に各々まとめ，地域福祉は住民の自主的な参加・運動の支えによって推進していくものとした。これに対し，主体論的アプローチは岡村の福祉コミュニティの形成，右田の自治型地域福祉，大橋の参加型・住民主体型地域福祉，資源調整的アプローチは永田幹夫の在宅福祉型地域福祉および三浦文夫の社会福祉経営論とし，各々まとめられると主張した（図表 1 - 2）。

　これについて，大橋は「このような概念整理は1990年以前の状況のなかで言えたことで…（中略）…，平成 2（1990）年以降の市町村において在宅サービスを軸にした地域福祉の計画的推進の時代にあっては，地域福祉概念の新たなとらえ直しが求められている」とし，1982年，イギリスで刊行された「バークレイ委員会報告」に注目し，小地域にコミュニティソーシャルワーカー（CSW）を配置，コミュニティソーシャルワークとして推進すべきだとしている。この主張の背景には，1990年，社会福祉関係八法改正に伴い，措置権の都道府県から市町村への移譲をはじめ，施設福祉から在宅福祉へ，また，社会福祉事業法の改正・改称による社会福祉法および介護保険法の制定・施行による措置制度から契約制度への転換に伴い，地域福祉は市町村が中心になって推進すべく法定化されたことがある。

（2）福祉コミュニティ論・在宅福祉サービス論と共生社会

1）福祉コミュニティ論

　ところで，コミュニティの概念を社会学の中で初めて提起したのは R.M. マッキーヴァーである。その著書『コミュニティ』の中で，一定の地域で行われる共同生活の場を「コミュニティ」と定義した上で，社会的類似性，社会的・共同的な観念，習慣，伝統，共属的な感情などをコミュニティの構成要件として挙げている[11]。

　周知のように，日本の場合，戦後の高度経済成長による産業・就業構造や核家族化，過疎化・過密化によって家族による老親の介護機能が低下するとともに，住民による互助も希薄になるなど，昔ながらの家制度のもとでの家族や地域共同体としての機能が崩壊しつつある。その意味で，マッキーヴァーが指摘する社会的類似性はともかく，社会的・共同的な観念や習慣，伝統，共属的な感情などは一様に薄れつつある。

　このコミュニティ論について，岡村はかつての地域共同体は「一般コミュニティ」にすぎず，戦後の高度経済成長の進展とともに都市部でも地方でも地域社会が崩壊した今日，望まれるのは福祉土壌が醸成された「福祉コミュニティ」であり，これが地域福祉の目標であると主張している。この場合の「一般コミュニティ」とは，江戸時代まで約7万あった藩政村（自然村）は，現在の地名に比定すると「大字」と呼ばれる区画単位に相当する範囲の地域に存在する共同体のことである。

　いずれにしても，これからのコミュニティでは都市部でも地方でも地域の福祉問題を，自らの課題として受け止め，市民自治・主権にもとづき，社会福祉施設や保険医療機関，企業・事業所など社会資源との公私協働によって自治・連帯・共生を図り，社会福祉を普遍化することで問題解決にあたる福祉コミュニティを構築すべきである。

2）在宅福祉サービス論

　この地域福祉の概念に関し，永田は地域福祉は在宅福祉サービス，環境改善サービス，組織活動からなる在宅福祉サービス論を提起している。

　具体的には，在宅福祉サービスは予防的福祉サービス，専門的ケア・サービ

ス，在宅ケア・サービス，福祉増進サービスからなる。このうち，予防的福祉サービスは地域住民全体，あるいは特定の階層の集団に対して行う要援護にならないための諸活動で，たとえば情報の提供や教育，相談活動などによるニーズの早期発見，事故などの発生を防ぐための地域環境の保全に関わる条件，および物的な危険防止などの点検整備などである。また，専門的ケア・サービスは要援護者のニーズのうち，従来，社会福祉施設，医療機関の一部で行われてきた専門的サービスを地域で再編成したものであるが，医療や看護・リハビリテーション・教育・カウンセリング・身辺介助などあくまでも専門的サービスを中軸とするものである。

これに対し，在宅ケア・サービスは家族内で充足されてきた給食や配食・入浴・洗濯・布団乾燥・買い物・外出・雑用など日常生活上の介助，保護・養育などのニーズが家族機能の変化に伴い社会化されたものを，施設で対応するのではなく地域で在宅のまま再編するもので，専門的サービスに併せ，非専門的ケア・サービスとしてボランティア・地域住民の参加を基盤として行うものである。また，福祉増進サービスは高齢者の社会参加・生きがい対策など要援護者に限らず，一般住民を含めて福祉の増進を図るものである。

一方，環境改善サービスは要援護者の生活や活動を阻害している物的な条件，社会参加の促進に必要な制度的な条件の改善や整備を図るものである。また組織活動は，住民の福祉への参加・協力，意識の変容を図り，福祉コミュニティづくりを進める地域組織化およびサービスの組織化・調整，供給体制の整備，効果的な運営を図る福祉組織化からなるものとしている（図表1－3）。

しかし，この永田説は基本的には社会福祉協議会（社協）サイドに立った在宅福祉型地域福祉にとどまっていると指摘せざるを得ない。なぜなら，地域福祉は在宅福祉や環境改善，組織活動のほか，施設福祉や所得・雇用・住宅対策，保健・医療，防犯・防火・防災，有事などあらゆる生活改善を視野に入れた制度・政策および事業・活動で，在宅福祉だけを重視することはあまりにも片務的だからである。

また，全国社会福祉協議会（全社協）はこれに先立つ1962年，「社会福祉協議会基本要項」の中で「住民主体の原則」，その後1979年に『在宅福祉サービス

図表1-3　永田の在宅福祉サービス論

地域福祉	在宅福祉サービス	予防的福祉サービス（活動）〈情報の提供，教育，相談活動〉
		専門的ケア・サービス〈医療，看護（訪問）〉
		在宅ケア・サービス〈家事援助サービス〉
		福祉増進サービス〈社会参加，生きがい対策〉
	環境改善サービス	物的・制度的条件の改善整備
	組織活動	地域組織化・福祉組織化

出典：永田幹夫『地域福祉論 改訂版』全国社会福祉協議会，1993年，45-46頁を筆者改変。

の戦略』，1983年に「市町村社協強化計画」を発表したほか，1984年に『地域福祉計画論』を刊行し，社協による在宅福祉を中心とした地域福祉の計画的な推進の必要性を提示した。さらに1992年に「新・社会福祉協議会基本要項」で，「住民主体の原則」を「住民活動主体の原則」と見直したが，このような地域福祉の実践理論が全社協の要職にあった永田の地域福祉の概念に大きな影響を与えたことはいうまでもない。

　ちなみに，社会福祉は医療や介護，福祉などのニーズを個人や家族の問題としてとらえず，その支援の担い手は社会にあるとして解決を図るものだが，地域福祉はコミュニティを支援の担い手として捉える点において社会福祉との違いがある。すなわち，地域福祉は市民自治・主権にもとづく公私協働により高齢者や障害児者，児童，乳幼児，妊産婦，貧困者，ホームレス（路上生活者），外国人などすべての市民が住み慣れた地域でいつまでも健康で文化的で安全・安心な生活を送り，かつその QOL（生活・生命の質）の向上を図るべく自治・連帯・共生を通じて社会福祉を普遍化し，福祉コミュニティを構築するための政策科学であるとともに実践科学である。

3）共生社会

　共生社会とは第二次世界大戦後の1950年代，デンマークのバンク－ミケルセンによって初めて提唱されたノーマライゼーション（常態化）の理念，および1970年代以降，ヨーロッパで用いられるようになったソーシャルインクルージョン（社会的包摂）により，人間である以上，国籍や文化，言語，宗教などの違いを超え，だれもが対等・平等で，かつ社会的な公正の確保をめざすべくコミュニティに温かく受け入れるという概念である。

たとえば，イギリスで精神障害者などを病院や施設への収容から居宅処遇に移行するため，施設ケアからコミュニティケアへと転換される等の取り組みは，この概念に基づく実践例である。この概念は，デンマークやスウェーデンなどヨーロッパ各国からアメリカ，さらに日本に普及した。また，共生社会とは，高齢者や障害児者，児童乳幼児，妊産婦，母子・父子・寡婦，貧困者，ホームレス，外国人などの社会的・経済的弱者をコミュニティに包摂し，かつごく普通の生活を営むことができるよう，コミュニティをあげ，その実現に向けて努力しなければならない社会であるといえる。それはまた，1948年，国連総会で採択された「世界人権宣言」のなかで「すべての人間は，生れながらにして自由であり，かつ尊厳と権利とについて平等である」「すべての人は，社会の一員として，社会保障を受ける権利を有し，…（中略）…自己の尊厳と自己の人格の自由な発展とに欠くことのできない経済的，社会的および文化的権利の実現に対する権利を有する」と定められたことに由来する。

　また，これに続く1971年の「知的障害者の権利宣言」，1974年の「障害者の権利に関する宣言」，1980年の「国際障害者年」の行動計画は，「共生社会」の概念に基づき，人間としての人権尊重と恒久平和という理想を追求するものであるとともに，社会福祉の向上を図るという意味ですべての人に保障され，必要な支援を受けられることをめざすことを明示したものである。

　そこで，政府は1989年，「高齢者保健福祉推進十か年戦略（ゴールドプラン）」の一つとして各中学校通学区域ごとに1か所整備・拡充し，高齢者の保健・福祉の支援に努めてきた在宅（老人）介護支援センターを2000年の介護保険法の施行にもとづき再編した地域包括支援センターの対象を要介護・要支援高齢者だけでなく，非該当（自立）と認定された高齢者はもとより，障害児者も含めることにした。これは地域自立生活や共生型サービス，地域包括ケアによる地域共生社会の実現をめざしている。

　それにしても，日本でノーマライゼーションの理念およびソーシャルインクルージョンをことさらに強調せざるを得ないのは，日本国憲法が制定されて78年経ったものの，基本的人権の尊重はもとより，法の下の平等や幸福追求権の保障がなお十分で実体化されていない，という現実があるからにほかならない。

その例の一つが，高齢者や障害児者の社会福祉施設や保育所（園）の建設計画に反対する一部の住民の存在である。

　ただし，ここで注意しなければならないのは，1990年代以降，少子高齢社会が到来したほか，その後，人口減少に伴い，年金や医療，介護，子育てのための財源が必要になったため，政府は1989年，消費税を導入しながらも施設福祉から在宅福祉へ，また，地方分権化という名のもと，唐突に地域福祉を推奨し始め，公的責任としての公助を縮小，共生社会や地域自立生活，地域包括ケアシステムにより地域共生社会の実現を強調している点である。なぜなら，2020年度末現在，対 GDP 比197％に相当する約1,125兆円に膨れ上がっている国および地方の長期債務残高(12)の対策のため，2065年の本格的な少子高齢社会および人口減少に伴い，増大するばかりの社会保障給付費を抑制したいという思惑も働いているからである。

2　地域福祉の歴史

（1）セツルメント，COS，社会事業

　次に地域福祉の沿革だが，一般的にはイギリスにおける COS（慈善組織協会）がその源流とされている。それまでの無組織的な民間団体の慈善事業による貧困者の救済活動の弱点を補うべく組織化された COS がロンドン郊外のイースト・エンドの貧困地区で貧困者を対象に，その原因の調査や友愛訪問，労働者教育，労働組合の結成への指導などを中心としてボランティア活動に取り組んだことにある。

　また，1884年，バーネットが母校・オックスフォード大学の学生や教授，友人らにその活動の意義を説き，同地区の一角にトインビーホールを建設し，スラム化の改善のため，セツルメント運動を展開した。労働者もこれに呼応し，友愛組合や消費者協同組合を設置，生活改善のための共済活動や労働組合運動に取り組み，産業革命に伴う貧困者の増大や労働者の間における人間疎外など，新たな福祉課題を提起した。その後，これら活動はソーシャルワークリサーチやケースワーク，コミュニティケア，ソーシャルアクションの重要性をヨーロ

ッパ諸国やアメリカに波及させ，国の制度・政策としての社会事業の必要性を訴える契機となった。

　具体的には，1919年，全国の地方社協の連合体として全英社会福祉協議会（現・全英民間組織協議会）が組織され，全国の民間社会福祉団体の連絡・調整を図る上部団体となった。その後，1942年の「ベヴァリッジ報告」によるナショナルミニマム（国家最低生活水準）の保障のため，政府によって保健・医療・福祉・住宅・教育などの社会政策が福祉国家の理想として掲げられ，実施された。国民レベルでも産業革命の発展とともに新たな市民社会を形成，本格的な民間社会福祉事業の時代を迎えることになった。さらに，1950年代以降，デンマークで提唱されたノーマライゼーションの理念がイギリスに普及，精神障害者などを病院や施設への収容から居宅処遇へと移行するため，施設ケアからコミュニティケアへと転換された。

　また，イギリス政府は1971年，「シーボーム報告」に基づき地方自治体社会サービス法を制定，福祉サービスの権限を国から自治体に移譲する一方，すべての自治体に保健・福祉計画の策定を義務づけた。いわゆる「ゆりかごから墓場まで」という社会保障・社会福祉の国策の一つだが，多くの国民はこれに安住して「英国病」に見舞われたほか，1970年代の世界的な石油危機や人口の高齢化に伴い，福祉財政の逼迫を余儀なくされた。このため，1979年，首相の座に就いたサッチャー保守党政権は大胆な行財政改革に踏み切り，従来の“与える福祉”から“自立自助する福祉”へと政策転換した。いわゆるサッチャリズムで，自治体に対する福祉サービスへの補助金の削減や国営医療機関の統廃合，自治体の高齢者年金ホームの閉鎖，福祉サービスにおける受益者負担の導入，民間のナーシングホーム[13]の建設の奨励，および1990年，「保健サービスおよびコミュニティケア法」の制定により施設福祉から在宅福祉へと移行，地域福祉や民営化路線が推進された。

（2）社会福祉協議会，民生委員・児童委員，共同募金，在宅福祉，施設の社会化

　また，ドイツのエルバーフェルト市では1853年，1区内当たり4人以上の貧困者がいないよう，市内を546に区割りしてボランティアを配置，貧困者の訪

問調査や救済を担当させる一方，監督官や市長，市議などによって構成する中央委員会を設け，施設内外救助の監督，規程の作成などを行い，1917〜1918年の岡山県・大阪府における済世顧問・方面委員（現・民生委員・児童委員）制度創設の前例となった。

　このほか，スウェーデンではノーマライゼーションの理念にもとづき要援護者を地域社会の一員として在宅で支えるべく，1950年代以降，ホームヘルプサービスが実施されたが，1970年代の石油危機を機に国民経済が停滞したほか，失業率の上昇などの問題も持ち上がったため，社会福祉施設やソーシャルサービスセンター，スーパーマーケット，警察署，学校などを配置したニュータウンづくりに取り組んだ。また，施設の入所者の早期退去を促進させるなど在宅福祉や施設の社会化に重点を置いたが，過去150年もの間，他国との戦争を回避した結果確保できた巨額の公費を福祉住宅の整備・拡充に投じ，世界屈指の「高福祉・高負担」をめざしている。

　これに対し，1910年代，すでに共同募金に取り組んでいたアメリカはイギリスのCOS運動を受け，フィラデルフィアやバッファロー両市で慈善組織協会や社協が結成され，1930年代末，コミュニティワークやケースワークが普及した。また，ルーズベルト大統領はニューディール政策のもと，1935年，世界で初めて社会保障法を制定するとともに，ノーマライゼーションの理念の浸透に伴い，1950年代，ニーズ・資源調整（レイン報告）やコミュニティオーガニゼーションが理論化され，コミュニティディベロップメント（地域社会開発）やソーシャルアクション，ソーシャルプランニングなどの策定が自治体に義務づけられ，計画的な地域福祉実践が推進された。もっとも，その後，ベトナム戦争への介入や石油危機に伴う経済破綻，人口の高齢化のため，1986年から医療費を抑制するとともに施設福祉から在宅福祉へと切り替える一方，レーガノミクスにより社会保障・社会福祉の財源の削減に踏み切った。

　これに対し，WMA（世界医師会）も1948年，第一次世界大戦が児童に及ぼした惨禍への反省を踏まえ，児童の心身の発達保障，要扶助児童への援護，危難に際しての救済の最優先，生活保障と搾取からの保護，人類同胞への奉仕を目標とする児童育成の原則を謳った「ジュネーブ宣言」を採択した。この精神は

第二次世界大戦後，国際連合（国連）に継承され，コミュニティケア政策の伸展とともに，ボランティア活動によるサービスのネットワーク化が取り組まれていった。

　一方，日本は長年にわたる家制度のもと，親族相扶や隣保相扶，すなわち，自助・互助が取り組まれてきたが，その半面，コミュニティになじめない者，また，新たに転入した者は村八分やよそ者扱いにするなど身内意識を高揚させたため，貧困世帯はその狭間（はざま）に置かれた。このようなムラ社会は明治期の近代国家の建設や「明治の大合併」による行政村の再編，また，大学教授など学識者が学生などと貧民街に住み込み，社会改良運動に努めるセツルメント運動の考え方が欧米より徐々に輸入されるとともに薄れ，取り残された貧困者などに対し，宗教者や政財界の有志，篤志家などが地域の違いを越え，慈善事業や社会事業に努めるようになった。

　たとえば，松方正義は1869年，大分県日田市に養育館，横浜市のカトリック神父は1872年，同市に仁慈堂，片山潜は1897年，東京・神田三崎町の自宅にキングスレーホールを設立したほか，一部の地域ではキリスト教系の隣保館や公民館が再建されたり，新設されたりしてセツルメント運動も広がっていった。

　また，これに先立つ1874年，恤救（じゅっきゅう）規則が制定されたり，その不足分を補完すべく，1897年に慈恵救済資金が創設されたりした。1907年には全国救済事業大会が開かれ，各地の民間社会福祉団体を組織化，1908年，中央慈善協会が設立され，昭和初期まで隣保事業として受け継がれた。このような背景には小河滋次郎や留岡幸助，窪田静太郎，渋沢栄一など多くの篤志家や財界関係者による物心両面にわたる指導，支援があった。また，政府は1909年，このような慈善事業に取り組む施設や団体の活動実績を評価，国庫奨励金や助成金を支給し，その育成に努めた。

　やがて，大正期に入り，日露戦争から第一次世界大戦の渦中となって好景気を迎えたものの，都市部では米価の高騰など物価の高騰を招く一方，労働の強化，地方では配給米としての出荷に伴う自給米の枯渇と現金収入の減少を招いたため，各地で米騒動や労働争議が頻発したが，大正デモクラシーにもとづく社会連帯により貧困者を救済する必要に迫られ，慈善事業から社会事業へと転

換した。これを受け，政府は1917年，内務省（現・厚生労働省）に救護課，1919年に社会課を設けたほか，翌1920年，社会課を社会局に昇格させ，社会事業に関わる問題に着手した。岡山県や大阪府では知事らによって済世顧問・方面委員制度が発足，貧困者に対する精神的感化や生活用品，物資の供与などが行われた。

　また，1923年の関東大震災（大正関東地震）を機に学生たちも各地でセツルメント運動に着手したが，やがて，第二次世界大戦に突入，戦火が拡大されるにつれ，軍需産業を中心とした重化学工業に取り込まれたため，戦時厚生事業へと変節，日本の経済・社会機構は根底から覆された。そして，戦後，貧困者の救済や戦争犠牲者の遺族，焼け野原になった市街地の整備などが緊急の課題となった。このため，政府はGHQから示された「救済ならびに福祉計画に関する件（SCAPIN775号）」を受け，新たな日本国憲法の公布のもと，1946年，従来の救護法を廃止して生活保護法（旧法）を制定，社会保険および社会保障・社会福祉の整備に着手した。

　具体的には，翌1947年に児童福祉法，1949年に身体障害者福祉法を制定し，生活保護法（旧法）と合わせて福祉三法体制を整備した。この年，アメリカ・オハイオ州で取り組まれた共同募金も全日本民生委員連盟によって全国規模でスタート，1959年，「歳末助け合い募金」へと発展し，都道府県共同募金会および都道府県社協，市町村社協の所管となった。また，1950年，社会保障制度審議会（現・社会保障審議会）より提示された「社会保障制度に関する勧告（50年勧告）」を踏まえ，生活保護法（旧法）を全面的に改正したほか，1961年に国民年金法および国民健康保険法を制定，国民皆年金・皆保険体制を整えた。

　さらに，1951年，GHQより社会福祉活動に関する協議会の設置に関する指示を受け，社会福祉事業法（現・社会福祉法）を設置のために制定し，その全国組織として全国社会福祉協議会（全社協）が設立された。これを受け，1950年代前半，各地に都道府県社会福祉協議会および市町村社会福祉協議会が組織化され，社会福祉協議会の事業・活動は草創期を迎えた。このほか，1952年に東京都で老人クラブ，1956年には長野県で家庭養護婦派遣事業訪問介護（現・訪問介護）がスタート，その後の在宅福祉型地域福祉の基盤を築いた。

その後，高度経済成長を遂げ，国民生活や医療水準も向上，人生100年時代を迎えたが，大気汚染や自然破壊などの公害や物価の高騰，住宅事情の悪化，少年非行の増大，交通事故の多発など生活環境が深刻となり，各地で住民運動や市民運動が繰り広げられた。

　そこで，全社協は1957年，「市区町村社会福祉協議会当面の活動方針」を発表し，市町村社協に市町村および関係機関と協力して地域福祉計画（現・地域福祉活動計画）を策定するよう呼びかけた。また，1962年，「住民主体の原則」や地域組織化，市町村社協中心の地域福祉，社協における専門職員の配置を骨子とした地域福祉の拡充を推進するために「社会福祉協議会基本要項」を策定した。そして，社協活動は地域福祉計画（現・地域福祉活動計画）を基本的な戦略とするとともに，1973年，市町村社協活動強化要項を発表するなど，市町村社協を中心とした在宅福祉の充実に力を入れることになった。この結果，各地でボランティア活動が重視され，善意銀行の設置やボランティアスクールの開催，ボランティアセンターの整備が進んだ。

　一方，自治省（現・総務省）は1971年，国民生活審議会が1969年に発表した「コミュニティ──生活の場における人間性の回復」を踏まえ，「コミュニティ対策要綱」を策定し中央社会福祉審議会は「コミュニティ形成と社会福祉」を答申した。また，東京都社会福祉審議会はその前年の1970年に「コミュニティ・ケアの進展について」を発表するなど，国および自治体も地域社会の崩壊に伴う新たなコミュニティの形成のあり方や地域福祉の推進に関心を寄せることになった。

　中でも中央社会福祉審議会の「コミュニティ形成と社会福祉」はそのための方法として地域組織化をはじめ，地域福祉施設，在宅福祉の整備・発展強化を主な柱として示した。さらに，政府はコミュニティを「生活の場における人間性の回復」として位置づけ，「基本構想（基本計画）」の一環として在宅福祉の強化を提唱，市町村に対し，在宅福祉の整備・拡充に取り組むよう指示した。

　具体的には，1977年度の「学童・生徒のボランティア活動普及事業」，1985年の福祉ボランティアのまちづくり事業（ボラントピア事業），1991年のふれあいのまちづくり事業（現・地域福祉支援事業），市町村社協を実施主体とした小

地域福祉ネットワーク活動やふれあい・いきいきサロンによる見守り活動である。また，1972年，老人福祉法を一部改正，老人医療費の無料化を制度化したほか，「日本型福祉社会」の創造，在宅福祉を中心とする社会福祉の見直し，および国家財政の健全化を図るべく行財政改革を提唱するなど，在宅福祉を基本とした地域福祉の基盤づくりを進めた。

　しかし，人口の高齢化はその後も進行し21世紀には本格的な高齢社会の到来が予測されるようになっただけでなく，中山間地域や離島などの地方や都市部の過疎化・過密化，核家族化により高齢者のみ世帯が増加，家庭における介護機能が低下するとともに，寝たきりや認知症，一人暮らし高齢者が地域で孤立しがちとなった。半面，健常（元気）高齢者は健康の増進や社会参加，老後の生きがいを求めるようになるなど国民の福祉ニーズが多様化してきた。

　そこで，政府は中央社会福祉関係三審議会合同企画分科会の1989年の「今後の社会福祉のあり方について」と題する意見具申を受け，市町村の役割を重視するとともに，市町村社協の機能の強化，社会福祉士および介護福祉士の国家資格化によるマンパワーの養成・確保，民間活力の導入（民活導入）の一環としてシルバーサービスの健全育成を通じ，保健・医療・福祉の連携を中心に地域福祉を推進することになった。また，同年「高齢者保健福祉推進十か年戦略（ゴールドプラン）」を発表，地域福祉を推進するため，翌1990年，社会福祉関係八法を改正，国から地方への権限の移譲，施設福祉から在宅福祉への重点的移行，市町村への老人保健福祉計画（現・老人福祉計画）の策定の義務づけのほか，保健医療・福祉マンパワー対策本部，福祉人材情報センターおよび福祉人材バンクを設置，地域福祉基金の創設，1991年の心身障害者対策基本法の障害者基本法への改正・改称，ノーマライゼーションの理念の障害児者福祉の領域への導入などの様々な改正が行われた。

　これを受け，全社協は1992年，「社会福祉協議会基本要項」を「新・社会福祉協議会基本要項」に改め，従来の「住民主体の原則」から「住民活動主体の原則」に見直し，行政の“下請け社協”から“事業型社協”へと脱皮すべく「地域福祉元年」を告げた。そして，翌年，「ボランティア活動推進七か年プラン」を発表，ボランティアコーディネーターやボランティアアドバイザーの養

成・確保に力を入れるととともに，1994年，国庫補助による都道府県社協，指定市社協におけるボランティアセンターの設置の指導などを通じ，ボランティア人口の拡大に取り組むことになった。

しかし，折からのバブル経済の崩壊や円高不況，高齢者の介護および子育てに対する福祉ニーズの増大に対処するため，1994年，「21世紀福祉ビジョン」を発表し少子高齢社会に伴う高齢者，障害児者，児童が共に安心して暮らせるふれあいのまちづくりを提唱した。また，保健所法を地域保健法に改め，市町村における保健・福祉の連携を図るとともに，市町村や都道府県，国の責務規定を定め，対人的な保健行政を市町村に移譲するなど"地方分権化"をめざすことになった。

（3）地方分権，社会福祉基礎構造改革，地域自立生活，地域包括ケア，地域共生社会

このような政策動向を受け，実施されることになったのが1994年以降の社会保障構造改革および社会福祉基礎構造改革で，「障害者プラン（ノーマライゼーション七か年戦略）」をはじめ，「緊急保育対策等5か年計画（エンゼルプラン）」，2000年の介護保険制度の導入，社会福祉事業法の社会福祉法への改正・改称によって地域ケアシステムの実体化や地域福祉の法定化等が実施された。この結果，2003年4月以降，市町村は地域福祉計画，都道府県は地域福祉支援計画を策定することが努力義務とされ，市町村は従来にもまして市町村社協とのパートナーシップを発揮し，地域福祉を推進していくことが明示された。また，障害児者福祉では2003年に支援費制度を導入後，障害者自立支援法（現・障害者総合支援法）が制定され福祉六法の多くは市町村主導による地域福祉の計画化の中で推進されていくことになった。

このほか，1992年，農業協同組合法と消費生活協同組合法が改正され，農協および生協が社会福祉法人格を取得して福祉事業に進出することが可能になった。さらに，1998年には特定非営利活動法人法（NPO法）が制定され，NPOが従来の訪問介護（ホームヘルプサービス）や通所介護（デイサービス），短期入所生活介護（ショートステイ）といった有償在宅福祉サービスだけでなく，認知

症高齢者共同生活介護の適用となったグループホームに参入できる道を開いた。

　しかし，政府の財政構造改革および地方分権改革の一環として1999年から市町村合併が強行されており，一時期，約3,200あった市町村は2006年に1,821に縮減され，合併特例債などの一時的な財政支援は見込まれたものの，市町村格差は拡大する一方である。これは小泉政権（当時）が掲げる国と地方との税源配分の見直し，国庫支出金（補助金）の削減，地方交付税交付金の改革からなる「三位一体の改革」により新自由主義（新保守主義）にもとづく「大きな政府」から「小さな政府」への転換の結果であった。

　一方，社協を中心としたボランティア活動は各地の市町村社協が1965年，善意銀行を設置し，その実績をベースに全社協が1968年，ボランティア活動育成基本要項を策定し，活動の基本理念や育成方針を明らかにしたことから始まる。また，戦後の高度経済成長の一方，過疎・過密化や公害など命と暮らしを脅かすような事態が深刻になったため，草の根的な市民運動に取り組む国民の間に連帯感が生まれ，運動は各地に広がっていった。このため，全社協は1975年，中央ボランティアセンター（現・全国ボランティア・市民活動振興センター）を設置し，地域福祉の推進のため，ボランティアの育成に着手することになった。

　このような取り組みは自治体にも影響を与え，一部の自治体では住民を対象としたボランティア活動の育成・促進事業を制度化する動機づけとなった。それまで町内会・自治会や民生・児童委員などが中心であったボランティアであったが，これを機に学生や青年，さらには家庭の主婦など広くの国民各層がボランティア精神に啓発され，それまではややもすれば政治・経済的な要求を掲げた行政依存型あるいは告発型の住民運動から，行政協力型もしくは協働型の市民運動の奨励へと，ボランティア活動は新たな段階を迎えることになった。

　その後，社協を中心としたボランティア・市民活動は1981年の「国際障害者年を機に，ノーマライゼーションの理念の普及とともに，その対象は児童や高齢者，さらには障害者へと拡充を図っていった。また，その領域についても，従来の施設福祉から在宅福祉へと志向され，行政サービスの補完として位置づけられた。

　具体的には，厚生省（現・厚生労働省）は1985年から翌1986年にかけ，市町村

社協におけるモデル事業としてボラントピア事業を立ち上げ，それまで都道府県社協と市町村社協に設けられていた善意銀行はボランティアセンターに改組された。また，文部省（現・文部科学省）と連携し，学校教育における学童・生徒のボランティア活動普及事業，あるいは社会教育における生涯学習の一環として，住民のボランティア活動への参加の意義を啓発した。このほか，1990年の社会福祉八法の改正に伴い，市町村を中心にした在宅福祉の拡充や地域福祉の推進の必要上，1991年度からはボラントピア事業の実施などにより，ボランティア活動の基盤整備が進められている市町村で，ふれあいのまちづくり事業を推進し，社協サイドにおけるボランティア活動のネットワーク化が全国規模で進められることになった。

　このような住民の自主的，自発的なボランティア活動は，1995年の阪神・淡路大震災における災害ボランティアの活動の拡大および1998年のNPO法の成立に伴い，ボランティア・市民活動は従来の行政，企業・事業所に続く新たな第三セクターとして注目されることになった。また，同震災が発生した直後，地域福祉の研究者や社協関係の有志により日本福祉教育・ボランティア学習学会が設立された。そして，2001年，国連総会における「ボランティア国際年」の採択を機に，災害ボランティアなどのNPOも多数誕生，その後の福井県沿岸重油流出事故や新潟県中越地震，東日本大震災などにおける災害ボランティア活動が活発に行われるようになった。また，これと相前後し，2000年4月に導入された介護保険法施行の前提として，1999年に地域福祉権利擁護事業（現・日常生活自立支援事業）が制度化されたほか，2000年に障害者支援費制度が導入された。また，2005年の介護保険法改正により地域包括支援センターが設立され，人生100年時代を迎え，日常生活自立支援事業や要介護・要支援高齢者や障害児者も併せた共生型サービスを踏まえた地域共生社会の実現が推進されていくことになった（図表1-4）。

　以上が地域福祉の沿革だが，私見によれば共助はともかく自助や互助は有史以来行われてきたことは，洋の東西を問わず，想像するに難しくない。なぜなら，原始から古代にかけ世界各地で農林水産業で生計を立て，人々は自助・互助に努め，やがて，そのような集落は国へと発展し，また商業が発達して中世

から近世，近代，そして，現代へと発展したからである。

3　地域福祉の動向

（1）ケアリングコミュニティ

1）新たな地域の支え合いが求められる背景

　現在，私たちが生活する地域には，貧困，虐待，孤立死，自殺，DV被害，ホームレス，ニートなど，深刻で多様な課題が存在している。また，いわゆる8050問題やダブルケア，ゴミ屋敷，生活困窮世帯など，1つの世帯で多様な分野が密接に関わる複合的なニーズが生じている問題や制度の狭間の問題もある。これらはいずれも社会的孤立が共通課題となっている。

　このような複雑で多様な課題に対応するためには，制度的支援，専門的支援に加え，地域で生活する住民のニーズの多様化により住民同士の支え合いなど多様な社会資源により課題を解決していく地域力が求められている。

　その一方で，少子高齢・人口減少，限界集落化，世帯構成の変化等，都市化や工業化等による生活・労働の変化や生活圏域の拡大により地域社会や地域住民とのつながりや支え合いなどの減少や，インフォーマルな支え合いが困難な地域があるなど，それぞれの地域は多くの課題を抱えている。

　このような地域が抱える課題や状況に対して，課題を抱える個人や世帯を排除せず地域全体で支え合う地域づくりとして「ケアリングコミュニティ（共に生き，相互に支え合うことができる地域）[14]」の構築が求められている。

　また，原田正樹は，ケアリングコミュニティの構成要素として「①当事者性（ケアエンパワメント）：地域福祉の当事者とはそこに暮らしを営む住民自身であるが，すべての地域住民が当事者意識を持っているわけではないことから，福祉教育が必要であること。②地域自立生活支援（コミュニティケア）：高齢・障害・児童・生活困窮等様々な分野や全世代を対象とした総合的・継続的な支援体制をめざし，総合相談支援のための計画，システムやネットワークづくりが必要であること。③参加・協働（パートナーシップ）：ICFの社会参加を含む参加と各市町村が地域にある様々な機関や団体と連携・協働による『あらたな

図表 1-4　地域福祉の沿革

1601	エリザベス救貧法（英）
1819	チャルマーズの隣友運動（英）
1834	エリザベス救貧法改正
1837	ニューヨーク貧民状態改良協会(米)
1844	YMCA（英）
1853	エルバーフェルト制度（独）
1869	慈善組織協会（ロンドン），大分・養育館設立
1872	横浜・仁慈堂，板橋区・東京養育院設立
1874	恤救規則(日)
1880	東京 YMCA
1884	トインビーホール設立（英）
1889	ハルハウス設立(米)
1897	全米慈善矯正会議(米)（リッチモンド，応用博愛学校の必要性提唱），神田・キングスレーホール設立，慈恵救済資金創設
1898	有給 COS ソーシャルワーク講習(米)
1899	リッチモンド『貧困者への友愛訪問』（米）
1903	博愛事業学校（シカゴ），全国慈善事業大会(日)
1905	ソーシャルアシスタント採用(米・マサチューセッツ総合病院)
1907	精神医学ソーシャルワーカー採用（ボストン）
1908	中央慈善協会(日)
1911	全米慈善組織協会，同セツルメント連盟創設　（米）
1917	リッチモンド『社会診断』，済世顧問制度（岡山）
1919	内務省に社会課設置(日)，全英社会福祉協議会設置
1919	チャルマーズの隣友運動
1921	全米ソーシャルワーカー協会
1922	リッチモンド『ソーシャルケースワークとは何か』，「ジェネリック - スペシフィック」
1923	米最初のグループワーク養成教育課程設置（大学）
1927～32	ホーソン工場実験（デューイ，メイヨー他）
1929	世界恐慌・救護法(日)
1933	児童虐待防止法(日)
1934	ソシオメトリー（モレノ他）
1935	グループワーク部門設置（全米社会事業協会），社会保障法制定(米)
1937	竹内愛二『ケースワークの理論と実践』
1938	厚生労働省設置・社会事業法制定(日)
1939	レイン報告(米)
1940	ハミルトン『ケースワークの理論と実際』
1942	ベヴァリッジ報告（英）
1946	コミュニティオーガニゼーション研究協会，日本国憲法，旧生活保護法制定
1947	インターグループワーク論(米)，児童福祉法制定(日)
1948～49	グループワーク講習会
1949	身体障害者福祉法制定(日)
1950	「50年勧告」，社会福祉主事，生活保護法(日)
1951	社会福祉事業法（現・社会福祉法：日）
1952	老人クラブ創設，社会福祉本質論争(日)
1953	保健・教育・福祉省，全米ソーシャルワーカー協会(米)
1955	ロス『コミュニティオーガニゼーション』(米)
1956	家庭養護婦派遣事業（長野）
1957	保健所法，「市町村社協当面の活動方針」（全社協）

1958	パールマン『ソーシャル・ケースワーク問題解決の過程』，ソーシャルワーク実践の作業定義(米)
1960	精神薄弱者福祉法（現知的障害者福祉法：日）
1962	「社協基本要項」（全社協）
1963	老人福祉法(日)
1964	ジョンソン大統領「貧困論争」，公民権法(米)，母子福祉法（現母子及び父子並びに寡婦福祉法：日）
1966	社会的目標モデル（ロスマン・パペル），治療（矯正）モデル，相互作用モデル(米)
1967	行動主義モデル（トマスら）
1968	シーボーム委員会報告書（英）
1970	バートレット『社会福祉実践の共通基盤』危機介入モデル（ラポポートら），岡村重夫『地域福祉研究』（日）
1970	地方自治体社会サービス法（英）
1972	老人福祉法(日)
1973	「福祉元年」，石油危機，「市町村社協活動強化要項」（全社協）
1974	ターナー『ソーシャル・トリートメント』
1975	社会保障法タイトルXX：サービスのための州への補助金(米)
1976	ロバーツ・ノーザン『集団にかかわるソーシャルワークの理論』
1979	パッチシステム（英），日本型社会福祉論（新経済社会七か年計画），『在宅福祉サービスの戦略』（全社協）
1981	社会サービス法（スウェーデン），「活力ある福祉社会の実現」，「国際障害者年」
1982	バークレイ報告（英），老人保健法(日)
1984	『地域福祉計画』（全社協）
1987	社会福祉士及び介護福祉士法(日)
1988	グリフィス報告（英）
1990	社会福祉関係八法改正(日)，コミュニティケア改革（英），ゴールドプラン(日)，バブル崩壊
1992	福祉人材確保法，「新・社協基本要項」（全社協）
1993	老人保健福祉計画(日)
1994	21世紀福祉ビジョン，地域保健法，エンゼルプラン，新ゴールドプラン(日)
1995	精神保健福祉法，障害者プラン(日)
1997	介護保険法(日)
1998	NPO法(日)
1999	ゴールドプラン21，新エンゼルプラン，成年後見制度，地域福祉権利擁護事業（現日常生活自立支援事業：日）
2000	介護保険法施行，社会福祉法，障害者支援費制度(日)
2001	「ボランティア国際年」（国連）
2003	新障害者プラン，支援費制度，地域福祉計画，地域福祉支援計画(日)
2004	次世代育成支援計画，「今後の障害者保健福祉施策について（改革のグランドデザイン案）」(日)
2005	子ども・子育て応援プラン(日)
2006	障害者自立支援法，障害福祉計画(日)
2007	デンマーク自治体改革（デンマーク）
2008	介護保険法（老人長期療養制度：韓）
2011	障害者総合支援法
2018	地域包括支援センター，日常生活自立支援事業，共生型サービス，総合事業，地域共生社会の実現(日)
2019	社会福祉士・精神保健福祉士養成教育カリキュラム改定
2021	同実施(日)

出典：川村匡由・石田路子編著『地域福祉の理論と方法』久美出版，2010年，33頁に筆者一部加筆。

公』という体制をつくること。④ケア制度・政策（ソーシャルインクルージョン）：社会福祉制度に限らず社会保障や生活関連分野の施策を含めて，必要なプログラムを推進していくこと。⑤地域経営（ローカルマネジメント）：積極的に福祉産業として発展させたり，生活関連分野との経営を視野に入れた連携・システムと共生の視点によるマネジメントが課題であること」[15]，の５つから構成されるとしている。ケアリングコミュニティの構築には，地域の福祉力が重要であり，これらの施策等を各地域で推進していくことが求められる。

　具体的な政策としては，ケアリングコミュニティの概念をもとに2015年，生活困窮者自立支援制度が始まった。本制度のめざす目標は「①生活困窮者の自律と尊厳の確保，②生活困窮者支援を通じた地域づくり」であり，「生活困窮者の早期把握や見守りのための地域ネットワークを構築し，包括的な支援策を用意するとともに，働く場や参加する場を広げていくこと。生活困窮者は，社会とのつながりを実感しなければ，主体的な参加に向かうことは難しい。支える，支えられるという一方的な関係ではなく，相互に支え合う地域を構築すること」が目標として位置づけられている。

　また，『地域福祉論』で岡村重夫が整理した「一般コミュニティ」と「福祉コミュニティ」の２元論に対して，大橋謙策は「現在地域が抱える課題や状況に対して“地域における新たな支え合い”が求められることや社会福祉法第４条の理念の具現化という視点から，現在においては，一般コミュニティと福祉コミュニティという２元論ではなく，一般コミュニティを福祉コミュニティに作り替えていく新しい社会福祉の哲学，新しい社会福祉システムとしてのケアリングコミュニティである福祉コミュニティの創造が必要」[16]としている。

２）地域で求められる支え合いの姿（地域住民の役割）

　地域住民の役割について，社会福祉法第４条では，「地域住民，社会福祉を目的とする事業を経営する者及び社会福祉に関する活動を行う者（以下「地域住民等」という。）は，相互に協力し，福祉サービスを必要とする地域住民が地域社会を構成する一員として日常生活を営み，社会，経済，文化その他あらゆる分野の活動に参加する機会が確保されるように，地域福祉の推進に努めなければならない」と定められている。

　社会福祉法では，何らかの支援が必要な状態になっても生活の場である地域から排除されることなく，地域住民の誰もが地域の一員として何らかの役割を持ち，主体的に生活することができる地域づくりが住民に求められている。

　また，地域力強化検討会による「地域力強化検討会最終とりまとめ――地域共生社会の実現に向けた新しいステージへ」（2017年）では，「地域の各分野の課題に即して，福祉分野から地域づくりについて積極的に提案等をしていくことを通じて，これまでの支援の受け手であった人が支え手に回るような参加の場や就労の場を地域に見出していくこと。その際，必要に応じてサービス開発や参加の場を創り出していく社会資源開発が必要である」としている。

　また同検討会は，「ごみ屋敷」を例として「相談支援の専門員が，本人に寄り添い信頼関係を築く一方，地域住民が片付けに参加することにより，ごみ屋敷の住人と住民との間に緩やかな関係ができることで，再度孤立に陥ることなく生活することが可能になる。さらに，その人の参加の場や役割を持てる場，働ける場所を地域の企業や商店街の中に見出すこともできる。そのことにより，本人も支える側にもなり，やがて地域の活性化に向けた担い手にもなる」という。

　何らかの支援が必要でサービスを利用している住民であっても，支援を通して支えられる側が支える側になることもあることから，支援が必要な地域住民の役割を地域福祉の対象者として一方向に固定せず，地域社会を構成する一員として支える側にもなり，生き生きと主体的に生活できる参加と機会の場が必要であるとしている。

　課題を抱えて支援が必要な地域住民を排除せず地域の一員とする，ソーシャルインクルージョンの概念の具体化や，一方的に支える，支えられるではなく，互いに支え合う地域づくりが求められている。ケアリングコミュニティは，このような支え合いのしくみが基本となる。

3）地域再生

①　「小さな拠点」の形成

　2014年「まち・ひと・しごと創生総合戦略」では，国が地方公共団体においてそれぞれの実情に応じた戦略を策定・推進することを支援する「政策パッ

ケージ」として，中山間地域等における「小さな拠点」（多世代交流・多機能型）の形成が示された。

　主な施策として，中山間地域等において，生活・福祉サービスを一定のエリア内に集め，周辺集落と交通ネットワーク等で結ぶ「小さな拠点」（多世代交流・多機能型）を形成し，持続可能な地域づくりを推進すること，今後は，「小さな拠点」の形成に向けたモデルづくりと，5年後を目途に各市町村における本格的な形成・運営を進めていくことが示された。

　この施策は，「第2期まち・ひと・しごと創生総合戦略」（2019年）においても，「魅力的な集落生活圏の形成（小さな拠点の形成等）」として「小さな拠点」の形成を促進することが引き続き示されている。

　②　高知県「あったかふれあいセンター」の取り組み

　高知県では，県独自で高齢者，障害者，子どもなど誰もが気軽に集まりサービスを受けることができる地域福祉の拠点「あったかふれあいセンター」の整備・機能強化や中山間地域の介護サービスの確保等に取り組んでいる。「あったかふれあいセンター」は，①集い＋a（預かる・働く・送る・交わる・学ぶ等，概ね週5日実施），②相談・訪問・つなぎ（概ね週2日実施），③生活支援（ニーズに合わせて適宜実施），これら3つの機能を基本とし，各地域のニーズに応じて，「認知症カフェ」「介護予防」「ショートステイ」「子ども食堂」「子育て中の親の集い」など機能を拡充してサービスを充実させている。

　同センターの運営主体は，社会福祉法人，民間企業，NPOなど，合計31市町村に事業所が50カ所（2019年6月現在）整備されている。具体的な実施内容について「大豊町あったかふれあいセンター」を例に紹介していく。

　同センターの運営主体は大豊町社会福祉協議会で，大町総合ふれあいセンターを拠点とし，町内地域集会所等23カ所にサテライトがある。

　実施日時は，月曜日から金曜日，10時から15時まで，大町在住者は誰でも利用できる。具体的な内容は，①集いの機能として「誰でも気軽に集える場づくり」，②送る機能として「集いや野外活動への送迎」，③交わる機能として「保育所等との交流」，④学ぶ機能として「健康づくり，認知症予防，交通安全，詐欺被害予防等の話」，⑤訪問機能として「独居高齢者や障がい者の見守り訪

問」，⑥相談機能として「集いや訪問時に，日常生活での困りごと，気にかかることの相談に応じる」，⑦つなぎ機能として「地域の方や利用者の方から受けた相談や課題をその都度，町，地域包括支援センター，ケアマネジャー，専門機関等につなげる，⑧生活支援機能として「集い利用の際に，病院受診や買い物，行政機関での手続き，金融機関の利用等が行えるよう支援」，⑨介護予防機能として「保健師等と連携をはかり，介護予防体操を実施」，⑩認知症カフェ機能として「認知症地域支援推進員等と連携し，認知症に関する話や予防トレーニング等を実施」等，小規模ながら多様な機能を持つ同センターは，地域住民の交流の場・地域の支え合いの拠点となっている。

　このように，地域の誰もが利用でき集うことができる多世代交流・多機能型の居場所づくりをすすめていくことは，多様性の理解，つながりが生まれ「支え合い」につながることが期待されている。また，地域の中で何らかの支援が必要な住民にとっては，時には支え手となる機会としても，このような地域の拠点づくりが進められている。

（2）コミュニティソーシャルワーク

1）コミュニティソーシャルワークの背景・歴史

①　背　　景

　現在，私たちが生活する地域には多様な福祉課題がある。「これからの地域福祉のあり方に関する研究会」は，「一人暮らし高齢者などのゴミだしやちょっとした支援，制度の狭間の問題など公的な福祉サービスだけでは対応できない生活課題」「複合的な課題を抱える家族への支援など公的な福祉サービスによる総合的な対応が不十分であることから生じる問題」「外国人や刑務所から出所した者やホームレス，ニートなど社会的排除の対象となりやすい者や少数者，低所得者の問題」「病院や施設から地域への移行が進められており，地域生活に移行する障害者を支えるしくみ」など，これらの課題と解決に向けたしくみづくりの必要性を報告書にまとめている。

　このような多様な課題に対応するために，課題を抱えている本人や家族の労働・経済的や身体・健康的に自立した生活と，生活する地域社会における精神

的, 社会的自立を実現できるよう「地域自立生活支援」の概念に基づき, 個別のアプローチと地域へのアプローチによる総合的な対応が求められている。また, 現時点では課題がない状態であっても将来的に安心して生活できるよう予防的なアプローチも大切である。このような地域社会のニーズに対応する方法とし注目されるのがコミュニティソーシャルワークである。

② 歴　史

コミュニティソーシャルワークとは, 1982年, イギリスのバークレイ報告において紹介された概念である。

日本においては, 1990年当時の厚生省社会局保護課に組織された生活支援事業研究会（座長・大橋謙策）報告書により, 「地域における多様な社会福祉ニーズの把握システムの確立と家族や地域社会全体をとらえたコミュニティソーシャルワークの必要性」を指摘された。

また, 「これからの地域福祉のあり方に関する研究会」は, 地域福祉を推進するために必要な条件と整備方策の一つに, 「地域福祉コーディネーター」の必要性と確保に向けた支援を市町村に期待すると提起した。同研究会は, 地域福祉コーディネーターの役割について「①専門的な対応が必要な問題を抱えたものに対し, 多様な機関等と連携を図り総合的・包括的に支援することや, 解決が困難な場合, 抱え込むのではなく適切な専門家につなぐこと, ②地域の生活課題について地域住民と共有すること, 社会資源の調整・開発, 総合的な支援にむけてネットワークを形成すること, など」とまとめており, 地域福祉の推進におけるコミュニティソーシャルワーク機能の重要性を示した。

2）コミュニティソーシャルワークの概念

コミュニティソーシャルワークの概念に関して, 代表的な大橋謙策の定義を紹介する。大橋は, コミュニティソーシャルワークを次のように定義している。

「コミュニティソーシャルワークとは, 地域に顕在的, 潜在的に存在する生活上のニーズ（生活のしづらさ, 困難）を把握（キャッチ）しそれら生活上の課題を抱えている人や家族との間にラポール（信頼関係）を築き, 契約に基づき対面式（フェイス・ツー・フェイス）によるカウンセリング的対応も行いつつ, その人や家族の悩み, 苦しみ, 人生の見通し, 希望等の個

人因子とそれらの人々が抱えている生活環境，社会環境のどこに問題があるのかという地域自立生活上必要な環境に関して分析，評価（アセスメント）する。その上で，それらの問題解決に関する方針と解決に必要な方策（ケアプラン）を本人の求め，希望と専門職が支援上必要と考える判断とを踏まえ，両者の合意で策定する。その際には，制度化されたフォーマルケアを有効に活用しつつ，足りないサービスについては，インフォーマルケアを活用したり，新しくサービスを開発するなど創意工夫して，必要なサービスを統合的に提供するケアマネジメントの手法を手段とする個別援助過程が基本として重視されなければならない。と同時に，その個別援助過程において必要なインフォーマルケア，ソーシャルサポートネットワークの開発とコーディネート，並びに"ともに生きる"精神的環境醸成，ケアリングコミュニティづくり，生活環境・住宅環境の整備等を同時並行的に，総合的に展開，推進していく活動，機能である。」[24]

　また，勝部麗子は，「コミュニティソーシャルワークとは，地域の一人ひとりが生活をするために必要な支援を考えていく，そのために個人の支援と地域の支援を同時にしていくという総合的な支援のことであり，コミュニティソーシャルワークにおいては，公的サービスへの橋渡し，困っている人を支える人たちの専門職や機関のネットワークづくりに加えて，周囲の人たちに働きかけ，地域で他にも同じような課題を抱えた人たちへも応用できる仕組みづくりという視点を持つことが大切」[25]だと主張している。

　一方，東京都社会福祉協議会は，「地域福祉コーディネーター」という名称で「①個別支援，②小地域の生活支援の仕組みづくり・地区社協等の基盤づくり，③小地域では解決できない課題を解決していく仕組みづくり，という3つの役割を担い，一定の小地域圏域にアウトリーチして，住民と協働して問題解決に取り組む社会福祉協議会のコミュニティワーカー（専門職）」[26]と定義している。

　コミュニティソーシャルワークについて，原田は「コミュニティソーシャルワークは，大橋謙策の概念が代表的ではあるが定説になっておらず，現段階では，他の援助方法とは異なる固有性の概念としてまとめられている状況であ

る」としている。そのため現時点では，コミュニティソーシャルワークについて，地域社会における制度の狭間など多様な生活課題に対応するため「個別支援」と「地域支援」，そしてこれらを同時に進めていくために必要な「様々なしくみづくり」を展開する方法と考えることができる。

3）コミュニティソーシャルワークの展開・事例

コミュニティソーシャルワークの展開について，日本地域福祉研究所は，「コミュニティソーシャルワークの基本的な展開プロセスを，従来のケアマネジメントの展開プロセスを参考にして，①アセスメント，②プランニング，③実施，④モニタリング，⑤評価」の5つに整理している。またアセスメントにおいては，「支援の対象となる利用者とその家族についての『個別アセスメント』と，支援の対象となる利用者とその家族の生活上の課題やニーズに対して，地域社会が行う支援の可能性の視点による『地域アセスメント』」の2つに分けている。

この展開プロセスを，「ごみ屋敷」を例に考えていく。

「ごみ屋敷」は，高齢，障害，病気等の何らかの原因により，自宅の片づけ・ごみ捨てが困難になり，玄関や庭，部屋の中の生活空間が確保できない状態になったり，周囲への悪臭，景観を損ねる等の影響が出ているが，他人が立ち入ることや片づけを拒んでいることもある。近くに相談できる家族や親せきがいない，あるいは関係性が途切れている場合もあり，社会的孤立状態にあるのも原因の一つといわれている。

まずは，本人の状況を確認するため訪問を重ね信頼関係を構築していき，現状と現在に至るまでの生活歴などを把握し，できないことや困っているマイナス面だけではなく，ストレングスの視点から本人の持っている力などプラス面を把握する「個別アセスメント」をする。

また，利用者とその家族を取り巻く地域の特性として，人口・家族形態・少子化・高齢化・障害者・生活困窮者等の状況，社会資源の状況，地域住民の意識等について質的・量的調査等による「地域アセスメント」も行う。

「プランニングと実行」については，「個別アセスメント」と「地域アセスメント」結果をもとに，目標を設定し，各地域の社会資源の状況に応じて，利用

できる社会資源の活用や調整，開発などを検討して「プランニング」する。その際，アセスメントで把握した本人のストレングスを活かすことが大切である。

　また，このような課題を抱えている人を，地域から排除することなく，誰もが住み慣れた地域で安心して自立して生活できるように，介護保険制度等の申請により公的・専門的なサービス等による支援の検討に加え，再び自立した生活を送ることができるように近隣住民やボランティアグループなどに，清掃する際に協力を得ることで，「また何かあったら声掛けてね」「ありがとう」などの声掛けをすることで，緩やかな地域とのつながりをつくっていくことが必要である。

　このように社会的孤立が要因の一つと考えられる課題を解決するためには公的な制度に加え，共に生活をする地域住民の力が重要である。

　さらに，再び地域とつながり生きる意欲や力を取り戻すことで，今度は自分が何かする側になることもある。地域の中で困っている人が，人，そして，地域とつながることで，常に支援を受ける側になるばかりではなく，支える側になるきっかけにもなる。

　最後に「モニタリングと評価」については，計画を実施した結果を振り返り，目標を達成することができたかどうか，プロセスにおいて住民など地域の関係者と合意形成を図りながら進めることができたかどうか，今後も協力を得られるような関係性を構築することができたかどうか，分析・評価することが必要である。

　また地域福祉のニーズは，本人がニーズを自覚していなかったり，または相談に行くことができない状況にあるなど，何らかの支援につながっていないような潜在的ニーズを見落としてはならない。例えば，先の「ごみ屋敷」の例のように自ら SOS を発信していない（または発信する必要がないと考えている）場合や，認知症高齢者，知的障害者，精神障害者などで判断能力が十分でなく自ら相談したり，支援を求めることが困難な者や，複合的な課題を抱えており，どこに相談したらよいかわからないなどが原因で，把握できていないニーズもある。本人からの意思表示を待つばかりではなく，アウトリーチによってソーシャルワーカーなど専門職が地域に足を運び，様々な機関と連携しながら早期

発見・早期把握に努め，必要なサービスや相談機関につなぐことが求められている。

（3）コミュニティサービス（地域貢献活動）

1）地域における公益的な取り組み――社会福祉法人制度改革から

　福祉サービスの供給体制の整備及び充実を図るため，社会福祉法人制度の改革と福祉人材の確保の促進に向けて，2017年4月1日，社会福祉法等の一部を改正する法律が施行された。社会福祉法人制度改革の主な内容は，①経営組織のガバナンスの強化，②事業運営の透明性の向上，③財務規律の強化，④地域における公益的な取組を実施する責務，⑤行政の関与のあり方，の5つである。社会福祉法人は，公益性・非営利性を確保する観点からこれまでの制度を見直し，国民に対する説明責任を果たし，地域社会に貢献する法人のあり方を徹底するよう求められた。

　この法改正により，社会福祉法人の地域における公益的な取り組みとして，①社会福祉事業または公益的事業を行うにあたって提供される「福祉サービス」であること，②「日常生活または社会生活上の支援を必要とする者」に対する福祉サービスであること，③法人の費用負担により無料または低額な料金で提供されること，により地域における公益的な取組を実施する責務が課せられている。

　たとえば「在宅の単身高齢者や障害者への見守り支援」や「生活困窮世帯の子どもを対象にした学習支援」など，各地域の課題・実情に応じ，創意工夫による多様な「地域における公益的な取組」を推進し，地域社会に貢献すること，また，サービス利用者の負担軽減や，無料または低額による高齢者の生活支援等，他の組織や機関では困難な福祉ニーズへの対応が求められることになった。

2）コミュニティビジネス

　経済産業省は，コミュニティビジネスを「地域の課題を地域住民が主体的に，ビジネスの手法を用いて解決する取り組み」と定義している。また，ソーシャルビジネスとの違いについては「ソーシャルビジネスが社会的課題全般の解決をめざすのに対し，コミュニティビジネスは，そのうちの地域的な課題に特に

注目したものであり，ソーシャルビジネスはコミュニティビジネスを包含する概念」と定義している。

　組織形態は，NPO，個人，会社組織，組合組織等の多様な主体がある。活動分野は，まちづくり，環境問題，介護・福祉，IT，観光，地域資源活用，農業，就労支援等，多様な分野を対象に，地域の課題解決に向けて活動が行われている。

　実践例として，商店街が自治体，商工会，地元企業の連携により，高齢者の外出機会確保と商店街の活性化をはかった「村山団地中央商店街」について紹介する。

　東京都武蔵村山市にある村山団地は1966年に建てられた大規模な都営団地で，エレベーターがない高層棟があるなど構造的な問題に加え，住民の高齢化が進み体力的にも外出機会が減少するなど，団地内の商店街へ買い物に出かけることが困難になり，いわゆる「買い物弱者化」が課題となっていた。商店街で宅配サービスを行う中，利用客のニーズもあって外出機会が減り自宅にこもりがちな高齢者が再び商店街へ買い物に出かけられるよう，市や商工会とも連携を図り無料送迎自転車の第1号車が2009年に登場した。利用方法は①電話で送迎を依頼，②送迎自転車で商店街へ移動，③買い物終了後は，指定された発着所から自宅まで送迎してくれるという。利用者の増加により，市内11社の企業の協力により新型車両が2014年に完成し，メディア等でも注目されるようになった。

　このように，地域活動に経済活動を組み合わせて地域再生・地域活性化に向けた取り組みが各地域で展開されている。

3）限界集落等における支援

①　過疎の現状

　日本は，2008年をピークに人口減少局面を迎える中，東京への一極集中に対し，過疎地域においては人口減少の加速が見込まれている。そのため，担い手の確保，公共交通の確保，買い物環境の確保，集落機能の維持・活性化が課題となっている。現在の過疎関係市町村の状況について，総務省過疎問題懇談会「新たな過疎対策に向けて──過疎地域の持続的な発展の実現」（2020年4月）

図表 1 - 5　集落の状態区分とその定義

集落区分	量的規定	質的規定	世帯累計
存続集落	55歳未満人口比 50%以上	後継ぎが確保されており，社会的共同生活の維持を次世代に受け継いでいける状態	若夫婦世帯 就学児童世帯 後継ぎ確保世帯
準限界集落	55歳以上人口比 50%以上	現在は社会的共同生活を維持しているが，後継ぎの確保が難しく限界集落の予備軍となっている状態	夫婦のみ世帯 準老人夫婦世帯
限界集落	65歳以上人口比 50%以上	高齢化が進み，社会的共同生活の維持が困難な状態	老人夫婦世帯 独居老人世帯
消滅集落	人口・戸数がゼロ	かつて住民が存在したが，完全に無住の地となり，文字通り集落が消滅した状態	

注：準老人は55歳〜64歳までを指す。
出典：大野晃『限界集落と地域再生』高知新聞社，2008年，22頁。

によると，過疎関係市町村は全都道府県内に817あり，全市町村の約5割にも及び，過疎地域の人口は全国の約1割，面積は全国の約6割を占めることが報告されている。

②　集落の定義

　総務省は，集落について「一定以上の土地に数戸以上の社会的まとまりが形成された住民生活の基本的な地域単位であり，市町村行政において扱う行政区の基本単位（農業センサスにおける農業集落とは異なる）である[29]」と定義している。

　また集落機能の状況については，「小規模な集落，高齢化が進んでいる集落，中山間地の集落，地形的に行き止まりにある集落，本庁から離れている集落において集落機能の低下がみられる[30]」という。集落の状態区分について，大野は図表1-5のように4つに整理している。そして，「このように集落の状態区分で市町村自治体の全集落の状態がわかり動向を把握できる[31]」としている。

③　限界自治体

　大野によれば，「自治体の基礎的社会組織である集落の限界集落化が進行した場合，65歳以上の高齢者の割合が自治体における総人口の半数を超えることで自主財源の減少と高齢者医療・老人福祉関連の支出増で財政維持が困難な状態に陥ることから，このような自治体を『限界自治体』と定義している。自治体の人口減少率が高くなれば人口規模が縮小して高齢化率が高くなり，5000人

未満の小規模自治体に限界自治体とその予備軍が滞留してくる[32]」と指摘している。

　また，増田は「2010年から2040年にかけて20～30歳の若者女性人口が5割以下に減少する市町村を消滅可能性都市と定義し，2040年には全国896の市町村が消滅可能性都市に該当し，うち，523市町村は人口が1万人未満となり消滅の可能性がさらに高い[33]」と指摘している。

　④　集落維持・活性化に向けた課題

　人口減少・少子高齢社会による様々な住民生活の課題に対して，総務省過疎問題懇談会が，新たな過疎対策施策の視点の一つとして「地域運営組織と集落ネットワーク圏（小さな拠点）の推進」を挙げている。これによれば，集落機能の維持・活性化のためには，「地域運営組織[34]」の形成をはじめとした住民参加の地域づくり，「集落ネットワーク圏（小さな拠点づくり）」による複数の集落の広域連携による集落機能の確保が重要であるとしている。これらの形成にあたっては，「地域おこし協力隊」や「集落支援員」などのサポート人材を配置し，地域住民参画の下で地域の現状を分析し，どのような地域をめざすか目的を共有しながら具体的な取り組みを推進していくことが重要としている。

　人口減少・少子高齢社会よって地域の担い手不足が深刻化する問題について，過疎化が進む地方都市や中山間地域に限ったことではなく，首都圏においても起きている。かつてニュータウンとして栄えた大規模団地も，高齢化が進み限界集落化によって担い手不足から地域力の低下という課題を抱えている。地域の誰もが利用でき集うことができる多世代交流・多機能型の居場所づくりは，地域の共通課題となっている。

4　地域福祉の推進主体

（1）自　治　体

1）自治体の概要と役割

　自治体とは，第2章2で後述するように，日本の都道府県や市区町村を統括する行政機関を指し，地方公共団体（地方自治法第1条の3），すなわち地方自

治体のことである。地方公共団体は，普通地方公共団体と特別地方公共団体（第2章2参照）に分類される。普通地方公共団体には都道府県，市町村があり，都道府県はそれぞれに属する市町村を統括する広域的地方公共団体である。また市については，基本的に人口5万人以上の都市を市とし，人口50万人以上の市のうち政令で指定された都市を政令指定都市，人口20万人以上の市で申し出にもとづき政令で指定された都市を中核市，2014年の同法改正における特例市制度の廃止の時点で特例市（当時，要件：人口20万人以上）だった市は施行時，特例市とされ，改正法施行後，5年間（2020年4月〜）に限り，人口が20万人未満になったとしても中核市に移行できるとされている。

2）地域共生社会の実現に向けた自治体における福祉行政への役割

　従来の制度・分野の枠や「支える側」「支えられる側」という関係を超え，人と人，人と社会がつながり，一人ひとりが生きがいや役割を持ち，助け合いながら暮らしていくことのできる包括的なコミュニティ，地域や社会とつくることをめざす地域共生社会において，自治体が担う役割は大きい。特に市町村においては，地域住民の複合化，複雑化した支援ニーズに対応する包括的な支援体制の構築を図っていく必要がある。これまでのような対象ごとに対応する縦割り的な取り組みではなく，地域のニーズや人材，地域資源の状況を把握するとともに，地域住民や関係機関等との議論を踏まえ，共通認識を持ちながら取り組みを進め，地域住民の主体となった活動を支援していく基本的な姿勢をとることが重要である。また，包括的支援に携わる専門職などの支援の質の担保のため，人材育成を行っていくとともに，市町村においては福祉部門の職員だけでなく，職員全体に対して研修を行い，基盤整備にも取り組むことも肝心である。

　都道府県においては，市町村において包括的な支援体制の構築ができるように支援するとともに，広域での人材やネットワークづくり，広域での支援や調整が求められる地域生活課題への対応などの役割を担うことが求められる。

（2）NPO，市民活動組織，中間支援組織

1）NPO の定義

　NPO とは「Non-Profit Organization」，または「Not-for-Profit Organization」の略称で，ボランティアなどのさまざまな社会貢献活動を展開し，営利活動を目的としない団体の総称である。また，NPO の中でも国際的な課題に対して活動する民間団体のことを区別し，NGO（Non Government Organization：非政府機関）とする場合もある。NPO の団体は収益を目的とする事業を行うこと自体は認められているが，その団体の構成員に対して収益を配分することをせず，事業で得た収益についてはさまざまな社会貢献活動に充てることとなっている。このような活動を行う団体のうち，特定非営利活動法にもとづき，法人格を取得した団体を特定非営利活動法人（NPO）としている。NPO は地域共生社会の実現に向け，また，多発する災害支援などをはじめ，さまざまな分野で複雑化・多様化するニーズに対応する重要な役割を果たすことが期待されている。

2）NPO の経緯

　NPO 法は1995年の阪神・淡路大震災後の1998年，ボランティア活動を支援する制度として制定された。また，2011年の東日本大震災やその後の熊本地震など，近年多発する自然災害における支援活動においても多くの NPO が活躍している。このように災害支援などのボランティア活動をはじめ，市民が行う自由な社会貢献活動としての健全な発展を促進することを目的とし，特定非営利活動を行う団体が法人格を取得できる制度である。ボランティア活動を行う団体などが法人格を取得することで，団体が権利能力の主体となり，法人の名でさまざまな取引を行うことでき，団体への信頼性が高まるなどのメリットがある。

3）特定非営利活動法人法（NPO 法）の概要

　この法律は「特定非営利活動を行う団体に法人格を付与すること並びに運営組織及び事業活動が適正であって公益の増進に資する特定非営利活動法人の認定に係る制度を設けること等により，ボランティア活動をはじめとする市民が行う自由な社会貢献活動としての特定非営利活動の健全な発展を促進し，もって公益の増進に寄与することを目的とする」と規定してあり，市民が行う自由

な社会貢献活動が円滑になるよう制定されたものである。この法律の特徴として，行政による規制や裁量等の強い関与されることなく，所轄庁は申請された内容が法律の要件に満たしていると判断されれば，NPO法人として認証するという手続きの簡易性などが挙げられる。

法人を設立するには，同法が定める20の特定非営利活動に該当すること，また営利を目的としないものであること，社員の資格の得喪に関して不当な条件を付さないこと，役員のうち，報酬を受ける者の数が役員総数の3分の1以下であること，10人以上の社員がいることなどの要件を満たし，所定の手続きを経て所轄庁から認証を受けることが必要である。

NPOの設立の基準に，「営利を目的としないものであること」とあるが，収益事業を行ってはいけないということではない。事業で得た収益は団体が行う特定非営利活動の資金や運営費に充てるため，特定非営利活動の事業に支障がない限り，その他の事業を行うことができる。また，同法では2001年に認定特定非営利活動法人制度を創設し，NPOへの寄付を促すことにより，NPOの活動を支援するための税制上の優遇措置を図るための制度である。2011年の法改正により国税庁長官が認定を行う制度から，所轄庁が認定を行う新しい認定制度となった。同時に設立後5年以内のNPOを対象とするスタートアップ支援制度として特例認定非営利活動法人制度も導入された。

4）市民活動組織

市民活動組織とは，関心や利害など目的別に地域住民によって自発的に組織された社会組織のことを指し，市民組織ともいう。この市民組織はボランティア・アソシエーションであり，さまざまな教養・文化集団，NPO・市民活動団体，運動団などが含まれる。例えば，教養集団として，社会学級やサークルなどの社会教育集団，ロータリークラブやライオンズクラブなどの社交集団が文化集団として，学校集団や学術集団，メディア集団などが該当する。またNPO・市民活動団体，運動団体として市民運動団体・NPO・NGOが挙げられる。NPO法制定により，市民活動団体＝NPOとして同義で扱われることもある。このため，地域共生社会において公共サービスの担い手として期待される。

5）中間支援組織

　中間支援組織とは，NPO を支援する NPO といった存在であるが，とらえ方はさまざまであるが，内閣府の「中間支援組織の現状と課題に関する調査」（2001年度）において，「多元社会における共生と協働という目標に向かって，地域社会と NPO の変化やニーズを把握し，人材，資金，情報等の資源提供者と NPO を仲立ちしたり，また，広義の意味では各種サービスの需要と供給をコーディネートする組織」と定義され，地域の NPO の育成，地域でのネットワークづくり，NPO 活動に関する一般社会への啓発等を目的として活動している。近年は NPO や市民活動団体への市民活動支援に加え，地域運営組織である地縁組織と行政が協働して取り組む地域の課題の解決に対する支援を行う住民自治支援も加わり，中間支援的役割は多様化している。

6）地域共生社会における NPO 活動の広がり

　地域社会において，個人やその家族が抱える生きづらさや生活課題の複雑化・多様化に加え，地域における共同体の機能の脆弱化に伴い，地域共生の基盤を強化し，発展させていくことが喫緊の課題となっている。地域共生社会においては，社会保障制度で担保してきた共助や公助に加え，自助やそれを支える互助に着目している。地域住民による自助を基本としながらも，その基盤の再構築をめざすためには，国と自治体，地域コミュニティ，市場や NPO などの多様な主体が一層力を合わせていくことが求められる。地域住民や自治体との連携を図るなかで，課題解決のためのステークホルダーの一つとなり，地域生活課題に適応する NPO などの柔軟かつ多彩な取り組みが期待されている。

　なお，共助の概念については互助と異なるとする意見もある。[35]

（3）地縁組織

1）地縁組織の定義

　地縁組織（地縁団体）とは，一般的に自治会や町内会（第6章2（1）参照）と称することが多く，地方自治法第260条の2に規定される地縁にもとづいて形成される団体である。自治会や町内会といった地縁組織は，前提として住民全員が構成員となり，老人クラブや女性会（婦人会），青年団，消防団などの地

縁型団体とともに，地域での清掃・美化活動をはじめ，地域環境の維持・管理，防犯・防災活動，運動会・レクリエーションを支える互助などの行事開催，行政からの情報の連絡や陳情・要望等を行っている。

　1991年の同法改正により一定の手続きを行うことで，自治会や町内会などが法人格を有することができる認可地縁団体制度が制定された。これにより自治会や町内会が所有する集会場などの地域的な共同活動のための不動産，その権利などが登記できるようになった。

2）地縁組織の構成

　この地縁組織には，これまで社協が推進してきた地区社協や校区福祉委員などが設置されており，小地域単位における住民の地域福祉推進の基礎組織として役割を果たしてきた。全社協では2007年頃から住民が地域福祉活動を推進していくための組織として地域福祉推進組織の名称を使用しているが，これには地区社協だけでなく，自治会や町内会，まちづくり協議会の福祉部会を含むなど，多様な組織形態が含まれる。

　また，このように地縁組織のとらえ方については，「地域自治組織のあり方に関する研究会報告書」（総務省，2017年）においても議論されており，地域住民が主体となって地域運営組織を形成し，地域の課題解決に向けた取り組みを行うさまざまな事例が全国に拡大し，その役割は増大している。その中で，地縁組織を土台とする新たな地域住民の主体的な取り組みとして協議会型住民自治組織の形成が期待されている。地縁組織である自治会や町内会が基盤となり，中心的な役割を担いながら，地域のさまざまな組織，すなわち，老人クラブや子ども会，PTA，青年団，民生委員児童委員協議会，また，市民活動団体やNPO法人，社会福祉法人，社協，民間事業者などの社会資源が関わることで，協働による地域福祉活動の推進を図っていくことが望まれる。

3）地域共生社会における地縁組織の展開

　地域共生社会における地縁組織の展開では，たとえば，佐賀市大和町の川上地区では地域福祉推進組織（地縁組織）が地域課題の解決のため，NPOの法人格を取得し，活動を展開している。この川上校区は2011年に佐賀市コミュニティづくりのモデル校区となり，2012年，川上校区まちづくり協議会を発足させ

た。その中で，民生委員を中心に自治会や自治会女性部，老人クラブ連合会，地域包括支援センター，社会福祉協議会，地域の社会福祉法人，まちづくりサポーターなどで住みよい長寿社会づくり部会を立ち上げ，毎月，地域の課題について協議を重ねてきた。その後，2015年6月にNPO法人かわかみ・絆の会を設立し，同年10月から活動を開始している。活動内容は定期運行する外出支援サービス，食事の準備や買い物の代行，ペットの散歩等の生活支援サービス，一人では外出できない高齢者に対する福祉有償運送を行っており，「困ったときはお互いさま。助けられたり助けたり」を合い言葉に，地域の生活課題の解決に向け取り組んでおり，近年は川上校区以外にも活動範囲の広がりを見せ，他の校区でも同様の取り組みを始める地域福祉推進組織（地縁組織）も増えてきている。

（4）民生委員・児童委員，保護司

1）民生委員・児童委員

　民生委員は，民生委員法にもとづき厚生労働大臣から委嘱され，地域住民に寄り添い相談に応じ，必要な支援を行う非常勤の地方公務員で，児童委員を兼ねている。児童委員は，地域の子どもたちが安心して暮らせるよう見守り，また，子育ての不安や妊娠中の心配等について相談，支援を行う者で，一部の児童委員は児童に関することを専門的に担当する主任児童委員の指名を受けている。

　民生委員は地域の実情を把握し，福祉活動やボランティア活動等に理解と熱意があるなどの要件を満たす人が対象である。委嘱を受けた民生委員・児童委員は特別職の地方公務員となり，任期は3年（再任可）である。給与は支給されないが，必要な交通費・通信費・研修参加費などの活動費は支給される。また，民生委員の活動は住民の私生活に立ち入ることもあるため，活動で知り得た情報については守秘義務が課せられる。

2）民生委員・児童委員の選出方法

　民生委員は，自治会や町内会，民生委員児童委員協議会（民協）での公募，推薦などにより募集され，市町村に設置された民生委員推薦会によって都道府

県知事へ推薦される。都道府県知事は地方社会福祉審議会の意見を踏まえ，厚生労働大臣へ推薦し，厚生労働大臣が民生委員・児童委員を委嘱する。

3）民生委員・児童委員の活動

　民生委員・児童委員の活動内容は，担当区域の高齢者や障害者のいる世帯，児童・妊産婦・母子家庭等，地縁組織の展開などへ定期的な家庭訪問や地域での情報収集を行い，世帯状況の把握をする。そして，ニーズに応じた福祉・サービスなどの情報提供や支援が必要な者への相談に応じる。また，児童の登下校時に合わせ，声かけやパトロール活動を行う。主任児童委員の特定の区域を担当せず，市町村，福祉事務所，児童相談所，保健所，学校と区域担当の児童委員との連絡調整や民生委員・児童委員の活動に対する相談を行う。

4）保　護　司

　保護司は，保護司法にもとづき法務大臣から委嘱され，保護観察官と協働して保護観察等の更生保護や犯罪予防に取り組む非常勤の国家公務員である。また，刑事施設や少年院から社会復帰を果たした時，スムーズに社会生活を営むことができるよう，住居や就業先などの帰住環境の調整や相談を行っている。

　保護司は，社会奉仕の精神をもって犯罪をした者の改善及び更生を助けるとともにに，犯罪の予防のため，世論の啓発に努めて地域社会の浄化を図り，個人および公共の福祉に寄与することを使命としており，社会的な信望を有していること，職務の遂行に必要な熱意および時間的余裕を有することなどの要件を満たす人が対象である。委嘱を受けた保護司は特別職の国家公務員となり，任期は2年（再任可）である。給与は支給されないが，活動内容に応じ，実費弁償金が支給される。

5）保護司の選出方法

　保護司は，都道府県にある保護観察所の長が候補者を保護司選考会に諮問し，意見聴取後，法務大臣へ推薦し，法務大臣が委嘱する。

6）保護司の活動

　保護司の活動内容は，保護区域内において地方更生保護委員会，または保護観察所の長から指定を受け，当該地方更生保護委員会，または保護観察所の所掌に属する事務に従事するほか，犯罪をした者および非行のある少年の改善更

生を助けたり，犯罪の予防を図るための啓発やその宣伝の活動，犯罪をした者，または非行のある少年の改善更生を助けたり，犯罪の予防を図るための民間団体の活動への協力，犯罪の予防に寄与する自治体の施策への協力，その他犯罪をした者や非行のある少年の改善更生を助けたり，犯罪の予防を図ったりすることに資する活動で法務省令で定めるものである。保護司には，保護観察対象者の生活環境の調整，地域での犯罪予防活動といった多面的な役割を期待されており，保護司は学校や自治体の福祉部門，警察などと連携し，地域内情報に基づく地域を活かした活動を行っている。また，地域における保護司の活動として，犯罪予防活動の一環に「社会を明るくする運動」がある。これは犯罪や非行の防止と罪を犯した人たちの更生について理解を深め，それぞれの立場において力を合わせ，犯罪のない地域社会を築こうとする全国的な運動で，各地域でさまざまな取り組みが展開されている。

（5）当事者組織・自助グループ

1）当事者組織・自助グループの定義

　当事者組織・自助グループ（セルフヘルプグループ）とは，生活課題や福祉的課題を抱えた当事者が主体的にその組織の活動や運営に参加・参画し，それぞれの課題解決を目指す組織のことをいう。この活動に参加することで，それぞれが抱える課題の解決や解決に必要な情報やサービス，方法などが取得できる場である。また，当事者が主体的に参加することで，当事者自身の社会生活や社会参加が保障されている場でもある。

　当事者組織・自助グループの運営の担い手は必ず当事者のみで行うということではなく，支援者や親・家族の会に所属する家族も含むものである。例えば，活動を行う当事者が不登校や引きこもり状態にある未成年者の場合，子ども食堂や認知症カフェなどにおいては，当事者が運営に参画しない形で当事者活動が営まれる形態もありうる。

　この当事者活動・自助グループの主催団体について，高森明は①当事者が設立した団体，②親の会が設立した団体，③支援者が設立した草の根的な民間団体，④支援機関（医療機関，療育機関，教育機関，福祉機関，就労支援機関など）が

設立した団体に分類している。もっとも，これらの分類はきわめてあいまいで，設立主体は分類されていても運営が当事者だけや親だけ，支援者だけで行われていることはほとんどない。

2）当事者組織・自助グループの展開

　日本における当事者組織・自助グループの活動は，さまざまな領域で展開されている。

　例えば，知的障害者の当事者活動・当事者組織として活動を展開している全日本手をつなぐ育成会は1952年，知的障害者の親の会として発足している。また，1980年には認知症高齢者を介護する家族同士の介護の苦労を分かち合う場，情報交換の場として呼びかけ，当事者組織として組織化された認知症の人と家族の会（当時，呆け老人を抱える家族の会）がある。自助グループにおいては1960〜1970年，脳性マヒの人々による青い芝の会の運動で提起した脱施設化の流れが，1980年代において自立生活支援センター（CIL：Center for Independent Living）が設立された。近年においては，発達障害者の当事者活動・自助グループも増えてきている。そのほか，アルコール依存症者の会といったさまざまな生活課題や福祉的課題を抱える当者らが草の根的に当事者支援やセルフアドボカシー活動に取り組んできた。

　地域共生社会においては，このような活動を行う組織以外にも，地域において一人暮らし高齢者同士を結びつけ，組織化を図り，当事者活動・自助グループの主催団体など地縁組織では解決できない地域生活課題に目を向け，解決を図っていく必要もある。

（6）社会福祉協議会

1）社会福祉協議会の定義

　社会福祉協議会（以下，社協）は1908年，中央慈善協会として誕生した。第二次世界大戦後の占領政策の中，連合国軍最高司令官総司令部（GHQ）と厚生省（当時）によりコミュニティ・オーガニゼーションの導入を目的に日本社会事業協会，全日本民生委員連盟，同法援護会が統合し，1951年に設置された。その後，1966年には市町村社協の職員に対する国庫補助事業が開始され，福祉

活動専門員が配置され（1999年に一般財源化へ），1983年の社会福祉事業法の改正により，市町村社協が法制化された。そして，2000年の社会福祉事業法の改正・改称による社会福祉法で，地域福祉の推進を図ることを目的とする団体として明文化された。このように現在の社協は，名称変更や法改正を経て現在の形となった。

　社協は，社会福祉法にも規定されているとおり，地域福祉の推進を担う中核的存在であり，すべての都道府県と市町村に設置されている。地域のさまざまな関係機関・団体との連携・協力，また地域住民の参加・協力のもと，誰もが住み慣れた地域で安心して生活を送ることができる福祉のまちづくりに取り組む非営利の民間組織である。

2）社会福祉協議会の法的位置づけ

　社協は社会福祉法において「地域福祉の推進を図ることを目的とする団体」として位置づけられ，市町村社協および地区社協，都道府県社協，全社協に規定される。都道府県，市区町村，指定都市の区を区域とし，その区域における社会福祉事業や更生保護事業を経営する者の過半数が参加するものと設置の要件が定められている。また，市町村社協が同一都道府県，指定都市内において複数の市区町村を区域とすることを認めており，広域圏社協として位置づけられる。地域福祉を推進する上で必要な社会資源が単独の市区町村では確保できず，複数の市区町村が一つとなって事業展開した方が効果的な場合において設置することができる。

　また前述したように，地域福祉の推進基盤となる組織として市区町村社協がある（第6章2（2）参照）。市区町村社協は住民に身近な圏域（小学校通学区域など）での組織や住民の主体的な福祉活動の組織化し，支援するため，市区町村社協を設置している。

3）社会福祉協議会の事業

　「市区町村社協経営指針（第2次改訂）」（2020年）によれば，地域の実情に応じ，市区町村社協は事業部門を①法人経営部門，②地域福祉活動推進部門，③総合相談支援部門，④生活支援部門の4つ区分している。以下，この区分に基づき解説する。

① 法人経営部門

　適切な法人運営や事業経営を行うとともに，総合的な企画や各部門間の調整などを行う事業全体の組織管理業務を行う。この部門では，理事会，評議員会などの運営や財務管理，人事・労務管理などをはじめ，広報活動・広報戦略，災害時のBCP（事業継続計画）の策定などを行っている。

② 地域福祉活動推進部門

　住民参加や協働による福祉活動の支援，まちづくりや福祉コミュニティづくりなどを展開し，地域福祉推進の中核的な役割を果たしている。この部門では，福祉課題の把握，地域福祉計画策定への参画，地域福祉活動計画の策定をはじめ，地域福祉推進基礎組織における地区社協などの活動推進・支援，ボランティア活動や市民活動の推進・支援，防災活動や災害時の対応，災害ボランティアセンターの運営，小地域ネットワーク活動などの推進・支援，生活支援体制整備事業の受託，福祉教育・啓発活動，当事者組織・団体，社会福祉関係諸団体の支援，共同募金・歳末助け合い運動への協力などを行っている。

③ 総合相談支援部門

　地域住民のあらゆる生活課題を受け止め，必要な支援につなぐとともに，総合相談支援を念頭に，福祉サービス利用者だけにとどまらないサービス利用援助や地域生活支援に向けた相談・支援活動，情報提供・連絡調整を行っている。この部門では，総合相談事業をはじめ，生活困窮者自立支援事業や日常生活自立支援事業（旧・地域福祉権利擁護事業），権利擁護センターなどの運営，生活福祉資金貸付事業，地域包括支援センター事業，障害者機関相談支援センター事業などを地域の状況に応じて行っている。

④ 生活支援部門

　介護サービスや障害者支援などの多様な生活支援サービスを提供・紹介を行っている。この部門では，介護保険法や障害者総合支援法，児童福祉法などにもとづく事業をはじめ，住民参加型在宅福祉サービス事業や食事サービス事業，外出支援事業，通院・買い物支援事業，一時宿泊支援（シェルター）事業などを行っている。

　市区町村社協は住民主体の理念にもとづき，地域のさまざまな生活課題を地域社会全体の問題として，地域住民をはじめあらゆる関係機関と協力し，課題解決に取り組んできた。近年は総合相談・支援活動や生活困窮者自立支援事業など，複雑・多様化する地域生活課題に取り組んでいる。また，地域の企業などと結びつき，社会参加や雇用機会を創出する等，幅広い事業を展開している。このような複雑・多様化する地域生活課題やさまざまな生活支援に対応するため，市区町村社協は事業部門ごとの "縦割り" の対応ではなく，社協内の各部署が有機的につながり支援していく総合力が求められている。また，中山間地域や過疎地域など，資源の乏しい市区町村では対応が困難な課題や単独の市区町村では解決が難しい専門的な支援が必要な課題については，近隣の市区町村社協が共同で広域な地域福祉の推進を行うことが期待されている。

４）地域共生社会実現に向けた社協の取り組み

　「全社協　福祉ビジョン2011」において，福祉諸課題を解決するため，福祉サービス・制度の "縦割り" をなくし，関連分野と連携・協働すべく，制度内の福祉サービス・活動を充実・発展させるとともに，ニーズに立脚した制度外の福祉サービス・活動を開発・実施していく必要があると提起された。この点については，社会福祉法人制度改革や福祉人材の処遇改善，消費税増税などの財源の確保といった制度的な拡充，生活困窮者自立支援制度や包括的な支援体制の整備などが創設されたことなども影響して，課題解決に向けた歩みを進めることができた。また福祉ビジョン2011を踏まえ，「全社協　福祉ビジョン2020」においては，2040年における社会情勢の変化を見据えつつ，当面の10年間（2030年まで）における横断的な取り組みの方向性を提起している。特に福祉ビジョン2020においては，国で進めている「地域共生社会」の推進と，国際的に進められている「SDGs（Sustainable Development Goals：持続可能な開発目標）」を包含した「ともに生きる豊かな地域社会」の実現をめざし，社協や社会福祉法人，民生委員・児童委員などは①重層的に連携・協働を深める，②多様な実践を増進する，③福祉を支える人材の確保・育成・定着を図る，④福祉サービスの質と効率性の向上を図る，⑤福祉組織の基盤を強化する，⑥国・自治体とのパートナーシップを強める，⑦地域共生社会への理解を広げ参加を促

進する，⑧災害に備えるの8つの取り組みを推進する。

（7）共同募金

1）共同募金の定義

　共同募金は，誰もが住み慣れた地域で安心して暮らすことができるよう，さまざまな地域福祉の課題解決に取り組む民間団体の活動や社会福祉事業のために行われる募金である。赤い羽根をシンボルとした共同募金は1947年，市民が主体となった「国民たすけあい」として民間の運動として，戦後の民間社会事業の資金確保のために始まった。1951年の社会福祉事業法（現・社会福祉法）において社協とともに法制化され，第1種社会福祉事業として位置づけられている。また，共同募金は都道府県の区域を単位として，毎年1回，厚生労働大臣の定める期間内に限り，あまねく行う寄付金の募集と規定してあり，都道府県に設置された社会福祉法人共同募金会が毎年10月1日から翌年3月31日までの6カ月間実施している。12月には歳末たすけあい募金も実施している。

2）共同募金の実施体制

　共同募金運動を推進するための組織として，都道府県ごとに社会福祉法人共同募金会がある。都道府県共同募金会には市民参加による配分委員会が設置されており，寄付金の助成先や助成額を決定している。また，第一線の活動組織として市町村に共同募金委員会を設置し，募金・配分・広報などの活動を分担している。共同募金委員会を通じ，自治会や町内会，民生委員・児童委員，企業，関連団体などが共同募金ボランティアとして参加している。さらに，47都道府県共同募金会の連絡調整機関として，中央共同募金会が設置されている。

3）共同募金の使途とその広がり

　共同募金は，地域ごとに課題解決に必要な使い道を事前に定めてから寄附を募る計画募金として実施される。また，共同募金運動期間以外にも寄付金を受け入れており，近年多発している災害に対する義援金や今般の新型コロナウイルス感染禍における福祉活動応援全国キャンペーンなどのテーマ型募金の取り組みも行っている。

　2016年には，公的制度では対応できない課題解決のため，共同募金基金が創

設され，複雑化，多様化する地域生活課題に取り組む団体へ助成している。

　同法第118条の規定にあるように，共同募金会は災害発生に備え，災害準備金として寄附金の一定割合を積み立て，災害が発生した場合には被災地域における災害ボランティア活動などの支援を行っている。また，2019年には常時，寄付金を募集する災害ボランティア・NPO活動サポート募金を設立し，被災地での救援，復旧・復興に携わるボランティア活動の支援や防災・減災力の向上，災害時に備えた基盤整備に関わる活動を支援している。

（8）社会的企業

1）社会的企業の定義

　社会的企業とは，地域や地域を超えた社会的な課題の解決を組織目標とし，その解決をビジネスによって図る主体のことで，営利を目的とする通常の企業とは異なる（社会性）。同時に，ビジネスとしての事業性を確保しつつ社会的課題を解決しようとする点においては通常の企業と同様に経営上のリスクを負う（企業性）。つまり，社会的企業とはこの社会性と企業性を両立しながら，社会的課題の解決をめざすものである。また，ソーシャルビジネスやコミュニティビジネス，ソーシャルベンチャー，事業型NPO，市民事業などといった関連する言葉も多様であるが，社会的企業は社会的な課題の解決を公的セクター（行政）やボランティアとして取り組むのでなく，ビジネスの形で行うという新たな社会的活動の形や働き方を提供するという点で注目されている。日本においては確立した定義がないため，さまざまな主体が社会的企業としてとらえられている。

2）社会的企業の取り組み

　社会的企業の取り組みは2つの領域に分類される。1つは労働統合の分野である。社会的不利な立場にある人々を生産活動を通じ，労働や社会と再統合する役割がある。このような社会的企業は労働統合型社会的企業（WISE）と呼ばれ，就労支援だけでなく，多様な社会的排除に対するより広い社会的包摂機能が期待されている。もう1つは地域（コミュニティ）に密着した社会サービスの分野で高齢者福祉，障害者福祉，子ども家庭福祉などの課題に対し，行政

や地域住民等の多様なステークホルダーと協働して新しい福祉サービスを供給するものである。

　また松井真理子によれば，日本における社会的企業の活動分野は障害者の就労の場の創出やニート・ひきこもりなどの若者の就労に向けた相談事業などの労働統合，限界集落活性化，商店街活性化，まちづくり，観光振興などの地域活性化，高齢者や子ども，女性，外国人などへの対人サービス，環境問題への対応や情報化社会への対応などのその他の4つに分類され，NPO，非営利型一般社団法人，公益法人，社会福祉法人が主体である活動は対人サービス，企業（株式会社，有限会社，企業組合，合同会社）が主体である活動は地域活性化に関する活動が多い。労働統合はNPOが多く，障害者総合支援法にもとづく就労支援事業や若者サポートステーションなどの行政からの委託事業である。

3）地域共生社会における社会的企業・事業所の役割

　地域共生社会の実現に向け，また，持続可能な地域づくりを行っていくためには福祉の領域だけでなく，対人支援領域全体，一人ひとりの多様な参加の機会の創出へと視点を広げる必要があり，「地方創生」やまちづくり，住宅，地域自治，環境保全，教育などの他領域へつながっていくことになる。社会的企業が行う労働統合や地域活性化などの取り組みは既存の地域資源に対し，活用方法の拡充や新たな事業の展開を促すことができる。また，社会的企業が関わることで，地域資源を活かしながら，たとえば，個人商店を中間的就労の場として障害者等の就労支援や社会参加の場へ，空き家を活用した居住支援や多世代交流の場づくりなどの可能性を広げることができる。

5　地域福祉の主体と形成

（1）当事者，代弁者

1）地域福祉における当事者

　はじめに，当事者とは誰を指すのか考えていく。所めぐみによれば「地域福祉において『当事者』は，『政策やサービス提供の対象者』や『問題を抱えた人』と同義ではなく，『地域住民』『地域を構成する一員』であり，『主体者』

であるという認識が必要であり，何の『当事者』なのかについて，本人らの考えや，取り組んでいる『事』をよく理解したうえで，『当事者』という言葉を用いる必要がある⁽³⁶⁾」と整理している。地域福祉における当事者とは，地域住民であり，自治会・町内会，地区社協，民生委員・児童委員，老人クラブ，子ども会，ボランティア，NPO，住民参加型在宅サービス，そのほか地域で活動する企業，商店街，農協，生協等の多様な組織や団体が含まれる。つまり，当事者とは地域福祉活動を実践している組織における当事者や社会福祉従事者としてサービスを提供する当事者，福祉サービスを利用しているまたは福祉サービス等支援を必要とする要支援者としての当事者と考えることができる。

２）当事者活動の役割

　地域福祉における「当事者」である地域住民の役割については，前述した社会福祉法第4条で規定されている。

　このように社会福祉法では，地域住民は，地域福祉における当事者として共に支え合うことの大切さを理解し，何らかの支援が必要な状態になっても生活の場である地域から排除されることなく，地域住民の誰もが地域の一員として何らかの役割を持ち，主体的に生活することができる地域づくりに向け，担い手として主体的に参加することが住民に求められている。また，地域福祉を推進するにあたり，地域住民等は福祉サービスを必要とする本人や世帯が抱える保健医療福祉のほか地域生活課題を把握し，関係機関と連携して解決を図っていくという役割が求められているのである。

　岡は「地域福祉において『当事者』というとき，それを集団あるいは組織として理解しなければならないが，個人として考えてしまうということがある。当事者は，個人ではなく，組織化された当事者あるいは当事者組織そのものである⁽³⁷⁾」と指摘している。例えば，地域福祉計画策定における参加の場面で考えてみると，地域の当事者として地域福祉計画の策定委員会などに参加するとき，それは個人ではなく住民の代表や，自治会・町内会，民生委員・児童委員，老人クラブ，ボランティア，被保険者それぞれの代表として参加することになり，各組織の代弁者としての役割が求められているのである。

（2）ボランティア

1）地域福祉におけるボランティア

ボランティア活動の意義について，「国民の社会福祉に関する活動への参加の促進を図るための措置に関する基本的な指針」（1993年）では，次のように整理している。

- ・第一に，活動の担い手にとっては，自己実現への欲求及び地域社会への参加意欲が充足される。また，活動の受け手にとっては，社会参加が促されるとともに公的サービスでは対応し難い多様な福祉需要が充足される。

- ・第二に，社会にとっては，社会連帯や相互扶助の意識に基づき地域社会の様々な構成員が共に支え合い，交流する住みよい福祉のまちづくりが進むとともに，公的サービスとあいまって厚みのある福祉サービスの提供体制が形成される。

- ・第三に，福祉の担い手の養成確保の観点からは，総合的かつ体系的にサービスを提供するために，福祉の専門職から一般のボランティアまで多様かつ重層的な構成をとることが必要であり，また，ボランティア活動の経験は，社会福祉事業に従事する者の業務への理解を高めるとともに，将来福祉の職場に参画する契機ともなり得る。さらに，社会福祉施設におけるボランティア活動を通じて，その介護や育児の技術等が地域に伝達され，住民の介護力等の向上の機会としても役立つ。

つまり，担い手，受け手，社会全体それぞれに対する効果や，ボランティア活動の推進が担い手確保につながる可能性，支え合いによる地域社会の形成につながることを提示している。

2）ボランティアの実態

ボランティア活動の現状について，内閣府の「市民の社会貢献に関する実態調査報告書」によれば，2015年の1年間にボランティア活動を「したことがある」は17.4%，ボランティア活動を「したことがない」は82.6%であった。過去3年間の経験ではボランティア活動を「したことがある」は23.3%，ボランティア活動を「したことがない」は76.7%となっている。

　次に，2015年の1年間にボランティア活動を「したことがある」と回答した人の参加分野については，「子ども・青少年育成」の25.9%が最も多く，次いで「まちづくり・まちおこし」25.5%，「保健・医療・福祉」19.8%，「自然・環境保全」19.8%，「地域安全」19.3%，「芸術・文化・スポーツ」16.0%，「教育・研究」10.3%，「災害援助支援」9.8%，「国際協力・交流」5.5%，「人権・平和」3.0%，「その他」11.5%であった。

　また，2015年の1年間にボランティア活動を「したことがある」と回答した人の参加理由として最も多かったのは，「社会の役に立ちたいと思ったから」の47.7%，次いで「自分や家族が関係している活動への支援」30.4%，「自己啓発や自らの成長につながると考えたため」30.1%，「職場の取り組みの一環として」20.1%，「知人や同僚等からのすすめ」10.0%，「自分が抱えている社会問題の解決に必要だから」6.6%，「社会的に評価されるため」1.9%，「その他」13.2%であった。

　最後に，ボランティア活動の「参加の妨げとなる要因」については，「参加する時間がない」の53.8%が最も多く，次いで「十分な情報がない」39.8%，「参加するための休暇が取りにくい」31.2%，「参加する際の経費の負担」27.7%，「参加するための手続きが分かりにくい」23.1%，「一緒に参加する人がいない」15.5%，「ボランティアを受け入れる団体等に不信感がある」10.6%，「参加しても実際に役に立っていると思えない」5.9%，「参加する際の保険が不十分」5.4%，「その他」9.5%，「特に妨げとなることはない」8.7%であった。

　以上のようにボランティア活動について，参加する時間がないことや休暇が取れないなど，活動に充てる時間的な制約があることや，情報不足が大きな要因となっており今後と課題となる。

　ボランティア活動の課題と展望について，「人々のボランティア活動に対するイメージを，従来からの慈善活動的なものから離脱できるよう，例えばインターネット等を活用した相談活動は，自宅でも行うことができるボランティア活動であり，多様な活動内容を創出していくこと[38]」が求められている。また，社会福祉協議会のボランティアセンターは，地域に情報発信していくことで，これまでボランティア活動をしたことがない人たちにも知ってもらい参加につ

ながるようにしていくため，マッチング機能の強化やコーディネーター配置の推進などが課題である。

3）ボランティアの歴史

1977年，国庫補助事業による「学童・生徒のボランティア活動普及事業」では，厚生労働省社会・援護局地域福祉課を所管とし，都道府県・指定都市社会福祉協議会（ボランティアセンター）を実施主体として，当該都道府県・指定都市内の小・中・高の学校等を「ボランティア協力校」として指定し，幼少者・高齢者・障害者等との交流体験などの福祉体験活動を中心に，ボランティア活動を進めることで，福祉への関心を育むことを目的に実施された。

1993年の「国民の社会福祉に関する活動への参加の促進を図るための措置に関する基本的な指針」において，社会福祉協議会は，「養成研修及びボランティア保険の普及」「ボランティアセンターの整備充実」「地域における福祉活動の推進体制の整備とモデル事業の推進」など福祉活動の条件整備を推進することが求められた。

全国社会福祉協議会は「国民の過半数が自発的に福祉活動に参加する参加型社会の実現」を基本目的とし，①誰でも，いつでも，どこでも，気軽に活動に参加できる環境・機会づくり，②ボランティア活動への世論形成，活動を支援する体制づくり，③推進拠点としてのボランティアセンターづくり，これらを大きな重点課題とする「ボランティア活動推進7カ年プラン」を策定した。その後，このプランに続いて，2001年の「第二次ボランティア・市民活動推進5ヵ年計画」，2008年の「第三次ボランティア・市民活動推進5ヵ年計画」が継続して策定された。2015年，全国社会福祉協議会はこれまでのプランを継承し，社会福祉協議会ボランティアセンター・市民活動センターが最も重点的に取り組むべきポイントの共有化を図ることを目的とし「市区町村社会福祉協議会ボランティア・市民活動センター強化方策2015」を策定した。ボランティア・市民活動センターが，市民・住民に開かれた窓口としての機能を広げ，新たな地域ニーズをキャッチし，地域の生活課題として提起する役割や，地域の多様な関係機関・団体と協働して総合的な支援体制を作る役割を具体的に強化することを提案している。

4）ボランティア元年

　1995年に起きた阪神・淡路大震災では，これまでにない日本全国から多くのボランティアが駆けつけ活動したことなどから，のちに「ボランティア元年」と呼ばれた。活動したボランティアは，延べ約137万人といわれているが，この大震災により「行政とボランティアの対等な協働関係の重要性が明らかになった[39]」といわれている。その後，1998年「特定非営利活動促進法」が制定され，法人格を取得して活動を展開できるようになった。

　また第52回国連総会において，日本が2001年を「ボランティア国際年」とすることを提唱し決議された。2011年は「ボランティア国際年 +10」と位置づけ，各国でボランティア推進が呼びかけられた。

（3）市民活動，住民自治，住民主体

1）地域福祉における市民活動

　市民活動とは，「無償か否かに関わらずボランティア活動を含め，広く市民が集い主体的に取り組んでいる活動[40]」のことである。この言葉は「市民団体が自らの暮らし方自体を変える新しい生き方を創造する活動を展開し始めたことにより，社会の仕組みを変えるビジョンを持ちつつ問題解決を行政への要求だけに頼らない活動が広がる中で，市民運動とボランティアなどのサービス提供活動を統合する用語として使われ始めた[41]」といわれている。

　また「住民主体」とは，「住民が基本的人権の主体であり，生活や暮らしづくりや地域のあり方を決める主体であることから，暮らしの主体である住民を抜きにして地域のことを決めない，という社会福祉における自己決定の原則の考え方であり，住民自治に通じる考え方[42]」であり，地域福祉にとって重要な概念である。

2）地域福祉における市民活動の現状

　現在，地域社会には多様な課題や制度の狭間など公的な福祉サービスだけでは対応が困難な課題，複合的な問題を抱える世帯など分野横断的な対応が求められる課題，社会的排除や社会的孤立への対応，また，震災や災害への備えや地域再生など誰もが安心・安全に，明るい未来を描ける地域社会が求められる

中で，市民活動は広がってきている。「市区町村社会福祉協議会ボランティア・市民活動センター強化方策2015」（全国社会福祉協議会）によれば，いわゆる「市民活動」の担い手は，継続した活動の維持や，より社会的な役割を果たすために組織的な活動の展開を進め，これまでのボランティア活動の枠には収まらなくなってきているという。

　例えば，「東日本大震災では，多くの営利企業が企業の本業の強みを活かした社会貢献や，社員をボランティアとして被災地の支援活動に派遣するなど，被災地支援を契機にボランティア・市民活動をするようになった」といわれており，「市民活動」の担い手が広がってきている。

　また，公的な制度からボランティア・市民活動に対する期待も高まっている。「介護予防・日常生活支援総合事業」では，生活支援等サービス体制整備にあたっては，元気な高齢者を含め住民が担い手として参加する住民主体の活動や，NPO，ボランティア，地縁組織，協同組合，企業，社会福祉法人，社会福祉協議会，シルバー人材センター等の多様な主体によるサービス提供体制の構築により高齢者を支える地域の支え合いの体制づくりを市町村が中心となり推進していくことが求められた。

　「災害時要援護者対策」では，2015年に「災害対策基本法の一部改正」により，市町村長は，高齢者，障害者，乳幼児等の防災施策において特に配慮を要する方（要配慮者）のうち，災害発生時の避難等に特に支援を要する方の名簿（避難行動要支援者名簿）の作成が義務づけられた。災害が発生または発生する恐れがある場合には，消防機関，都道府県警察，民生委員・児童委員，市町村社会福祉協議会，自主防災組織等の避難支援等関係者に名簿を提供することが規定された。このように，災害という緊急時において，住民が名簿情報を利用し避難行動の支援を実施することが求められている。

　このように制度面からボランティア・市民活動への期待が高まる中，本来の「自主性・自発性・主体性」の原則のもと，どのように活動していくか，今後の課題となる。

3）市民活動の役割

　市民活動について，「市民活動といえば，かつては体制や行政と対峙しての

54

運動というイメージが強かったが，今日の市民活動は『対話の場』として社会変革を働きかけていくように変化してきており，市民活動により目の前に存在する課題に個別に対応し，解決していく取り組みを通じて，社会の仕組みがより良い方向に変わっていくことを働きかけていく活動[43]」といわれている。

　地域福祉の推進におけるボランティア・市民活動の新しい役割として，和田敏明は「①地域福祉計画や地域福祉活動計画づくりへの参画：自分たちが生活するまちについて，課題や解決方法などを共に考えて計画化，実践，評価すること。②福祉サービス提供者としての役割：福祉サービスの消費者が福祉サービスの供給者として登場する意義は大きいことから，市民が望む福祉サービスをつくりだす役割が期待される。③福祉サービスの利用者支援の役割：ボランティア・市民活動を通じて身近なところで相談に応じたり，専門機関につなぐ役割が期待されている[44]」の3つをボランティア・市民活動の新しい役割として挙げている。

（4）参加と協働，エンパワメント，アドボカシー

1）地域福祉における住民参加

　地域福祉にける住民参加を考えるにあたり，はじめに「参加」について考えていく。参加とは「政治的参加と社会的参加[45]」の2つに分けて考えることができる。前者の政治的参加は，行政の審議会や委員会のメンバーとして関わること，住民運動，地域福祉計画の計画策定や評価等，政策的決定に影響を及ぼす参加がある。後者の地域福祉実践に取り組む社会的参加は，ボランティアやNPOによる活動など，地縁などの圏域にかかわらず特定のテーマや目的をもとに活動する組織に参加する方法と，自治会・町内会の組や班によって行われる見守り活動，自治会・町内会によって行われる防犯・防災活動，民生委員・児童委員活動，ふれあいいきいきサロンの活動，学区ごとなどで設置される地区社協の活動など，地域によって異なるが各生活圏域を対象に活動する組織に参加するという2つの住民参加がある。

　また，社会福祉法第4条に規定されているように，福祉サービスを必要とする地域住民が地域社会を構成する一員として多様な分野の活動に参加する機会

を確保することが求められていることから，福祉サービスを利用する地域住民を地域福祉の対象として固定して捉えるのではなく，福祉サービスを利用する地域住民が時には地域社会に参加する機会をつくることで地域福祉の主体にもなることから，福祉サービスを利用する地域住民の参加の機会をつくることが重要となる。

2）住民参加の役割

地域福祉を推進するにあたり，地域住民は，地域福祉の担い手として参加することが不可欠となっている。社会福祉法第107条において「市町村は，市町村地域福祉計画を策定し，又は変更しようとするときは，あらかじめ，地域住民等の意見を反映させるよう努めるとともに，その内容を公表するよう努めるものとする」と定められており，地域住民が計画策定に積極的に関わる機会を確保することが求められている。例えば，計画策定過程における具体的な住民参加の方法として，市町村が設置する策定委員会に社会福祉法第4条が定める「地域住民等」の代表として参加する方法がある。地域福祉計画の策定委員会は多様な組織や機関の代表から構成されており，合意形成を図りながら検討していくことから，地域福祉計画の策定の場は協働の場づくりであり，地域福祉活動の一つといえる。その他に，地域の生活課題を把握するために地域住民を対象に実施するアンケート調査，座談会・ワークショップ，シンポジウム，パブリックコメントなど，計画策定過程における様々な場面で参加する方法がある。

地域住民は，計画の策定過程に参加することで，地域が抱える多様な課題を理解し，地域福祉計画の策定過程を通して，誰が，何を，どのように実践していくか，解決方法を共に考え，行政や社会福祉の関係機関，地域住民等が互助や共助のかたちを合意形成しながら検討し，地域福祉を推進することが求められている。

3）新たな支え合い（共助）

「これからの地域福祉のあり方に関する研究会」の報告書では共助について，「地域の多様な生活課題に対して，公的な福祉サービスだけでは対応することが困難なケースがある。基本的な福祉ニーズは公的な福祉サービスで対応する

という原則を踏まえつつ，地域における多様な生活ニーズへの的確な対応を図る上で，成熟した社会における自立した個人が主体的に関わり，支え合う，地域における『新たな支え合い』（共助）の領域を拡大，強化することが求められている」と指摘している。また，「このような動きの中で現れたのが，ボランティアやNPO，住民団体などによる活動である。高齢になっても障害があっても尊厳をもって自分らしい生き方ができること，また，安心して次世代を育むことができる地域にするという住民共通の利益のために，行政だけではなくボランティアやNPO，住民団体などの多様な民間主体が担い手となり，これらと行政とが協働しながら，従来行政が担ってきた活動に加え，きめ細やかな活動により地域の生活課題を解決する『新たな公』」という概念も，同報告書で提起された。

　「互助」と「新たな支え合い」（共助）について簡単に整理すると，「互助」とは，近隣住民，ボランティアや自治会・町内会，民生委員などの地域における支え合いの活動であり，「新たな支え合い」（共助）とは，誰もが安心して生活できるまちづくりという共通認識のもとで，行政と住民がそれぞれ役割をもち，協働による新たな支え合いを確立して地域の課題解決に取り組むことである。

　このように「新たな支え合い」（共助）を確立することが地域福祉の意義と役割である。また，「新たな支え合い」における行政の役割は「①住民等の地域福祉活動の継続を支援するために，活動を地域福祉計画へ位置づけることや圏域の設定，地域福祉コーディネーターの配置，活動拠点などの整備，②専門的な支援を要する困難な事例は市町村の役割であり，困難事例を住民等が抱え込まず適切に公的な福祉サービスにつながるよう住民等と市町村間の情報共有のしくみを整備すること」である。市町村は地域における多様な生活課題に対し，ボランティアやNPO，住民団体などとの協働による多様なサービス提供体制の整備が課題となる。

　地域の多様で複雑な課題を抱える地域住民の支援をするためには，公的サービスだけではなく民間によるサービスや住民同士の支え合い，専門職と非専門職による協働，住民主体の活動など互助や共助によってニーズを充足

する社会福祉の多様な供給体制が必要である。

4）日常生活自立支援事業と成年後見制度

　日常生活自立支援事業とは，認知症高齢者，知的障害者，精神障害者等のうち判断能力が十分でない人が地域において自立した生活が送れるよう，利用者との契約にもとづき，福祉サービスの利用援助等を行うものである。

　具体的には，介護保険サービスや障害福祉サービスなどの利用に関する情報提供や相談，申請の代行といった「福祉サービスの利用援助」，福祉サービスに関する「苦情解決制度の利用援助」，日常生活に必要な手続きとして「住宅改造，居住家屋の貸借，日常生活上の消費契約及び住民票の届出等の行政手続に関する援助等」等が主なサービス内容で，相談は無料である。本事業の実施主体は，都道府県・指定都市社会福祉協議会（窓口業務等は市町村の社会福祉協議会等で実施）である。

　成年後見制度とは，認知症，知的障害，精神障害などの理由で判断能力が十分でない者を保護・支援する制度である。本制度は法定後見制度と任意後見制度がある。法定後見制度は，対象となる本人の判断能力の程度などに応じて「後見」「補佐」「補助」の3つに分かれている。家庭裁判所によって選ばれた成年後見人（成年後見人・保佐人・補助人）が不動産や預貯金などの財産管理や介護サービスや施設入所に関する契約，遺産分割の協議等の場面において，本人の利益を考えながら代理として契約等の法律行為や，本人の同意を得ずにした不利益な法律行為を後から取り消したりすることができる。

　また，判断能力が十分でない者が必要な支援を利用しながら地域で安心した生活ができるよう，2016年に「成年後見制度の利用の促進に関する法律」が制定され，成年後見制度の利用促進に向け，政府は「成年後見制度利用促進基本計画」の策定が義務づけられ，市町村は政府の計画を勘案し「成年後見制度の利用の促進に関する施策についての基本的な計画」の策定などに努めることが定められた。厚生労働省の「地域共生社会の実現に向けた地域福祉の推進について」において，市町村地域福祉計画に盛り込むべき事項の中に「市民後見人等の育成や活動支援，判断能力に不安がある者への金銭管理，身元保証人等，地域づくりの観点も踏まえた権利擁護の在り方」が規定されており，「成年後

見制度利用促進法」に規定される市町村計画と一体的なものとすることも考えられると提起している。

　福祉サービスを必要とする地域住民が，日常生活自立支援事業および成年後見制度によって福祉サービスの利用に繋がるには，本人からのSOSを待つばかりではなく，アウトリーチによる発見やネットワークの構築によりニーズを発見することが必要である。

　日常生活自立支援事業および成年後見制度の促進は，判断能力が十分にないことや情報不足等によって福祉サービスによる支援が必要な状態にあってもサービスが利用できていない地域住民にとって，制度の利用はアドボカシー機能を果たす事業として重要となる。また，判断能力が十分でなく日常生活においてすべてができない人と捉えるのではなく，住民の誰もが地域社会を構成する一員として日常生活を営むために，制度・サービスにつながることで生きる力が引き出されるようエンパワメントの支援として重要な事業である。

（5）福祉教育
1）福祉教育の定義
「市町村地域福祉計画，都道府県地域福祉支援計画の策定ガイドライン」[46]では，地域福祉に関する活動への住民参加の促進に関する事項として「地域住民，ボランティア団体，NPO等の社会福祉活動への支援」「住民等による問題関心の共有化への動機付けと意識の向上，地域福祉推進への主体的参加の促進」が市町村地域福祉計画に盛り込むべき事項として示された。住民参加を促進するための活動拠点に関する支援や住民の活動と公共的サービスの連携の重要性と，住民等の主体形成に向けた取り組みの重要性が提起されたのである。地域共生社会の実現に向けて，地域の多様で複雑な課題を他人事ではなく自分たちの地域の中で起きている課題として認識し，共に支え合う地域社会づくりを目指していくために，福祉教育の重要性が位置づけられている。

　福祉教育により参加者が身につける力について，上野谷加代子は「福祉教育は，人間に対する鋭い人権感覚や非人間的なものを見抜く力を養うとともに，豊かな感性，共感する力に基づく生活感覚，行動力，連帯する力，助け合い，

かかわりあう力などを養う⁽⁴⁷⁾」としている。福祉教育により，地域に対する意識の向上と主体的な参加につなげることが求められているのである。

2）福祉教育の歴史

　全国社会福祉協議会によれば，福祉教育とは教育分野と社会福祉分野が重なり合い，子どもたちの学びの支援から地域住民に対する生涯学習の視点まで幅広く捉えることができ，「子どもたちの学びを支援する取り組み」と「住民主体の地域福祉を推進するための取り組み」という2つの視点から展開されるものである。

　戦後の全国的な展開としては，「学童・生徒のボランティア活動普及事業」(1977年) が国庫補助事業により開始され，学校における福祉教育実践が全国に広がった。また，2002年4月に施行された学習指導要領では，「総合的な学習の時間」において国際理解，情報，環境，福祉・健康などの横断的・総合的な課題についての学習活動を行うことが位置づけられ，福祉を学ぶ機会が増えた。このように，学校を中心にした教育の実践から福祉教育が展開されてきた。

　一方，地域福祉を推進するための取り組みとしては，社会福祉協議会によって1960年代後半から理論化され，実践が積み重ねられてきた。「国民の社会福祉に関する活動への参加の促進を図るための措置に関する基本的な指針」(1993年) において，地域福祉の総合的推進として住民の自主的な福祉活動の参加の促進，社会福祉協議会と連携し公私の福祉サービスが総合的に提供されるよう努めることや，福祉活動を通して福祉や社会連帯の意識を育むために児童・生徒のボランティア活動についての啓発普及や，幼少期から高齢期に至るまで生涯を通じた福祉教育・学習の機会を提供していく必要性が示された。また，2005年には全国社会福祉協議会の社会福祉協議会における福祉教育推進検討委員会は，福祉教育を「平和と人権を基盤にした市民社会の担い手として，社会福祉について協同で学び合い，地域における共生の文化を創造する総合的な活動である⁽⁴⁸⁾」と定義し，多様な価値観を認め合い共生の文化を作り出すこと，互いに学び合うためのプラットフォームづくりを重視している。このように社協を中心にした地域福祉を推進する福祉教育が展開されている。

3）福祉教育の実践

　福祉教育の実践は，プログラムを検討するにあたり「目的とねらい」を明確にすること，学校，社協，地域との「協同実践」が重要となる。

　たとえば，生徒を対象に高齢者・障害者の疑似体験など体験型学習プログラムでは，当事者の大変さや困難さといったマイナスの感想で体験が終わらないように，視覚障害者や身体障害者，認知症高齢者にゲスト講師を依頼して実際に関わる機会を設け，生活の中で「できることや困難なこと」の両方を理解できるようにし，高齢者や障害者を一方的に支援される存在として捉えないようにすることが大切である。また，体験や関わりによってどのように感じたり考えたか，振り返り共有することが重要である。振り返りの中で当事者が尊厳を持ち自立した生活を送るために必要なことは何か考え，「既存の制度・サービスの状況」を調べたり，「自分たちにできることはどのようなことか」を全員で考えたりする時間が大切である。さらに，振り返りをもとに地域に出て施設を訪問したり，ボランティア活動に参加したり啓発活動を行ったりするなど，連続性を持ったプログラムを検討する必要がある。福祉教育の実践は，多様な価値観を認め合い「共に生きる力」を育むことを共通目的として，学校，社協，地域が「プログラムを検討する段階から共に取り組むことで，豊かな福祉観の形成や福祉コミュニティの形成につながり，協同実践による『学びの関係づくり』をすすめること[49]」が重要である。

　また全国社会福祉協議会は「地域共生社会に向けた福祉教育の展開」においてサービスラーニングの視点を取り入れた福祉教育のあり方を提案している。

　サービスラーニングとは，「学習活動と社会貢献活動を意図的，計画的に結びつけて相乗効果を生むことにより，社会の主体として市民を育むことを目的とした教育プログラム[50]」である。サービスラーニングが求められる背景には，「これまでの福祉教育が思いやりや優しさといった感情の醸成に留まり，地域づくりにまで展開するといった姿勢ができていなかった[51]」という福祉教育の展開に対する反省を踏まえ，地域づくりを意図した福祉教育としてのサービスラーニングの展開の重要性を指摘している。

　全国社会福祉協議会は，地域共生社会の実現に向けて，「①地域課題や地域

ニーズを福祉教育の素材とする，②学習目標の設定と共有を行う，③そこから地域課題や地域ニーズについて熟考し，解決のための計画を立てる，④そのための情報や研修，交流を行う，⑤活動を実践する，⑥活動についてのリフレクションを丁寧に行う，⑦活動についての評価を行う，⑧活動を地域全体で共有し，学びの成果を分かち合う[52]」というサービスラーニングの8つの視点を取り入れた福祉教育実践を提案している。

　また，サービスラーニングの展開においては，「自らの行為をふりかえり，自己の内面に深く対峙しながら成長という軌跡をたどる[53]」というリフレクションが重要である。リフレクションの具体的な実践のポイントは，「①主体性を引き出すリフレクション（指示的にならないよう事前学習を取り入れる），②5W1Hのリフレクション（目的，対象，目標，日程，場所，方法を具体的に考える），③活動中のリフレクション（活動の記録用紙を活用する），④研究型のリフレクション（学習者同士の意見交換を通して共通の興味や関心を見つけ，グループで調べ学習などを行う），⑤トライアングルなリフレクション（地域や協力団体に関わってもらうことにより，学習者のリフレクション効果を高めることに加えて，教師や指導者が取り組み過程を確認する手助けになることや，地域や協力団体にとっても自分たちの強みや課題について新たな気づきを得る機会になる)[54]」である。このようにサービスラーニングの導入やリフレクションを重視することで，福祉教育の学びによって，地域の課題に関心を持ち解決に向けて考える力を養い，地域社会の担い手として主体的な参加につながることが期待されている。

4）福祉教育の課題

　地域共生社会の実現に向け，地域住民が多様性を理解し，同じ地域住民として個人を尊重することが大切であり，ノーマライゼーションとソーシャルインクルージョンの理念を理解し社会的孤立や社会的排除を防ぐために真剣に向き合うことが求められる。そのためには，福祉教育の実践により，「ともに生きる力」を育み，誰もが安心，安全，幸福な生活を送ることができる地域社会をめざして地域福祉を推進することが求められている。その際，協同実践の場となるプラットフォームづくりが必要であり，特に社協はプラットフォームづくりに向けて中心となって役割を担うことが期待されている。

注

⑴　障害は差別用語だとし，「障がい」などに言い換える傾向にあるが，本書では身体障害者福祉法など現行の法制度にもとづき，あえてそのまま障害の用語を使用する。

⑵　預貯金や貸し借り，世話など宗教的な団体における互助。

⑶　集落における農林水産業の共同作業。

⑷　複数の者による助け合い。

⑸　仲間による金銭の貸し借り。

⑹　日本国憲法第25条第1項「すべて国民は，健康で文化的な最低限度の生活を営む権利を有する」。

⑺　同条第2項「国は，すべての生活部面について，社会福祉，社会保障及び公衆衛生の向上及び増進に努めなければならない」。なお，この場合，自治体も政府と連携すべきと解されている。

⑻　一番ヶ瀬康子編著『新・社会福祉とは何か　第3版』ミネルヴァ書房，2007年。

⑼　川村匡由『地域福祉とソーシャルガバナンス』中央法規出版，2007年，16頁。

⑽　大橋謙策「地域福祉の歴史的展開と考え方」新版・社会福祉学習双書編集委員会編『地域福祉論』全国社会福祉協議会，2006年，2-6頁。

⑾　R.M.マッキーヴァー，中久郎・松本通晴監訳『コミュニティ——社会学的研究：社会生活の性質と基本法則に関する一試論』ミネルヴァ書房，2009年。

⑿　財務省調査（2019年度）。

⒀　看護師常駐の介護老人福祉施設兼介護老人保健施設。

⒁　岩間伸之・原田正樹『地域福祉援助をつかむ』有斐閣，2012年，139頁。

⒂　同前書，139-140頁。

⒃　中島修・菱沼幹男編『コミュニティソーシャルワークの理論と実践』中央法規出版，2015年，2-9頁。

⒄　地域力強化検討会「地域力強化検討会最終とりまとめ——地域共生社会の実現に向けた新しいステージへ」2017年9月，5頁。

⒅　同前書，7頁。

⒆　2000年，「社会的な援護を要する人々に対する社会福祉の在り方に関する検討会」は，新たな福祉課題への対応理念として，①新たな公の創造，②問題の発見把握それ自体の重視，③問題把握から解決までの連携と統合的アプローチ，④基本的人権に基づいたセーフティネットの確立，の4つを提言した。その中で，すべての人々を孤独や孤立，排除や摩擦から援護し，健康で文化的な生活の実現につなげるよう，社会の構成員として包み支え合う（ソーシャルインクルージョン）ための社会福祉を模索する必要があるとしている。

⒇　基本目標として①地方における安定した雇用を創出する，②地方への新しいひと

の流れをつくる，③若い世代の結婚・出産・子育ての希望をかなえる，④時代に合った地域をつくり，安心なくらしを守るとともに，地域と地域を連携する，以上4つを示している。

⑵ 自立生活を成り立たせる6つの要件として，大橋謙策は次のように整理している。①労働的・経済的自立，②精神的・文化的自立，③身体的・健康的自立，④社会関係的・人間関係的自立，⑤生活技術的・家政管理的自立，⑥政治的・契約的自立である（日本地域福祉学会編『新版地域福祉辞典』中央法規出版，2006年，14頁）。

⑵ 大橋謙策「地域福祉計画とコミュニティソーシャルワーク」『ソーシャルワーク研究』28（1）相川書房，2002年，4-10頁。

⑵ 「これからの地域福祉のあり方に関する研究会」報告書，2008年，21頁。

⑵ 中島・菱沼編，前掲⑯，6-7頁。

⑵ コミュニティソーシャルワーク実践研究会『コミュニティソーシャルワークと社会資源開発——コミュニティソーシャルワーカーからのメッセージ』全国コミュニティライフサポートセンター，2013年，12-13頁。

⑵ 『地域福祉コーディネーターの役割と実践——コーディネーター座談会から』東京都社会福祉協議会，2017年，6-8頁。

⑵ 上野谷加代子・原田正樹編『地域福祉の学びをデザインする』有斐閣，2016年，211頁。

⑵ 中島・菱沼編，前掲⑯，38-48頁。

⑵ 総務省「過疎地域等における集落の状況に関する現状把握調査報告書」2020年3月。

⑵ 過疎問題懇談会「過疎地域等における集落対策の在り方についての提言」2017年3月。

⑵ 大野晃『限界集落と地域再生』高知新聞社，2008年，22頁。

⑵ 同前書，22頁。

⑵ 増田寛也「国土交通政策研究所政策課題勉強会　地域消滅時代を見据えた今後の国土交通戦略の在り方について」2014年11月。

⑵ 「まち・ひと・しごと創生基本方針2015」によれば，「地域運営組織」とは，持続可能な地域をつくるために，「地域デザイン」に基づき，地域住民自らが主体となり，役割分担を明確にしながら生活サービスの提供や地域外からの収入確保など地域課題の解決に向けた事業等について，多機能型の取り組みを持続的に行うための組織である。

⑵ 川村匡由『防災福祉のまちづくり』水曜社，2017年，74-78頁。

⑵ 上野谷加代子・原田正樹編『地域福祉の学びをデザインする』有斐閣，2016年，98-99頁。

⑵ 日本地域福祉学会編『地域福祉辞典』中央法規出版，2006年，268-269頁。

⑱　和田敏明編著『地域福祉の担い手』（地域福祉を拓く③）ぎょうせい，2002年，79-82頁。

㊴　岩間伸之・原田正樹『地域福祉援助をつかむ』有斐閣，2012年，231頁。

㊵　日本地域福祉学会編，前掲㊲，391頁。

㊶　同前書，391頁。

㊷　「地域福祉教育のあり方研究プロジェクト報告書──協同による社会資源開発のアプローチ」日本地域福祉学会，2019年，16頁。

㊸　全国社会福祉協議会「市区町村社会福祉協議会ボランティア・市民活動センター強化方策2015」23頁。

㊹　和田編著，前掲㊳，14-15頁。

㊺　日本地域福祉学会編，前掲㊲，358頁。

㊻　「地域共生社会の実現に向けた地域福祉の推進について」2017年12月，34頁。

㊼　上野谷加代子・原田正樹監修『新福祉教育実践ハンドブック』全国社会福祉協議会，2014年，75頁。

㊽　全国社会福祉協議会「社会福祉協議会における福祉教育推進検討委員会報告書」2005年11月。

㊾　上野谷・原田監修，前掲㊼，42頁。

㊿　同前書，114頁。

㆑　全国社会福祉協議会「地域共生社会に向けた福祉教育の展開」2019年，9頁。

㆒　同前書，20頁。

㆓　上野谷・原田監修，前掲㊼，70頁。

㆔　全国社会福祉協議会，前掲㆑，45-47頁。

参考文献

・第1・2節

川村匡由『地域福祉源流の真実と防災福祉コミュニティ』大学教育出版，2016年。

川村匡由『地域福祉とソーシャルガバナンス』中央法規出版，2007年。

川村匡由・石田路子編著『地域福祉の理論と方法』久美出版，2010年。

野口定久『地域福祉論』ミネルヴァ書房，2008年。

牧里毎治・野口定久編著『協働と参加の地域福祉計画』ミネルヴァ書房，2007年。

・第3節

市川一宏・大橋謙策・牧里毎治編著『地域福祉の理論と方法　第2版』（MINERVA社会福祉士養成テキストブック⑧）ミネルヴァ書房，2014年。

上野谷加代子・原田正樹編『地域福祉の学びをデザインする』有斐閣，2016年。

上野谷加代子・松端克文・永田祐編著『新版　よくわかる地域福祉』ミネルヴァ書房，2019年。

厚生労働省「誰もが支え合う地域の構築に向けた福祉サービスの実現――新たな時代に対応した福祉の提供ビジョン」2015年9月。

厚生労働省「地域共生社会の実現に向けた地域福祉の推進について」2017年12月。

高知県 「高知型福祉」あったかふれあいセンターHP（https://www.pref.kochi.lg.jp/soshiki/060101/attaka.html）。

「これからの地域福祉の在り方に関する研究会」報告書2008年3月。

経済産業省関東経済産業局HP（https://www.kanto.meti.go.jp/seisaku/cb/index.html）。

社会保障審議会福祉部会「市町村地域福祉計画及び都道府県地域福祉支援計画策定指針の在り方について（一人ひとりの地域住民への訴え）」2002年1月。

地域力強化検討会「地域力強化検討最終とりまとめ――地域共生社会の実現に向けた新しいステージへ」2017年9月。

中島修・菱沼幹男編『コミュニティソーシャルワークの理論と実践』中央法規出版，2015年。

日本地域福祉学会編『新版地域福祉辞典』中央法規出版，2006年。

日本地域福祉学会「地域福祉教育のあり方研究プロジェクト報告書――協同による社会資源開発のアプローチ」2019年12月。

・第4節

岩菜千穂「中間支援に期待される役割と中間支援組織の実態――岩手県および秋田県における中間支援の現場から」『農村計画学会誌』36（4），2018年。

河東田博「ノーマライゼーション理念の具体化と当事者活動」『四国学院大学論集』96，1998年。

厚生労働省「地域共生社会に向けた包括的支援と多様な参加・協働の推進に関する検討会（地域共生社会推進検討会）最終とりまとめ」（概要）2019年。

厚生労働省「地域力強化検討会 最終とりまとめ――地域共生社会の実現に向けた新しいステージへ」2017年。

佐藤哲郎「地域福祉の推進における社会福祉協議会の役割と特質」『松本大学研究紀要』13，2015年。

全国社会福祉協議会「全社協 福祉ビジョン2020」。

全国社会福祉協議会「市区町村社協経営指針 第2次改定」2020年5月。

全国保護司連盟HP。

全国民生委員児童委員連合会HP。

総務省「地域自治組織のあり方に関する研究会報告書」2017年。

ソーシャルビジネス研究会「ソーシャルビジネス研究会報告書」2008年。

手島洋「認知症の人を包摂する地域づくりをめぐる施策と当事者組織の役割」『立命館産業社会論集』55（1），2019年。

東條吉邦・藤野博監修，高森明編著『発達障害者の当事者・自助グループの「いま」

と「これから」』金子書房，2020年。

内閣府「中間支援組織の現状と課題に関する調査」2001年。

藤岡秀英「『まち・ひと・しごと創生総合戦略』と地縁組織の再編問題──「小規模多機能自治」と「地域自自組織」の法人化問題について」『国民経済雑誌』218(6)，2018年。

松井真理子「社会的企業の持続可能性についての論点整理」『四日市大学論集』32（1），2019年。

・第5節

上野谷加代子・原田正樹監修『新福祉教育実践ハンドブック』全国社会福祉協議会，2014年。

上野谷加代子・原田正樹編『地域福祉の学びをデザインする』有斐閣，2016年。

厚生労働省「これからの地域福祉の在り方に関する研究会」報告書2008年3月。

厚生労働省「介護予防・日常生活支援総合事業のガイドラインについての一部改正について」2018年5月。

全国社会福祉協議会「福祉教育の展開と地域福祉活動の推進」2008年3月。

全国社会福祉協議会「ともに生きる力」2013年。

全国社会福祉協議会「市区町村社会福祉協議会ボランティア・市民活動センター強化方策2015」2015年8月。

全国社会福祉協議会「社会的包摂にむけた福祉教育」2017年3月。

全国社会福祉協議会「地域共生社会に向けた福祉教育の展開」2019年10月。

全国社会福祉協議会「学童－生徒のボランティア活動普及事業」（https://www.zcwvc.net/）。

「地域共生社会の実現に向けた地域福祉の推進について」2017年12月。

長野県社会福祉協議会「福祉教育実践ガイド」2017年。

「ニッポン一億総活躍プラン」2016年6月。

日本地域福祉学会「地域福祉教育のあり方研究プロジェクト報告書──協同による社会資源開発のアプローチ」2019年12月。

原田正樹『共に生きること共に学びあうこと』大学図書館出版，2009年。

　日本の場合，住民・市民だけでなく，広く国民の間におけるノーマライゼーションの理念やソーシャルインクルージョンの実践の必要性の理解と協力はまだまだ不十分である。その象徴が障害児者支援施設や託児所，保育所（園）などの建設計画に対する近隣の住民の反対だが，誰でも交通事故や薬害，疾病の後遺症などによっていつ障害児・者にならないとも限らない。また，誰でも乳幼児の頃，近くの託児所や保育所を利用したものであるため，地域福祉の推進によって誰でも住み慣れた地域で安全・安心なまちづくりに一致団結したい。

<table>
<tr><td>第2章</td><td>福祉行財政のシステム</td></tr>
</table>

学びのポイント

　地域福祉を包括的支援体制によって推進，強化していくためには政府および自治体はもとより，社会福祉士や精神保健福祉士などのソーシャルワーカーも住民・市民にその理解と協力を求めるべくあらゆる機会を通じ，訴えていくことが望まれる。しかし，そのためには政府および自治体など関係機関がヒト・モノ・カネ，とりわけ，カネ，すなわち，財源を十分調達し，先導していくことが先決である。日本国憲法第25条で定めた国民の生存権および国の社会保障的義務も政府および自治体の公的責任としての公助の第一義的な意義もそこにある。

1　国の役割

（1）国と地方自治体

　日本における国家の運営は，他の近代民主主義国家と同様，その権力を司法，立法，行政のいわゆる三権分立という統治の仕組みの中で運営されている。この三権分立という考え方は，特定の権力への集中がしないよう，互いの権力機能を相互に牽制し均衡を保つ方法である。

　日本国憲法では，立法権については第41条，行政権については第65条，そして，司法権については第76条1項でその旨が規定されており，それぞれの権力が緊張関係を保ちつつバランスをとり，社会経済の仕組みが成り立っている。このうち，私たちの生活に直接関係する生活関連のサービスの提供をはじめ，行政による各種の制度・政策が実践されており，国民・住民の生活に最も身近な機関が行政ということになる。

　こうした行政組織は，内閣としての国の組織を頂点として，都道府県，市町村といった地方組織としての自治体(1)によって運営されていることは周知の通り

である。むろん，福祉行政に関する事務もこの体制の中で実施されているわけである。日本における現在の国と地方の関係は，第二次世界大戦後の歴史の中で制度化されたものであるが，なぜ，このような仕組みがつくられ，運営されているのだろうか。

　ここでは特に行政事務の実施の観点から，両者の位置づけや役割について，特に国の役割についてみていくことにする。

（2）国の役割

　国と自治体の関係や役割については，1947年に制定された地方自治法によって規定されている。その中で，国が重点的に行うべき内容について，以下のように定めている（地方自治法第1条の2第2項）。

　　①　国際社会における国家の存立に関わる事務
　　②　全国的に統一して定めることが望ましい国民の諸活動，または地方自治に関する基本的な準則に関する事務
　　③　全国的な規模，もしくは全国的な視点に立って行わなければならない施策，および事業の実施
　　④　その他国が本来果たすべき役割

　また，同項においては自治体との役割分担についても触れており，「住民に身近な行政はできる限り地方公共団体にゆだねることを基本として，地方公共団体との間で適切に役割を分担するとともに，地方公共団体に関する制度の策定及び施策の実施に当たつて，地方公共団体の自主性及び自立性が十分に発揮されるようにしなければならない」と述べている。

　この条文からもわかるように，国が担う役割というのは，国際社会において，国家としての存立に関わる事項（外交や貿易，国防など）や，全国的な視点や規模で処理しなければならない事柄（経済・金融政策や法律制度の創設など）などであり，地域や住民の視点から考える住民生活に関わる事項やサービスの提供などは，地方自治体の役割であるといえる。これは行政運営上明確な役割分担の考え方であり，地方分権という形で実践されている現在の行財政システムの中核となる考え方である。むろん，このシステムは福祉行財政の実施にあたって

も同様で，その視点をまずは押さえておくことが福祉行財政のシステムを理解する上で重要である。

（3）法定受託事務と自治事務

　ところで，こうした役割分担の考え方は地方自治法の制定当時から行われてきたかといえば，そうではない。何度かの法制度改正により，変化が加えられて現在の方法に至っているからである。

　以前の日本における行財政システムでは，機関委任事務や団体委任事務[2]と呼ばれる方法で，国が自治体の行政実務に大きく関与してきた。

　このうち，機関委任事務とは，簡単にいえば自治体の首長を国の出先機関や出張所の監督官とみなし，国の行政庁である主務大臣の指揮監督のもと，国の事務を委任して執行させるシステムのことをいう。この場合，委託を受けた自治体はこれらの事務に関し，独自の方法や仕組みを行うことができず，国からの指示どおりに動くことが要求されていた。このため，自分たちの地域や住民の実情に合わせた行政（事務）運営を行うことができず，往々にして実態とは離れた画一的な事業運営が行われていた。社会福祉に関する行政事務のほとんども，この機関委任事務による方法が実施され，全国的に統一された方法で展開された。

　しかし，戦後の高度経済成長などの社会変革により，国民の生活様式や意識が大きく変化することに伴い，このような機関委任事務や団体委任事務による行政事務のあり方が問われるようになった。1999年の「地方分権の推進を図るための関係法律の整備等に関する法律」（地方分権一括法）の制定がそれで，以後，これまでの国の行政事務のあり方が大きく変化することになった。地方分権一括法では，それまで国が自治体の行政に大きく関与してきた中央集権型の行政実務を見直す中で，機関委任事務と団体委任事務を廃止し，地方公共団体の事務を新たに法定受託事務と自治事務の2つに区分された（図表2-1）。

　具体的には，法定受託事務とは，自治体において実施される事務のうち，国および都道府県が本来果たすべき役割の事務であり，かつその適正な処理の確保が求められるものとして，法律などで事務処理が義務づけられたものを指す。

図表 2 - 1　法定受託事務と自治事務の概要

<table>
<tr><td>

法定受託事務

<第1号法定受託事務>
　（地方自治法第2条9の1）
○国が本来果たすべき役割に係るものであっ
て，国においてその適正な処理を特に確保す
る必要があるものとして法律，またはこれに
基づく政令に定めるもの
＊具体的な事務
　国政選挙，国の指定統計，国道の管理，生活保護，
　児童扶養手当に係る事務，社会福祉法人の認可に
　かかる事務など

<第2号法定受託事務>
　（地方自治法第2条9の2）
○都道府県が本来果たすべき役割に係るもの
であって，都道府県においてその適正な処理
を特に確保する必要があるものとして法律，
またはこれに基づく政令に定めるもの
＊具体的な事務
　都道府県知事および議会議員選挙に係る事務，精
　神障害者保健福祉手帳の交付等事務など

</td><td>

自治事務

○地方自治体が処理する事務のうち，法定受
託事務を除いたもの

<必ず法律・政令により事務処理が義務づけ
られる事務>
介護保険制度，児童福祉・老人福祉・障害者
福祉に係るサービス・事務，国民健康保険の
給付など

<法律・政令にもとづかず，任意で行う事務>
各種助成金の交付（乳幼児医療費補助など），
公共施設の管理，地方自治体独自の行政事業
など

＊原則として，国からの是正の指示や関与は認めら
れない。

</td></tr>
</table>

出典：総務省資料を基に筆者作成。

　この法定受託事務は第1号と第2号に分かれており，地方自治法により以下の
ように規定されている。

　法定受託事務とは，本来，国が実施すべき事務を都道府県，市町村，または
特別区が受託して実施するものをいう。すなわち，国政選挙の実施や国道の管
理などがあり，福祉行政においては生活保護の実施や社会福祉法人の認可業務
が代表的なものである。これに対し，法定受託事務は，都道府県が本来実施す
べき事務を市町村，または特別区が受託して実施する事業のことをいい，例え
ば，都道府県知事・議会選挙に関する事務などがそれで，福祉行政においては
精神障害者保健福祉手帳の交付等事務などがこれに該当する。

　一方，自治事務とは，自治体において実施される事務のうち，法定受託事務
を除いたものである。これにはさらに2種類あり，法律や政令により事務が義
務づけられているもの，これらに基づかず，任意で行うものに分けられている。
福祉行政との関連で具体的な事務をみてみると，前者は介護保険法に基づく事
務，児童福祉や障害者福祉サービスなどの社会福祉関係法にかかる措置事務な

どはこれに含まれる。後者は，各自治体が独自に行う単独事業（各種の助成金事業や市町村独自のサービスなど）が想定されている。福祉行政事務における政策のほとんどはこの自治事務によって実施されており，それだけに個々の自治体の考え方や行政施策の方向性などが福祉行政を実施していく上で重要な視点となる。

　このように役割分担という点から国の行政事務を再度みてみると，法定受託事務等による一部で国から自治体への行政事務関与はみられるものの，先に述べた地方自治法第1条の2第2項が定めている「国が本来果たすべき役割を重点的に担うこと」と，「住民に身近な行政はできる限り地方公共団体に委ねること」という地方自治の原則を踏まえ，国はその役割を全うしているといえる。

（4）国の福祉行政機関

　ところで，このような国の福祉行政機関の中心となるのは厚生労働省である。2001年の中央省庁再編に伴い，当時の厚生省と労働省が統合し，現在の厚生労働省となった。この厚生労働省の組織や具体的な事務内容については厚生労働省設置法（以下，設置法）という法律に基づき，実施されている。

　たとえば，設置法第3条では厚生労働省の任務について，「厚生労働省は，国民生活の保障及び向上を図り，並びに経済の発展に寄与するため，社会福祉，社会保障及び公衆衛生の向上及び増進並びに労働条件その他の労働者の働く環境の整備及び職業の確保を図ることを任務とする」と明示されている。そして，この任務を遂行するため，設置法第4条に所掌事務として具体的に行う事務事項が掲載されている。具体的な実務は，図表2-2に掲載した組織体系によって実施されている。

　それによると，厚生労働省には12の局が設置されており，このうち，福祉政策や各種の社会福祉サービスに関連する部局としては次の4つの局・部が対応している。

　それぞれの主な業務を記載すると，①子ども家庭局（児童の心身の育成や発達に関すること，児童の保育や養護，虐待の防止に関すること，児童や児童のいる家庭，妊産婦その他母性の福祉の増進に関すること等の業務を実施），②社会・援護局（社

図表 2 - 2　厚生労働省組織図

厚生労働省	大臣官房	人事課，総務課，会計課，地方課，国際課，厚生科学課
	医政局	総務課，地域医療計画課，医療経営支援課，医事課，歯科保健課，看護課，経済課，研究開発振興課
	健康局	総務課，健康課，がん・疾病対策課，結核感染症課，難病対策課
	医薬・生活衛生局	総務課，医薬品審査管理課，医療機器審査管理課，医薬安全対策課，監視指導・麻薬対策課，血液対策課，生活衛生・食品安全企画課，食品基準審査課，食品監視安全課，生活衛生課，水道課
	労働基準局	総務課，労働条件政策課，監督課，労働関係法課，賃金課，労災管理課，労働保険徴収課，補償課，労災保険業務課
	安全衛生部	計画課，安全課，労働衛生課，化学物質対策課
	職業安定局	総務課，雇用政策課，雇用保険課，需給調整事業課，外国人雇用対策課，労働市場センター業務室
	雇用開発部	雇用開発企画課，高齢者雇用対策課，障害者雇用対策課，地域雇用対策課
	雇用環境・均等局	総務課，雇用機会均等課，有期・短時間労働課，職業生活両立課，在宅労働課，勤労者生活課
	子ども家庭局	総務課，保育課，家庭福祉課，子育て支援課，母子保健課
	社会・援護局	総務課，保護課，地域福祉課，福祉基盤課，援護企画課，援護・業務課，事業課
	障害保健福祉部	企画課，障害福祉課，精神・障害保健課
	老健局	総務課，介護保険計画課，高齢者支援課，振興課，老人保健課
	保険局	総務課，保険課，国民健康保険課，高齢者医療課，医療介護連携政策課，医療課，調査課
	年金局	総務課，年金課，国際年金課，資金運用課，企業年金・個人年金課，数理課，事業企画課，事業管理課
	人材開発統括官	参事官（人材開発総務担当，人材開発政策担当，若年者・キャリア形成支援担当，能力評価担当，海外人材育成担当）
	政策統括官 (総合政策担当)	参事官（社会保障担当，労働政策担当，労使関係担当），政策評価官
	政策統括官 (統計・情報政策担当)	参事官（企画調整担当，人口動態・保健社会統計担当，雇用・賃金福祉統計担当，情報化担当，サイバーセキュリティ・情報システム管理担当）
	施設等機関	検疫所，国立ハンセン病療養所，試験研究機関（国立医薬品食品衛生研究所，国立保健医療科学院，国立社会保障・人口問題研究所，国立感染症研究所），更生援護機関（国立児童自立支援施設，国立障害者リハビリテーションセンター）
	審議会等	社会保障審議会，厚生科学審議会，労働政策審議会，医療審議会，薬事・食品衛生審議会，中央最低賃金審議会，労働保険審査会，中央社会保険医療協議会，社会保険審査会，独立行政法人評価委員会，疾病・障害認定審査会，援護審査会，がん対策推進協議会，肝炎対策推進協議会，国立研究開発法人審議会，過労死等防止対策推進協議会，アレルギー疾患対策推進協議会，アルコール健康障害対策関係者会議
	地方支分部局	都道府県労働局 ─ 公共職業安定所（ハローワーク） 地方厚生（支）局 ─ 労働基準監督署
	外局	中央労働委員会 ─ 事務局，総務課，審査課，調整第一課，調整第二課

出典：厚生労働省資料。

会福祉法人制度，福祉に関する事務所，共同募金会，社会福祉事業に従事する人材の確保やボランティア活動の基盤整備など社会福祉の各分野に共通する基盤制度に関する事業と，生活保護制度の企画や運営，ホームレス対策，生活協同組合に対する指導など幅広く社会福祉の推進のための施策を実施），③社会・援護局障害保健福祉部（障害者総合支援法に基づき，障害者が地域で生活するために必要な支援などの事業の実施。および精神障害者に対する医療保健や障害者の社会参加の推進などの業務を実施），④老健局（介護保険制度〔介護を必要とする状態になっても，できる限り自宅や地域で自立した日常生活を営むことができるよう，必要な介護サービスを提供する仕組み〕をはじめとする高齢者介護・福祉施策についての業務を実施）のようになっている。また，これらの部局の他にも，厚生労働省は国立の施設や研究機関を運営しているとともに，地方における厚生労働行政の効率的な運営のために地方厚生局を設け⁽³⁾ている。

　このほか，福祉行政の実施にあたっては厚生労働省だけでなく，多くの省庁が関連する業務を実施している。例えば，内閣府では，少子化対策や障害者対策など各省庁に関わる法の所管業務を実施したり，国土交通省では公共交通や建物のバリアフリー化の推進を行ったり，また，法務省では成年後見制度や障害を持つ受刑者に対する支援なども行ったりしている。

　さらに，社会保障・社会福祉関係の幅広い課題や政策に関する審議を行うための機関として社会保障審議会が設置されている。この社会保障審議会は，前述した2001年の中央省庁再編に伴い，設置された国の中核的な審議会となっている。省庁再編以前は，中央社会福祉審議会や老人保健福祉審議会など8つの審議会が設置されていたが，これらの審議会を統合したものとして社会保障審議会は位置づけられている。その責務は厚生労働大臣の諮問に応じ，社会保障制度の横断的な事項や各種社会保障制度，人口問題などに関する事項について，総合的に調査・審議することとされている。

　なお，社会保障・社会福祉に関するすべての課題について社会保障審議会が審議を行うわけではなく，審議会の下には分野ごとの分科（福祉文化分科会，介護給付費分科会など）や部会（福祉部会，生活保護基準分科会，生活困窮者の生活支援の在り方に関する特別部会など）が設置されており，それぞれに関連する分科

図表2-3 自治体の種類

地方公共団体	普通地方公共団体	都道府県		市町村間の連絡調整など広域的な事務を行う地方公共団体
		市町村	市 ＊政令指定都市 ＊中核市　含む	人口5万人以上等を要件に設立 市の中でも大都市に関する特例としての都市 （後述）
			町村	町の設立要件は，都道府県が条例で定める町の要件を備えている必要がある
	特別地方公共団体	特別区		東京都23区
		地方公共団体の組合	一部事務組合	地方公共団体が，その事務の一部を共同で処理するために設けられた特別地方公共団体
			広域連合	市町村から独立して国や都道府県から直接事務の権限移譲を受けることが可能な特別地方公共団体
		財産区		市町村の一部の山林や原野，温泉などの自然財産を所有・管理する特別な地方公共団体

出典：図表2-1と同じ。

会や部会において審議・検討が行われている。

2　都道府県の役割

（1）自治体の種類

　前述したように，日本の行政組織は国の組織を頂点に，地方の組織としての自治体によって運営されている。地方自治法において，「地方公共団体は，普通地方公共団体及び特別地方公共団体とする」（同法第1条の3第1項）とされており，これらは同条第2項で述べている普通地方公共団体，第3項で述べている特別地方公共団体に分けられている（図表2-3）。

　ところで，普通地方公共団体であるが，これには広域的な行政事務を担う都道府県と基礎的な自治体としての市町村がある。それぞれが行政事務を処理するにあたって，相互に競合しないようにしなければならないとされており，互いの業務は役割分担がされている。

　また，特別地方公共団体には特別区，地方公共団体の組合，財産区の3種類が規定されている。特別区とはいわゆる「東京都23区」のことを指し，単独で普通地方公共団体である市と同等の権限を持つ。地方公共団体の組合は，その

図表2-4　一部事務組合と広域連合の相違点

区分	一部事務組合	広域連合
団体の性格	・特別地方公共団体	・同左
構成団体	・都道府県，市町村及び特別区 ・複合的一部事務組合は，市町村及び特別区のみ	・都道府県，市町村及び特別区
設置の目的等	・構成団体又はその執行機関の事務の一部の共同処理	・地方公共団体が広域にわたり処理することが適当な事務に関し，広域計画を作成し，広域計画実施にために必要な連絡調整を図り，事務の一部を広域にわたり総合的かつ計画的に処理するために設置。
処理する事務	・構成団体に共通する事務 ・複合的一部事務組合の場合は，全市町村に共通する事務である必要はない	・広域にわたり処理することが適当である事務 ・構成団体間で同一の事務でなくてもかまわない
国等からの事務移譲等	―	・国又は都道府県は，その行政機関の長（都道府県についてはその執行機関）の権限に属する事務のうち広域連合の事務に関連するものを，当該広域連合が処理することとすることができる。 ・都道府県の加入する広域連合は国の行政機関の長に（その他の広域連合は都道府県に），当該広域連合の事務に密接に関連する国の行政機関の長の権限に属する事務の一部（その他の広域連合の場合は都道府県知事の事務の一部）を当該広域連合が処理することとするよう要請することができる。
構成団体との関係等	―	・構成団体に規約を変更するよう要請することができる。 ・広域計画を策定し，その実施について構成団体に対して勧告が可能。 ・広域連合は，国の地方行政機関，都道府県知事，地域の公共的団体等の代表から構成される協議会を設置できる。
設置の手続	・関係地方公共団体が，その議会の議決を経た協議により規約を定め，都道府県の加入するものは総務大臣，その他のものは都道府県知事の許可を得て設ける。	・同左（ただし，総務大臣は，広域連合の許可を行おうとするときは，国の関係行政機関の長に協議）
直接請求	・法律に特段の規定はない。	・普通地方公共団体に認められている直接請求と同様の制度を設けるほか，広域連合の区域内に住所を有する者は，広域連合に対し規約の変更について構成団体に要請するよう求めることができる。
組織	・議会―管理者（執行機関） ・複合的一部事務組合にあっては，管理者に代えて理事会の設置が可能 ・公平委員会，監査委員は必要	・議会―長又は理事会（執行機関） ・公平委員会，監査委員，選挙管理委員会は必置
議員等の選挙方法等	・議会の議員及び管理者は，規約の定めるところにより，選挙され又は選任される。	・議会の議員及び長は，直接公選又は間接選挙による。

出典：総務省「地方自治制度」。

種類が一部事務組合と広域連合の２つに分かれている。

　一部事務組合は自治体がその事務の一部を共同で処理するため，設けられた特別地方公共団体である。広域連合も一部事務組合と同様，構成団体の事務を共同で処理するために設けられた特別地方公共団体だが，一部事務組合が構成団体としての都道府県や市町村などが実施することができる事項だけを扱うのに対し，広域連合は普通地方公共団体としての都道府県や市町村から独立し，国や都道府県から直接行政事務の権限移譲を受けることが可能である。つまり，都道府県や市町村が国から委託される事業を，広域連合は都道府県や市町村を経由しないで直接，委託することが認められている。その意味では，都道府県や市町村から独立した地方公共団体として設置されるということである。また，普通地方公共団体に認められている直接請求権⁽⁴⁾と同様の制度を設けることが広域連合には認められている。

（図表２-４）。

　もう一つの「財産区」であるが，これは市町村の一部にある財産を保有し，または公の協会を設けているもの，もしくは市町村の廃置分合，あるいは境界変更の際の関係地方公共団体の財産処分に関する協議に基づき，市町村の一部が財産を保有し，もしくは公の施設を設ける特別地方公共団体とされている。簡単にいえば，市町村の一部の山林や原野，温泉などの自然財産を所有・管理する特別な自治体をいう。

（2）都道府県行政の位置づけとその役割

　ここでは前項の国の役割の解説を受け，普通地方公共団体の一つである都道府県の位置づけとその役割について解説する。

　都道府県は全国に47カ所（１都・１道・２府・43県）あり，全国の市町村のすべて（特別区を含む）が，これら都道府県のいずれか一つに所属している。

　業務については，地方自治法によれば「市町村を包括する広域の地方公共団体として，第２項の事務で次に該当するものを処理する」（ものとされている）。そして，地域における事務及びその他の事務は，法律，またはこれに基づく政令により処理されると次のように規定されている。

① 　広域にわたるもの。

② 　市町村に関連する連絡調整に関するもの。

③ 　同一の規模，または性質において，一般の市町村が処理することが適切でないと認められるもの。

　これらの規定からわかるように，都道府県は①広域的に処理するもの（広域事務），②市町村間の連絡調整に関すること（連絡調整事務），そして，③一般の市町村で処理することが適切でないと認められる事業（補完的事務・専門的な事務や技術を要する事務等）を実施する機関として位置づけられている。また，事業実施の原則として市町村が単独で行うことが不可能，または不適切な事業を中心に，都道府県は市町村事業の支援・広域的な調整を行う役割を担っているといえる。

（3）都道府県における福祉行政の業務内容

　さて，こうした都道府県行政の役割を踏まえ，都道府県における社会福祉行政の機能とその内容についてみてみる。社会福祉行政における都道府県の基本的な機能として，次のようなものを挙げることができる。

① 　市町村行政に対する社会福祉事業の運営・実施に関する助言や指導・支援

② 　市町村間の広域的な調整や格差の是正

③ 　市町村（単独）では難しい専門的な技術や高度な技術が必要な施策の実施

④ 　社会福祉法人や社会福祉施設の設置・認可及び監督 ⁽⁵⁾　（所轄庁）

⑤ 　児童福祉施策への入所事務など（保育所除く）

⑥ 　都道府県における社会福祉に関する各種計画の策定及び実施

⑦ 　福祉人材の確保・育成

⑧ 　地方社会福祉審議会の設置・運営

　このうち，重要なものをいくつか紹介してみると，例えば③の「市町村（単独）では難しい専門的な技術や高度な技術」では，各種の専門相談機関は，都道府県が設置・運営している。特に児童相談所や婦人相談所，身体・知的障害

図表2-5　社会福祉法人の所轄庁について

区　分			所轄庁
同一の地方厚生局内のみで事業を行う場合	各市域のみで事業を行う場合		市（市長）
	各町村のみで事業を行う場合		都道府県（知事）
	2つ以上の市町村で事業を行う場合	主たる事務所が政令指定都市に所在する場合	指定都市の市長
		主たる事務所が政令指定都市以外に所在する場合	該当都道府県（知事）
2つ以上の地方厚生局の範囲にまたがる場合			厚生労働大臣

注：2016年4月1日に施行された「社会福祉法等の一部を改正する法律」により，社会福祉法人の認可，
　　指導監督権限は図表のように変更された。
出典：筆者作成。

者更生相談所などの専門相談機関は，現在も都道府県行政がその設置・運営を行っている。また，④の社会福祉法人や社会福祉施設の設置・認可および指導については，社会福祉法に規定されている社会福祉事業を実施するため，設置された法人としての社会福祉法人の認可などを行う「所轄庁⁽⁶⁾」としての位置づけを持っている。特に第一種社会福祉事業（特別養護老人ホームなど利用者の要援護性・緊急性が高く，また，公の関与が特に必要な事業）については，社会福祉法人の認可を取得しないと事業を開始することができないとされており，社会福祉法人の設置・運営に関しては特に都道府県が大きな役割を担っている。

　なお，制度の改変などにより現在では事業を実施するエリアに応じ，国，都道府県，政令指定都市，市のそれぞれが役割を分担している（図表2-5）。

　⑧の地方社会福祉審議会の設置・運営についてであるが，社会福祉法第7条において都道府県（政令指定都市，中核市も同様）に地方社会福祉審議会を設置するものとされている。この地方社会福祉審議会はその圏域における社会福祉に関する事項を調査・審議する機関であり（児童福祉及び精神障害者福祉を除く。これら2つは他法に審議会の規定があるため，社会福祉法からは除かれている），都道府県知事などの指示を受け，関連事項を審議する機関である。この地方社会福祉審議会には，専門分科会として民生委員審査専門分科会と身体障害者福祉専門分科会などがある。

図表 2 - 6　全国の市町村数（政令指定都市を含む。2020年 4 月 1 日現在）

政令指定都市	市	町	村	市町村計	特別区
20	772	743	189	1724	23

出典：e-stat（政府統計）資料を基に筆者作成。

3　市町村の役割

（1）市町村の位置づけとその種類

　市町村は，地方自治法第 2 条第 3 項で「基礎的な地方公共団体として，第 5 項において都道府県が処理するものとされているものを除き，一般的に，前項の事務（地域における事務及びその他の事務で法律又はこれに基づく政令により処理することとされる事務）を処理するものとする」と規定されているように，基礎的，すなわち，住民に最も身近な地域をカバーする基礎自治体として，生活に直結した地域でさまざまな事務やサービスを提供するよう位置づけられている。

　ただし，都道府県と同等の位置づけや役割を担っているところもあれば，規模やその権限において，これらとはかなり異なるものもある（図表 2 - 6 ）。

　先の図表 2 - 3 でみたように，市町村は普通地方公共団体として，その要件に応じて位置づけが異なっている。

　まず市の要件として人口 5 万人以上，また，中心市街地を形成する区域の住民の戸数が全戸数の 6 割以上，さらに商工業などに従事する者，およびその家族の数が全人口の 6 割以上であることなどの基準がある。もっとも，平成の大合併を促すため，市の人口基準を下げたことや人口が減少したとしても，町や村への変更をする義務はないため，この基準に合わない市も多くある。さらに，人口規模が非常に大きい大都市もあることから，大都市に関する特例により政令指定都市と中核市が設けられている。指定都市は人口50万人以上で，政令によって指定された都市のことをいう。指定都市はその規模も大きいことから，条例でその区域内を分けて区を設置することとしている。

　なお，この区は行政区と呼ばれており，特別区である東京都23区とは位置づけが異なる。指定都市は現在，全国に20カ所が指定されている（図表 2 - 7 ）。

図表 2-7　全国の政令指定都市一覧

（2016年10月26日現在）

都　　　市	人　口 (1)	移行年月日	指定政令 (2)
大 阪 市	2,691,185	昭和31年 9 月 1 日	昭和31年 政令第254号
名古屋市	2,295,638	昭和31年 9 月 1 日	
京 都 市	1,475,183	昭和31年 9 月 1 日	
横 浜 市	3,724,844	昭和31年 9 月 1 日	
神 戸 市	1,537,272	昭和31年 9 月 1 日	
北九州市	961,286	昭和38年 4 月 1 日	昭和38年 政令第10号
札 幌 市	1,952,356	昭和47年 4 月 1 日	昭和46年 政令第276号
川 崎 市	1,475,213	昭和47年 4 月 1 日	
福 岡 市	1,538,681	昭和47年 4 月 1 日	
広 島 市	1,194,034	昭和55年 4 月 1 日	昭和54年 政令第237号
仙 台 市	1,082,159	平成元年 4 月 1 日	昭和63年 政令第261号
千 葉 市	971,882	平成 4 年 4 月 1 日	平成 3 年 政令第324号
さいたま市	1,263,979	平成15年 4 月 1 日	平成14年 政令第319号
静 岡 市	704,989	平成17年 4 月 1 日	平成16年 政令第322号
堺　　 市	839,310	平成18年 4 月 1 日	平成17年 政令第323号
新 潟 市	810,157	平成19年 4 月 1 日	平成18年 政令第338号
浜 松 市	797,980	平成19年 4 月 1 日	
岡 山 市	719,474	平成21年 4 月 1 日	平成20年 政令第315号
相模原市	720,780	平成22年 4 月 1 日	平成21年 政令第251号
熊 本 市	740,822	平成24年 4 月 1 日	平成23年 政令第323号

注：(1)　人口は，平成27年国勢調査（確定値）である。
　　(2)　地方自治法第252条の19第 1 項の指定都市の指定に関する政令（北九州市の指
　　　　定からは同政令の一部を改正する政令による）。
出典：総務省資料。

　指定都市は，都道府県とほぼ同様の事務を都道府県に代わり，その範囲内（指定都市内）において実施する権限を持っており，福祉行政との関連では，児童福祉や生活保護などの事務は指定都市においては独自に実施されている。例えば，本来，都道府県が設置・運営する児童相談所は指定都市では設置が義務づけられている。

　また，中核市は人口20万人以上で，申請に基づいて政令で指定された都市である。この中核市も都道府県が行う業務の一部を独自に実施することができるとされており，福祉行政との関連では，本来，都道府県に設置が義務づけられている地方社会福祉審議会の設置や身体障害者手帳の交付などを独自に実施することができる。中核市は2020年4月1日現在，60市ある。

　これら以外の自治体として町，村がある。このうち，村の要件については，特段法令上の定めはないが，町になるにはその村が属する都道府県が定める条例の各要件（人口や官公庁の整備状況など）を備える必要がある。人口は5,000人とする都道府県が最も多い。町村に関しては，行政の事務は市よりも少なくなっており，福祉行政との関連でいえば福祉事務所の設置は義務づけられてはいないため，町村における福祉事務所の業務は都道府県の（郡部）福祉事務所が管轄することになる。

（2）市町村における福祉行政の業務内容

　さて，前述したように，一口に市町村といってもその規模や位置づけにより行政事務として実施する事項が異なるが，ここでは福祉行政機関の中核である市を取り上げると，社会福祉行政における主な事業として次のようなものを挙げることができる。

　①　高齢者福祉事業の実施
　　（主に介護保険法，老人福祉法に関する事業）
　・介護保険事業の実施（保険者），介護保険事業者の指定（地域密着型サービスほか），老人福祉施設などへの入所措置，介護保険以外のサービス提供など
　②　障害者福祉事業の実施

（主に障害者総合支援法，身体障害者福祉法，知的障害者福祉法，精神保健及び
精神障害者福祉に関する法律に関する事業）

・障害者総合支援法に基づくサービスの支給，障害者施設への入所措置な
ど

③　児童・母子家庭等福祉事業の実施

（主に児童福祉法，母子及び父子並びに寡婦福祉法，次世代育成支援対策推進法，
子ども・子育て支援法に関する事業）

・助産施設，母子生活支援施設，保育所への入所に係る事務，児童手当な
どの支給，母子家庭などへの相談，指導，障害児通所サービス事業の実
施など

④　生活保護等の実施

（生活保護法，ホームレスの自立の支援等に関する特別措置法，生活困窮者自立
支援法に関する業務）

・生活保護の実施，生活困窮者への支援事業の実施

⑤福祉行政事業に関する各種計画の策定

・介護保険事業計画，障害者計画，障害福祉計画，子ども・子育て支援計
画，地域福祉計画などの策定

　これらをみてわかるように，市町村における福祉行政の業務は直接的なサー
ビス提供がその主なものである。

（3）福祉サービスの利用方式

　福祉サービスの提供は，第二次世界大戦後，2000年に至るまでの約半世紀の
間，生活保護制度と措置制度の2つを中心に行われてきた。なぜなら，戦後ま
もなくは生活困窮者や戦災孤児といった支援が必要な者がほとんどで，当事者
からの申請を待つという猶予もなく，行政の判断によって困窮度の高いものか
ら支援をしていく必要があったからである。

　しかし，2000年には社会福祉基礎構造改革が行われ，行政の判断による措置
制度から，利用者の人権や意向を重視した契約制度によるサービスの提供の方
式が提案されることになった。その代表的な制度が2000年に創設された介護保

図表2-8　生活保護制度の利用の流れ

①	相　談	お住まいの区の福祉保健センターにご相談ください。
②	申　請	生活保護の申請意思がある方は，申請書を提出してください。
③	調　査審　査	申請を受けて，生活状況や収入・資産状況等を調査します。調査の結果，生活保護の利用が可能かどうかを審査します。
④	決　定	審査の結果，生活保護の利用の可否をお知らせします。生活保護が開始されると，保護費の支給や支援が始まります。

出典：横浜市資料。

険制度である。

　そこで，現在，市町村を中心に提供されている福祉サービスの利用方式について，生活保護方式，措置制度方式，介護保険制度方式，障害者自立支援給付方式，保育所利用型方式の5つの制度を紹介し，具体的な制度の利用方式についてみてみたい。

1）生活保護方式

　生活保護制度は国の行政事務として国の責任のもとで実施されるものであるが，第一種法定受託事務により市町村において利用手続きが行われている。

　生活保護の利用にあたっては，図表2-8で示すように①保護を希望する者が最寄りの実施機関の窓口（資料では区役所）へ相談することから始まり，②正式に申請をした上で，③実施機関である市町村が調査・審査を行い，④保護の受給決定となる。ただし，実施機関は，要保護者の保護の必要性が急迫している場合にはすみやかに職権で保護を行うことが求められている。

2）措置制度方式

　措置制度方式は長年実施されてきており，現在でも養護老人ホームや児童養護施設への入所にあたり，この方式が採用されている。この制度は生活保護制度とは異なり，利用者には申請の権限はなく，福祉事務所や児童相談所が措置機関となって施設に入所させたり，在宅福祉サービスを利用させたりするものである。

　サービスの利用については，①本人，または家族が措置機関である市町村に

図表2-9 措置制度利用の流れ（養護老人ホームへの入所）

相談・申込

健康状態，日常生活の状況，精神の状況，家族の状況，
住居の状況などを調査し，総合的に判定します（入所判定委員会）。

判定を受けて入所が決定します。
自己負担額も決定します。

出典：福祉医療機構（WAM NET）資料。

相談・申し込みをし（申請ではなく，あくまでも相談・申し込み），②市町村の判断により入所の決定・サービス提供の決定が行われ，③入所措置・サービス提供措置が行われる。利用者・家族などの費用負担能力に応じ，自己負担額も決定される（図表2-9）。

3）介護保険制度方式

　介護保険制度は2000年の介護保険法の制定・施行による新たな制度で，2000年以降，さまざまな改正によって福祉サービス利用制度の中核になっている。契約制度による運営が基本とされ，介護保険の加入者を利用者とする社会保険方式制度である。

　介護保険サービスの利用にあたっては，①住所地の市町村にサービス利用のための要介護認定を申請し，②市町村はこれを受け，申請者を訪問，聞き取り調査の結果と調査員の特記事項，および主治医意見書を添付して介護認定審査会にかけ，要介護（要支援）認定を行い，保険給付の上限額を決定（要介護度），③それぞれの要介護・要支援度に応じたサービス計画（ケアプラン）を介護支援専門員（ケアマネジャー），または自分で作成し，確認を得た上，④それをもとにサービスを利用（居宅介護，または施設介護，もしくは地域密着型サービスなど）することになる。サービスの利用にあたっては利用者と事業者は契約を結

図表2-10　介護保険制度の利用手続き

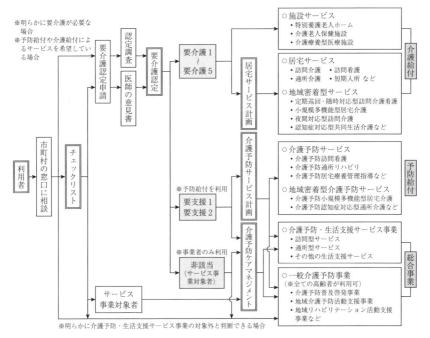

出典：厚生労働省資料。

び，事業者が提供するサービスに対し，1割（所得額によっては2～3割）の利用料を支払うことになっている（図表2-10）。

4）障害者自立支援給付方式

　2013年より実施されている障害者総合支援法に基づくサービスの利用方式である。利用にあたっては①身体，知的，精神などの障害を持つ利用者は市町村に相談・申請のあと，②サービスの利用の可否，障害支援区分を決める認定調査を経て給付を決定，③利用者と事業者の間で契約を結んだのち，④サービス提供を開始し，利用者は必要な自己負担額を支払う。

　なお，自立支援給付の利用における自己負担の考え方は介護保険制度と異なり，応能負担方式となっている（図表2-11）。

5）保育所利用型方式

　2015年より実施された子ども・子育て支援法に基づき，実施される利用方式

図表 2-11　障害者自立支援給付制度の利用手続き（障害者総合支援法）

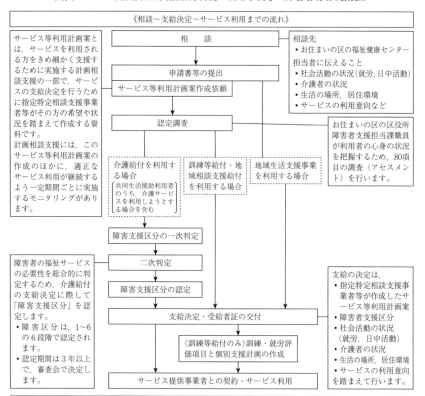

《相談〜支給決定〜サービス利用までの流れ》

サービス等利用計画案とは，サービスを利用される方をきめ細かく支援するために実施する計画相談支援の一部で，サービスの支給決定を行うために指定特定相談支援事業者等がその方の希望や状況を踏まえて作成する資料です。
計画相談支援には，このサービス等利用計画案の作成のほかに，適正なサービス利用が継続するよう一定期間ごとに実施するモニタリングがあります。

相　　談

申請書等の提出
サービス等利用計画案作成依頼

認定調査

介護給付を利用する場合
共同生活援助利用者のうち，介護サービスを利用しようとする場合を含む

訓練等給付・地域相談支援給付を利用する場合

地域生活支援事業を利用する場合

相談先
・お住まいの区の福祉健康センター担当者に伝えること
・社会活動の状況（就労，日中活動）
・介護者の状況
・生活の場所，居住環境
・サービスの利用意向など

お住まいの区の区役所障害者支援担当課職員が利用者の心身の状況を把握するため，80項目の調査（アセスメント）を行います。

障害支援区分の一次判定

二次判定

障害支援区分の認定

支給決定・受給者証の交付

（訓練等給付のみ）訓練・就労評価項目と個別支援計画の作成

サービス提供事業者との契約・サービス利用

障害者の福祉サービスの必要性を総合的に判定するため，介護給付の支給決定に際して「障害支援区分」を認定します。
・障害区分は，1〜6の6段階で認定されます。
・認定期間は3年以上で，審査会で決定します。

支給の決定は，
・指定特定相談支援事業者等が作成したサービス等利用計画案
・障害者支援区分
・社会活動の状況（就労，日中活動）
・介護者の状況
・生活の場所，居住環境
・サービスの利用意向
を踏まえて行います。

申請から支給決定までの間に，介護者の急病など緊急でやむ得ない理由により，福祉サービスが必要となったときは，お住まいの区の福祉保健センターにご相談ください。
地域生活支援事業やその他の福祉サービスの利用では対応できない場合には，特別的に介護給付などのサービスを利用することができる場合があります。

出典：図表2-8と同じ。

である。保育所（園）の利用も私立と公立に分け，また，認定こども園の利用もこの枠組みの中で行われる。

　サービス利用の仕組みは，①施設利用を希望する保護者は市町村に保育の必要性を認定する申請をし，必要が認められたのち，②保育施設の利用希望の申し込みを行い，③申請者の希望や施設の利用状況に基づいて市町村が利用調整を行い，施設のあっせんなどを経て，④各施設（あるいは市町村）と保護者が利用契約を結び，サービスが開始される。保育料の支払い先は，利用する園の種

図表 **2 - 12**　保育所等の利用手続き（子ども・子育て支援法）

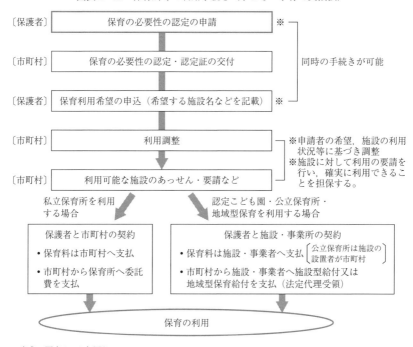

〔保護者〕　保育の必要性の認定の申請　※

〔市町村〕　保育の必要性の認定・認定証の交付

〔保護者〕　保育利用希望の申込（希望する施設名などを記載）　※

同時の手続きが可能

〔市町村〕　利用調整

〔市町村〕　利用可能な施設のあっせん・要請など

※申請者の希望，施設の利用
　状況等に基づき調整
※施設に対して利用の要請を
　行い，確実に利用できるこ
　とを担保する。

私立保育所を利用
する場合

認定こども園・公立保育所・
地域型保育を利用する場合

保護者と市町村の契約
• 保育料は市町村へ支払
• 市町村から保育所へ委託
　費を支払

保護者と施設・事業所の契約
• 保育料は施設・事業者へ支払　公立保育所は施設の
　　　　　　　　　　　　　　　設置者が市町村
• 市町村から施設・事業者へ施設型給付又は
　地域型保育給付を支払（法定代理受領）

保育の利用

出典：図表 2 - 9 と同じ。

類によって異なる（図表 2 - 12）。

　なお，認定こども園は教育・保育を一体的に行う施設であり，いわば幼稚園
と保育所の両方の機能を併せ持つ施設として，2006年10月に新たに創設された
施設である。必要な機能を備え，認定基準を満たす施設は都道府県等から認定
を受け，事業が実施される。認定こども園には利用者のニーズに応じて選択が
できるよう，次の 4 つのタイプがある。

　　①幼保連携型……幼稚園機能と保育所機能の両方を併せ持つ施設
　　②幼 稚 園 型……認可幼稚園が，保育が必要な子どものために保育時間を
　　　　　　　　　　確保するなど保育所的な機能を持つ施設
　　③保 育 所 型……認可保育所が，保育が必要な子ども以外の子どもを受け
　　　　　　　　　　入れるなど，幼稚園的な機能を備える施設
　　④地方裁量型……幼稚園・保育所いずれの認可もない地域の教育・保育施

設が，認定こども園として必要な機能を果たすもの

　また，このような施設のほか，企業主導型保育所がある。これは企業が主体となって設立する保育所のことで，従業員の家庭を支援するため，事業所内に保育施設を完備するものである。働き方に応じ，多様で柔軟な保育サービスの提供が可能になるとともに，複数の企業が共同で設置することができたり，地域住民の子どもも受け入れたりすることができることが特徴である。

　最後に，これらのサービスの利用にあたり不満や苦情がある場合，市町村が窓口となってサービス利用者からの苦情を受けている。また，その内容や分野に応じ，介護サービス苦情処理委員会や都道府県運営適正化委員会などの利用[13][14]もできるようになっている。さらに，このようなサービスの利用にあたっては福祉サービスの情報公表も制度化されている。[15]

　なお，市町村社会福祉協議会（社協）では認知症などの高齢者や知的障害者，精神障害者などが各種福祉サービスの利用の際の相談や助言，手続き，苦情解決，金銭管理などに当たる日常生活自立支援事業（旧・地域福祉権利擁護事業）[16]がある。また，総合法律支援法に基づき，2006年には法務省所管の日本司法支援センター（法テラス）が創設され，地域の弁護士や司法書士などが無料で法[17]律相談や必要な法的手続きに必要な費用を立て替える制度などもつくられた。

4　国と地方の関係

　これまで国（政府）と自治体の関係をみてきた。その関係性を考える上で重要ないくつかのキーワードについて，ここでは考えてみたい。

（1）地方分権

1）地方分権とは

　本章の最初に述べたが，国と自治体の行政事務における基本的な関係は地方自治法によって整理されている。これまでみてきたように，国は国家としての存立に関わる事項や全国規模で処理しなければならない事項を実施するのに対し，自治体は地域や住民の視点から住民生活に関わる事項やサービスの提供などを実施するものとして位置づけられている。

　日本で行政制度が確立した明治時代には<u>中央集権型</u>の行政制度がその基本とされた。これは行政権限と財源のほとんどを国に集中させ，地方行政に対し，「国が上・地方が下」という考え方を基本とする制度で，第二次世界大戦後も形を変えながら継続された。当時はまだ貧困者も多く，窮乏していた日本の社会において，国が一つになって経済・社会の復興・成長をしていく上では大いに役立ったといえる。

　しかし，国民の生活が豊かになるつれて生活ニーズも多様化し，このような中央集権型の行政システムでは多様な問題に対応ができなくなってきた。福祉行政との関連でいえば，地域における生活ニーズはその地域や住民の特性によってさまざまで，国による一元管理的な施策ではもはや課題に立ち向かうことができなくなった。このため，これまでの中央集権型のシステムを<u>地方分権型</u>のシステムに転換し，国の権限が地方に移されるようになり，現在に至っている。

　ここでいう地方分権とは，従来，国が持っていた事務権限や財源などを地方に移したり，国の地方行政に対する関与をできるだけ少なくしたりすることで，その地域の行政は住民に一番近い地方行政が行えるよう，権限を移譲する考え方である。

2）地方分権の流れ

　日本におけるこのような地方分権の動きは1980年代に入って急速に進むことになった。前述したように，中でも1980年代からの数度にわたる臨時行政調査会などの答申を受け，1999年に制定された「<u>地方分権の推進を図るための関係法律の整備等に関する法律（地方分権一括法）</u>」の影響が大きい。この法律では①機関委任事務制度の廃止と行政事務の再構築（法定受託事務と自治事務。前述），②国の関与の抜本的見直しと新しいルールの創設，③国の権限を都道府県に移譲，④条例による<u>事務処理特例制度</u>の創設など地方分権の基本的な枠組みが示され，実施されることになった。ちなみに，1999年の地方分権一括法制定までの動きを第1次地方分権改革と呼んでいる（図表2-13）。

　その後，2006年に成立した地方分権改革推進法以降，幾度かの地方分権一括法の見直しが行われ，現在も継続して改革が実施されている。2006年以降の分

図表 2 - 13　地方分権改革の経緯

平成 5 年 6 月　地方分権の推進に関する決議（衆参両院） 平成 7 年 5 月　地方分権推進法成立 　　　　 7 月　地方分権推進委員会発足（委員長：諸井虔）（〜平成13年 7 月） 　　　　　　　※平成 8 年12月第 1 次〜平成10年11月第 5 次勧告 平成11年 7 月　地方分権一括法成立	第一次分権改革
平成13年 7 月　地方分権改革推進会議発足（議長：西室泰三） 平成14年 6 月〜17年 6 月骨太の方針（閣議決定）（毎年） ⇨三位一体改革（国庫補助負担金改革，税源移譲，交付税改革）	
平成18年12月　地方分権改革推進法成立 平成19年 4 月　地方分権改革推進委員会発足（委員長：丹羽宇一郎）（〜平成22年 3 月） 　　　　　　　※平成20年 5 月第 1 次〜平成21年11月第 4 次勧告 平成23年 4 月　国と地方の協議の場法成立 　　　　 4 月　第 1 次一括法成立（義務付け・枠付けの見直し） 　　　　 8 月　第 2 次一括法成立 　　　　　　　（義務付け・枠付けの見直し，都道府県から市町村への権限移譲） 平成25年 3 月　地方分権改革推進本部発足（本部長：内閣総理大臣） 　　　　 4 月　地方分権改革有識者会議発足（座長：神野直彦） 　　　　 6 月　第 3 次一括法成立 　　　　　　　（義務付け・枠付けの見直し，都道府県から市町村への権限移譲）	第二次分権改革
平成25年 5 月　第 4 次一括法成立 　　　　　　　（国から地方，都道府県から指定都市への権限移譲）　提案募集方式 　　　　 6 月　「地方分権改革の総括と展望」取りまとめ　　　　 の導入 平成27年 6 月　第 5 次一括法成立（義務付け・枠付けの見直し，国から地方，都道府県から 　　　　　　　指定都市等への権限移譲） 平成28年 5 月　第 6 次一括法成立（義務付け・枠付けの見直し，国から地方，都道府県から 　　　　　　　指定都市等への権限移譲） 平成29年 3 月　第 7 次一括法案閣議決定・国会提出（義務付け・枠付けの見直し，都道府県 　　　　　　　から指定都市等への権限移譲）	平成26年 4 月

出典：内閣府地方分権改革推進室資料（2017年）より抜粋。

権化の動きは第 2 次地方分権改革と呼ばれ，多くの改革事項が実施されている。例えば，福祉事業に関連する行政事務としては，国から都道府県に対しての権限の移譲事項として，社会福祉士・介護福祉士養成施設（学校など）の指定・監督業務や医療法人の設立認可業務など，都道府県から指定都市に対しては介護保険法や障害者総合支援法におけるサービス事業者の業務管理・監督，婦人相談所の設置などがそれぞれ挙げられる。こうした地方分権改革の動きは現在も継続している。

（2）地方自治と地域主権

1）地方自治

　地方自治とは，簡単にいえば，自分たちの地域のことを，自分たちが責任をもって処理することである。「地方自治は民主政治の最良の学校である[20]」という言葉の通り，国と地方の関係を考える上で最も基本的な考えが地方自治といえる。

　地方自治については，日本では日本国憲法第92〜95条に定められているが，このうち，同第92条に定められた「地方自治の本旨」という概念を理解しておくことが重要である。本旨とは原則としてとらえられるものであり，地方自治の本旨として，住民自治と団体自治という2つの側面を考える必要について述べている。

　このうち，住民自治とは自治体の運営はその地域の住民の意思によって運営が行われなければならない，ということであり，地方自治体の行政運営においてはできる限り広い範囲で地域住民の参加の機会を認め，住民の意思を反映させることが求められる，というものである。このことは，私たちの身近な行政実務は私たちの考えや意思が尊重されるものであり，国が統一的に決めるものではないということを述べている。これに対し，団体自治とは地方自治は国（政府）から独立した地域団体（自治体）によって自立（律）的に行われるべきものということであり，自治体が自らの権限によってその地域の事務を処理する，という考え方である。前述した地方分権にかかる多くの施策はこの団体自治にかかるものだととらえられるが，その実施にあたっては住民自治としての住民の意見や参加が重要であり，両者が一体となった地方自治型の「地方分権[21]」が必要である。

2）地域主権

　地域主権という言葉は，前述した地方自治の意味やその主張と重なるもの，すなわち，地域が主体的に自分たちの地域のことを処理することであり，言葉の持つ意味では共通するものである。もっとも，日本において進められた地域主権の政策は国が持つ行政権限や財政の一部を自治体に移譲し，円滑な行政実務を行うというものであり，地方分権改革と同義として，現在の自公政権前の

図表 2 - 14 第 2 期まち・ひと・しごと創生長期ビジョン（概要）

我が国の人口の推移と長期的な見通し

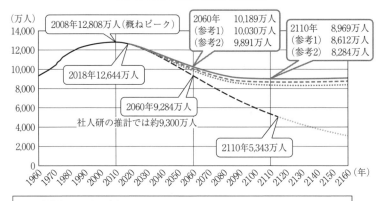

- 実績（1960〜2018年）
- 「日本の将来推計人口（平成29年推計）」（出生中位（死亡中位））
- 合計特殊出生率が上昇した場合（2030年1.8程度，2040年2.07程度）
- --- （参考1）合計特殊出生率が2035年に1.8程度，2045年に2.07程度となった場合
- …… （参考2）合計特殊出生率が2040年に1.8程度，2050年に2.07程度となった場合

○社人研の推計[1]によると，2060年の総人口は約9,300万人まで減少。
○仮に合計特殊出生率が上昇[2]すると，2060年は約1億人の人口を確保。
　長期的にも約9,000万人で概ね安定的に推移すると推計[3]。
○仮に合計特殊出生率の向上が5年遅くなると，将来の定常人口が約300万人少なくなると推計。

注：(1)社人研「日本の将来推計人口（平成29年推計）」出生中位（死亡中位）。
　　(2)「合計特殊出生率が上昇した場合」は，2030年に1.8程度，2040年に2.07程度となった場合について，まち・ひと・しごと創生本部事務局において推計を行ったものである。
　　(3)実績（2018年までの人口）は，総務省「国勢調査」等による（各年10月1日現在の人口）。2115〜2160年の点線は社人研の2110年までの仮定等をもとに，まち・ひと・しごと創生本部事務局において，機械的に延長したものである。
出典：地方創生本部資料。

民主党政権のもとで実施された政策として使われている言葉である。

　具体的には，2009年11月の閣議決定で設置された地域主権戦略会議により，それまで進められてきた地方分権改革の流れを踏まえ，実施された施策の考え方である。その後，2013年3月の閣議決定によりこの会議は廃止され，新たに地方分権改革推進本部が分権化の検討を担うことになり，現在に至っている。

図表 2 - 15　第 2 期まち・ひと・しごと創生総合戦略の政策体系（概要）

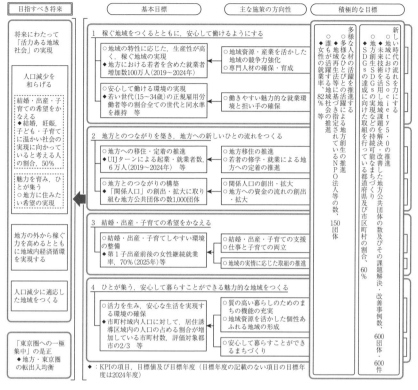

出典：図表 2 - 14 と同じ。

（3）地方創生

　地方創生という言葉は，東京圏への人口の過度の集中を是正し，それぞれの地域で住みよい環境を確保し，将来にわたって活力ある日本社会を維持することを目的とする一連の政策をいう。2014年 9 月の第 2 次安倍内閣が掲げた方針で，地方の活性化をめざした取り組みや事業として現在も進められている。もっとも，少子高齢化や人口減少が特に地方において急速に進んでいる一方，東京圏への人口流入は依然続いており，都市部と地方の間にはさまざまな格差と貧困の拡大が顕著になっている。

　このような問題を各自治体が特徴を出しながら，日本の社会全体を活気ある

ものにしていくため，政府は2014年12月，「まち・ひと・しごと創生法」を制
定・施行し，「まち・ひと・しごと創生本部」（地方創生本部）を設置，内閣総
理大臣を本部長として，すべての国務大臣を部員に，政府が一丸となって地方
創生施策に取り組んでいる。具体的な取り組みについては，「長期ビジョン」
と「総合戦略」を作成し，それぞれの年次において取り組みの基本方針と総合
戦略を検討しながら各種の制度・施策が実施されている。現在は2019年度に新
たに作成された第2期ビジョン・戦略をもとに，施策の検討・実施が行われて
いるところである（図表2 - 14・15）。

　なお，この地方創生にかかる事業としてこれまで取り組まれたものには，地
方創生推進交付金などの地方への新たな財源支援，政府関係機関の地方移転，
国家戦略特区[22]などの指定，情報・人材の支援，中心市街地活性化事業などの地
域再生・計画事業などが展開されているが，全体的には東京，大阪，名古屋の
三大都市圏などを中心に都市部への人口集中がますます加速化する一方で，中
山間地域では過疎化によって限界集落が急増している状況もあり，その成果が
十分発揮されていないのが現状である。

5　福祉行政組織・専門職の役割

（1）福祉事務所

　福祉事務所は社会福祉法第14条[23]で規定されている福祉に関する事務所のこと
であり，福祉六法（生活保護法，児童福祉法，母子及び父子並びに寡婦福祉法[24]，老人
福祉法，身体障害者福祉法及び知的障害者福祉法）に定める援護，育成又は更生の
措置に関する事務を司る行政機関である。都道府県及び市（特別区を含む）[25]は
設置しなければならないが，町村は任意で設置することできる（図表2 - 16）。
1993年4月に老人および身体障害者福祉分野，2003年4月には知的障害者福祉
分野の施設入所措置事務等が都道府県から町村へ移譲されている。そのため，
都道府県福祉事務所の業務内容[26]は生活保護の実施，助産施設，母子生活支援施
設への入所事務，母子家庭等の相談，調査，指導，老人福祉サービスに関する
広域的調整等となっており，市町村福祉事務所は生活保護の実施，特別養護老

図表2-16　福祉事務所の設置及び事務内容と設置数（2020年4月1日現在）

設置主体	設置	援護又は育成の措置に関する事務	設置数
都道府県	義務	生活保護法，児童福祉法及び母子及び父子並びに寡婦福祉法	206
市 （特別区）	義務	生活保護法，児童福祉法，母子及び父子並びに寡婦福祉法，老人福祉法，身体障害者福祉法及び知的障害者福祉法	999
町村	任意	生活保護法，児童福祉法，母子及び父子並びに寡婦福祉法，老人福祉法，身体障害者福祉法及び知的障害者福祉法	45

出典：厚生労働省「福祉事務所」及び社会福祉法を基に筆者作成（https://www.mhlw.go.jp/stf/seisakunitsuite/bunya/hukushi_kaigo/seikatsuhogo/fukusijimusyo/index.html，2020年12月31日アクセス）。

図表2-17　福祉事務所の現業員標準定数（社会福祉法第16条）

設置主体	現業員標準定数		標準定数に追加すべき定数
都道府県	被保護世帯が390以下	6人	65を増すごとに　1
市 （特別区）	被保護世帯が240以下	3人	80を増すごとに　1
町村	被保護世帯が160以下	2人	80を増すごとに　1

出典：厚生労働省「福祉事務所」（https://www.mhlw.go.jp/stf/seisakunitsuite/bunya/hukushi_kaigo/seikatsuhogo/fukusijimusyo/index.html，2020年12月31日アクセス）。

人ホームへの入所事務，助産施設，母子生活支援施設および保育所への入所事務，母子家庭等の相談，調査，指導等である。

　主な配置職員として社会福祉法第15条に基づき，所の長，指導監督を行う所員，現業を行う所員，事務を行う所員が配置されている。指導監督を行う所員，現業を行う所員は社会福祉主事でなければならないと定められている。これら以外にも，老人福祉の業務に従事する社会福祉主事，身体障害者福祉司，知的障害者福祉司などが配置されている福祉事務所がある。

　所員の定数は条例で定めることになっているが，生活保護法の適用を受ける被保護世帯によって現業を行う所員の数が定められている（図表2-17）。

　社会福祉主事は「都道府県知事又は市町村長の補助機関である職員とし，20歳以上の者であって，人格が高潔で，思慮が円熟し，社会福祉の増進に熱意があり」（同法19条），厚生労働大臣の指定する社会福祉に関する科目を修めて卒業した者や社会福祉士等が該当する。

図表2-18 児童相談所の設置数
(2019年4月1日現在)

児童相談所	215カ所
一時保護所数	139カ所

出典：厚生労働省「全国児童相談所一覧」2019年。

市町村の福祉事務所は部や課といった組織体系をとることが多く，群馬県前橋市の組織を例に挙げると，社会福祉課，子育て支援課，長寿包括ケア課，介護保険課，障害福祉課等がある。これは住民に身近な組織としてわかりやすい名称を用いている。また，民生委員・児童委員に関する事務，児童扶養手当に関する事務などを行っている福祉事務所がある。

（2）児童相談所

児童相談所(28)は児童福祉法第12条で規定されており，市町村と適切な協働・連携・役割分担を図りつつ，児童に関する家庭その他からの相談に応じ，児童が有する問題又真のニーズ，環境の状況等を的確に捉え，個々の児童や家庭に適切な援助を行い，もって児童の福祉を図るとともに，その権利を擁護することを主たる目的として都道府県，指定都市及び児童相談所設置市(29)に設置される行政機関である（図表2-18）。2004年の児童福祉法の改正により，市町村が児童の福祉に関し，必要な実情の把握及び情報の提供を行うとともに，家庭その他からの相談に応じ，必要な調査及び指導を行うことになっている。

児童虐待など社会問題化するなかで，2017年より児童相談所虐待対応ダイヤル189（いち・はや・く）や2019年12月から通話料の無料化及び児童相談所相談専用ダイヤル0570-783-189（なやみ・いち・はや・く）が創設され，児童虐待が疑われる子どもを発見した場合や子育てや出産に関し，悩みを抱えている場合などにおいて，通告や相談に応じている。

市町村は，児童および妊産婦の福祉に関し，必要な実情の把握，情報提供，相談，調査および指導を行うことになっているが，児童福祉法第11条には児童相談所として以下の業務を行うことが規定されている。

① 市町村相互間の連絡調整，市町村に対する情報の提供，市町村職員の研修

② 児童および妊産婦の福祉に関し，広域的な見地から，実情の把握，専門的な知識及び技術を必要とする児童に関する家庭その他からの相談

図表 2 - 19　児童相談所の組織と職員

規　模	組　織	職　員
A 級	人口150万人以上の地方公共団体の中央児童相談所（総務部門，相談・指導部門，判定・指導部門，措置部門，一時保護部門）	所長，次長 B 級に定める職員のほか理学療法士等（言語治療担当職員を含む。），臨床検査技師
B 級	その他の児童相談所は B 級（総務部門，相談・措置部門，判定・指導部門，一時保護部門）	各部門の長 指導教育担当児童福祉司（児童福祉司スーパーバイザー），児童福祉司，相談員，医師（精神科医／嘱託も可），小児科医（嘱託も可）又は保健師，児童心理司スーパーバイザー，児童心理司，心理療法担当職員，弁護士（嘱託も可），その他必要とする職員

出典：厚生労働省（2020年 3 月31日改正）「児童相談所運営指針について」（児発第133号平成 2 年 3 月 5 日）。

③　児童およびその家庭につき，必要な調査並びに医学的，心理学的，教育学的，社会学的及び精神保健上の判定

④　健康および心身の発達に関する専門的な知識及び技術を必要とする指導

⑤　児童の一時保護

⑥　里親に関する業務

⑦　養子縁組に関する相談，情報の提供，助言その他の援助

⑧　児童及び妊産婦の福祉に関し，広域的な対応が必要な業務並びに家庭その他につき専門的な知識及び技術を必要とする支援

　以上の業務を行っているが，昨今注目されているのが児童虐待に対する対応である。

　配置職員として児童福祉法第12条の 2 に基づき，所長及び所員を置くことになっている。また，組織及び職員は人口規模によって図表 2 - 19の通りである。また，児童福祉司は都道府県の児童相談所に置くことになっており（同法13条），児童相談所長の命を受けて，児童の保護その他児童の福祉に関する事項について相談に応じ，専門的技術に基づいて必要な指導を行う等の児童の福祉増進に努めることとされている。都道府県知事の指定する児童福祉司，もしくは児童福祉施設の職員を養成する学校その他の施設を卒業し，または都道府県知事の

指定する講習会の課程を修了した者や医師，社会福祉士等が該当する。

（3）身体障害者更生相談所

　身体障害者更生相談所は身体障害者福祉法第11条で規定されており，身体障害者の更生援護の利便のため，及び市町村の援護の適切な実施の支援のため都道府県（身体障害者更生相談所を設置する指定都市）に設置される行政機関である。業務内容は身体障害者福祉法第10条に規定されており，概ね次の通りである。

①　身体障害者に関する専門的な知識及び技術を必要とする相談及び指導業務

②　身体障害者の医学的，心理学的及び職能的判定並びに補装具の処方及び適合判定業務

③　市町村が行う援護の実施に関し，市町村に対する専門的な技術的援助及び助言，情報提供，市町村相互間の連絡調整，市町村職員に対する研修，その他必要な援助及びこれらに付随する業務

④　地域におけるリハビリテーションの推進に関する業務

　各都道府県の判断によって，保健所，福祉事務所，児童相談所，知的障害者更生相談所等の関連する相談所，身体障害者更生援護施設，医療施設等との総合的有機的運営を図る観点から，これらの相談所，更生援護施設等と併設又は事務所の統合を行うことも可能である。

　配置職員として身体障害者福祉法第11条の２に，身体障害者福祉司を置かなければならないと規定されている。また，設置及び運営において所長及び事務職員のほか，市町村等に対する専門的な技術的援助及び助言，情報提供，市町村の連絡調整，各種判定，相談等の専門的機能を維持するために身体障害者福祉司，医師，理学療法士，作業療法士，義肢装具士，言語聴覚士，心理判定員，職能判定員，ケースワーカー，保健師または看護師等の専門的職員を配置することになっている。都道府県は設置する身体障害者更生相談所に身体障害者福祉司を置かなければならないとされている。市及び町村は身体障害者福祉司を置くことができるとされている。身体障害者福祉司は大学において，厚生労働大臣の指定する社会福祉に関する科目を修めて卒業した者や医師，社会福

祉士が該当する。

（4）知的障害者更生相談所

　知的障害者更生相談所は知的障害者福祉法第12条で規定されており，都道府県（知的障害者更生相談所を設置する指定都市）に設置される行政機関である。業務内容は知的障害者福祉法第11条に規定されており，概ね次のとおりである。

① 　市町村の更生援護の実施に関し，市町村相互間の連絡及び調整，市町村に対する情報の提供その他必要な援助を行うこと並びにこれらに付随する業務。

② 　知的障害者の福祉に関し，各市町村の区域を超えた広域的な見地から，実情の把握に努める。

③ 　知的障害者に関する相談及び指導のうち，専門的な知識及び技術を必要とするものを行う。

④ 　18歳以上の知的障害者の医学的，心理学的及び職能的判定を行う。

　身体障害者更生相談所と同様，各都道府県の判断によって保健所，福祉事務所，児童相談所，身体障害者更生相談所等の関連する相談所，知的障害者援護施設，医療施設等との総合的有機的運営を図る観点から，これらの相談所，援護施設等と併設，または事務所の統合を行うことも可能である。

　配置職員として知的障害者福祉法第13条に，知的障害者福祉司を置かなければならないと規定している。また，設置および運営において所長および事務職員のほか，市町村等に対する専門的な技術的援助及び助言や情報提供，市町村間の連絡調整，各種判定，相談等の専門的機能を維持するため，知的障害者福祉司，医師，心理判定員，職能判定員，ケースワーカー，保健師または看護師，理学療法士，作業療法士等の専門的職員を配置することになっている。知的障害者福祉司は大学において，厚生労働大臣の指定する社会福祉に関する科目を修めて卒業した者や医師，社会福祉士が該当する。

（5）精神保健福祉センター

　精神保健福祉センターは精神保健及び精神障害者福祉に関する法律（精神保

健福祉法）第6条で規定されており，都道府県（指定都市）に設置される行政機関である。業務内容は精神保健福祉法第6条第2項に規定されており，概ね次のとおりである。

①　精神保健及び精神障害者の福祉に関する知識の普及を図り，及び調査研究を行うこと。

②　精神保健及び精神障害者の福祉に関する相談及び指導のうち複雑又は困難なものを行うこと。

③　精神医療審査会の事務を行うこと。

④　精神保健福祉手帳の申請に対する決定及び障害者の日常生活及び社会生活を総合的に支援するための法律第52条第1項に規定する支給認定（自立支援医療費）に関する事務のうち，専門的な知識及び技術を必要とするものを行うこと。

⑤　障害者の日常生活及び社会生活を総合的に支援するための法律第22条第2項又は第51条の7第2項の規定により，市町村（特別区を含む。）が介護給付費等の支給の要否の決定を行うに当たり意見を述べること。

⑥　市町村に対し技術的事項についての協力その他必要な援助を行うこと。

　配置職員として標準的な考え方としては，医師（精神科の診療に十分な経験を有する者であること），精神保健福祉士，臨床心理技術者，保健師，看護師，作業療法士，その他センターの業務を行うために必要な職員が挙げられる。

　元々，精神保健福祉業務は地域保健法第5条で規定されている保健所が担っていた。保健所は，地域精神保健福祉業務の中心的な行政機関として，精神保健福祉センター，福祉事務所，児童相談所，市町村，医療機関，障害福祉サービス事業所等の諸機関及び当事者団体，事業所，教育機関等を含めた地域社会との緊密な連絡協調のもとに，入院中心のケアから地域社会でのケアに福祉の理念を加えつつ，精神障害者の早期治療の促進並びに精神障害者の社会復帰及び自立と社会経済活動への参加の促進を図るとともに，地域住民の精神的健康の保持増進を図るための諸活動を行うものとするとされている。その保健所は市町村保健センターとともに新型コロナウイルス感染症の中心的な役割も担っている。精神保健福祉センターは全国で70カ所設置されている。

（6）婦人相談所

　婦人相談所は売春防止法第34条で規定されており，都道府県（指定都市は任意）に設置される行政機関である。業務内容は売春防止法第34条第3項に規定されており，概ね次のとおりである。

①　要保護女子に関する各般の問題につき，相談に応ずること。

②　要保護女子及びその家庭につき，必要な調査並びに医学的，心理学的及び職能的判定を行い，並びにこれらに付随して必要な指導を行うこと。

③　要保護女子の一時保護を行うこと。

　配置職員として所長その他，所要の職員を置くことになっている。また，判定をつかさどる職員，相談及び調査をつかさどる職員並びに婦人相談所のその他の業務を行うために必要な職員を置かなければならない。婦人相談員について社会的な信望があり，職務を行うに必要な熱意と識見を持っている者のうちから委嘱するものとすると規定されている。婦人相談員は大学において，心理学を専修する科目を修めて卒業した者等となっている。また，今日のDV（ドメスティックバイオレンス）に対応するために配偶者からの暴力の防止及び被害者の保護等に関する法律により，配偶者暴力相談支援センターの機能を担う施設の一つとして位置づけられている。

　婦人相談所は全国で51カ所設置されている。[38]

（7）地域包括支援センター

　地域包括支援センターは介護保険法第115条の46で規定されており，市町村は，地域包括支援センターを設置する（同第2項）ことができると規定されている。[39]

　地域包括支援センターは2006年4月施行の介護保険法改正によって設置されることになった。業務内容は第1号介護予防支援事業（居宅要支援被保険者に係るものを除く）及び第115条の45第2項各号に掲げる事業，その他厚生労働省令で定める事業を実施し，地域住民の心身の健康の保持及び生活の安定のために必要な援助を行うことにより，その保健医療の向上及び福祉の増進を包括的に支援することを目的とする施設とされており，包括的支援事業等を地域におい

て一体的に実施する役割を担う中核的機関として設置され，業務内容は概ね次のとおりである。

① 介護予防ケアマネジメント事業

② 総合相談・支援事業

③ 権利擁護事業

④ 包括的・継続的ケアマネジメント支援事業

また，包括的支援事業等を地域において一体的に実施するために日常生活圏域（市町村の担当圏域）に置かれ，「地域共生社会」の実現に向け，地域包括ケアシステムや地域ケア会議の中心的役割も担っている。2018年4月現在，すべての市町村に1カ所以上，全国に5,079カ所設置されており，その数は毎年微増している。

配置職員について，地域包括支援センターには，包括的支援事業を適切に実施するため，原則として①保健師，②社会福祉士，③主任介護支援専門員を置くこととすることになっている。

さらに，地域の住民の利便を考慮し，地域の住民に身近なところで相談を受け付け，地域包括支援センターにつなぐための窓口（ブランチ）を設けることも可能であり，老人介護支援センター（在宅介護支援センター）や医療法人，社会福祉法人に委託することもできる。この老人介護支援センターは在宅福祉を推進するためにゴールドプランに盛り込まれた。

福祉行政の専門機関には様々なものがあるが，他の機関との連携は非常に重要となっている。福祉行政の専門機関を知ることは専門職として社会資源を把握することにもつながる。

6　福祉における財源

（1）国の財源，地方の財源，保険料財源

1）国の財源

国の一般会計歳入（収入）は所得税，法人税，消費税の3つの税及びその他の税収（酒税，たばこ税，関税，印紙収入等）の税金等による財政に支えられてい

図表2-20　2020年度一般会計歳出・歳入の構成

（単位：億円）

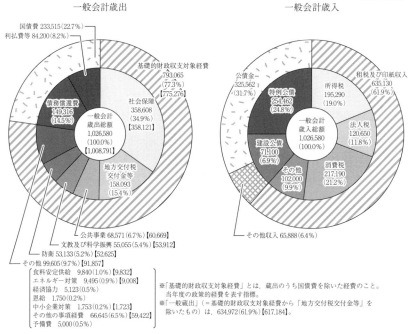

一般会計歳出

国債費 233,515（22.7%）
利払費等 84,200（8.2%）
基礎的財政収支対象経費
793,065
（77.3%）
【775,276】
社会保障 358,608
（34.9%）
【358,121】
債務償還費
149,316
（14.5%）
一般会計
歳出総額
1,026,580
（100.0%）
【1,008,791】
地方交付税
交付金等
158,093
（15.4%）
公共事業 68,571（6.7%）【60,669】
文教及び科学振興 55,055（5.4%）【53,912】
防衛 53,133（5.2%）【52,625】
その他 99,605（9.7%）【91,857】

食料安定供給　9,840（1.0%）【9,832】
エネルギー対策　9,495（0.9%）【9,008】
経済協力　5,123（0.5%）
恩給　1,750（0.2%）
中小企業対策　1,753（0.2%）【1,723】
その他の事項経費　66,645（6.5%）【59,422】
予備費　5,000（0.5%）

一般会計歳入

公債金
325,562
（31.7%）
特例公債
254,462
（24.8%）
租税及び印紙収入
635,130
（61.9%）
所得税
195,290
（19.0%）
法人税
120,650
（11.8%）
一般会計
歳入総額
1,026,580
（100.0%）
建設公債
71,100
（6.9%）
消費税
217,190
（21.2%）
その他
102,000
（9.9%）
その他収入 65,888（6.4%）

※「基礎的財政収支対象経費」とは，歳出のうち国債費を除いた経費のこと。当年度の政策的経費を表す指標。
※「一般歳出」（＝基礎的財政収支対象経費から「地方交付税交付金等」を除いたもの）は，634,972（61.9%）【617,184】。

注：(1)計数については，それぞれ四捨五入によっているので，端数において合計とは合致しないものがある。
　　(2)一般歳出※における社会保障関係費の割合は56.5%。
　　(3)【　】内は臨時・特別の措置を除いた計数。
出典：財務省「令和2年度予算のポイント」2020年（https://www.mof.go.jp，2020年5月27日アクセス）。

る。歳入とは国の収入であり，社会経済や自然災害等によって左右される場合がある。このため，足りない予算は公債，つまり借金によって賄われている。

　歳出（支出）は社会保障給付費と地方交付税交付金等，公共事業費，文教及び科学振興費，防衛費，その他及び国債費に大きく分けられる。国債費は借金の返済である。2020年度の一般会計歳出・歳入の構成は図表2-20のとおりである。国の歳入を家計で考えると収入の約62%が給与による収入である。もっとも，借金である公債は約38%である。歳出をみると，年金や介護・医療などの社会保障給付費が35%，地方にいる親族に対する仕送りである地方交付税交付金等が15%，家賃等の管理費として公共事業が7%，教育費が5%，安全対

図表 2 - 21　一般会計税収・歳出総額及び公債発行額の推移

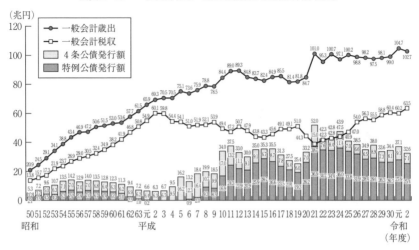

注：(1)平成30年度までは決算，令和元年度は補正後予算案，令和 2 年度は政府案による。
　　(2)公債発行額は，平成 2 年度は湾岸地域における平和回復活動を支援する財源を調達するための臨時特別公債，平成 6 ～ 8 年度は消費税率 3 ％から 5 ％への引き上げに先行して行った減税による租税収入の減少を補うための減税特例公債，平成23年度は東日本大震災からの復興のために実施する施策の財源を調達するための復興債，平成24年度及び25年度は基礎年金国庫負担 2 分の 1 を実現する財源を調達するための年金特例公債を除いている。
　　(3)令和元年及び令和 2 年度の計数は，臨時・特別の措置に係る係数を含んだもの。
　出典：図表 2 - 20と同じ。

策等のセキュリティ費である防衛費が 5 ％，光熱費のその他が10％，借金の返済である国債費は23％である。国の財源を家計に置き換えてみると，より身近なものに感じられるのではないだろうか。

　これまでの一般会計税収，歳出総額及び公債発行額の推移は図表 2 -21の通りである。アベノミクスといわれる財政政策によって税収も増えているが，一般会計歳出も増大していることがわかる。もっとも，新型コロナウイルス感染症に対応するため公債発行額は増加している。国は2025年度のプライマリーバランスの黒字化をめざしているが，難しいのではないかとの声も多い。

　国の予算は一般会計予算と特別会計予算に分けられており，特別会計予算は特定の事業や資金運用である。東日本大震災復興特別会計や年金特別が挙げられる。

　では，福祉分野の社会保障給付費をみてみたい。ILO（国際労働機関）が定め

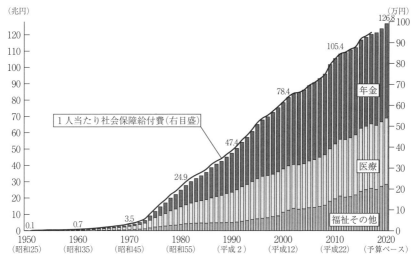

図表 2 - 22　社会保障給付費の推移

	1970	1980	1990	2000	2010	2020 (予算ベース)
国民所得額(兆円) A	61.0	203.9	346.9	386.0	361.9	415.2
給付費総額(兆円) B	3.5(100.0%)	24.9(100.0%)	47.4(100.0%)	78.4(100.0%)	105.4(100.0%)	126.8(100.0%)
(内訳)年金	0.9(24.3%)	10.3(41.5%)	23.8(50.1%)	40.5(51.7%)	52.2(49.6%)	57.7(45.5%)
医療	2.1(58.9%)	10.8(43.2%)	18.6(39.3%)	26.6(33.9%)	33.6(31.9%)	40.6(32.0%)
福祉その他	0.6(16.8%)	3.8(15.3%)	5.0(10.6%)	11.3(14.4%)	19.5(18.5%)	28.5(22.5%)
B／A	5.8%	12.2%	13.7%	20.3%	29.1%	30.5%

注：図中の数値は，1950，1960，1970，1980，1990，2000及び2010並びに2020年度（予算ベース）の社会
　　保障給付費（兆円）である。
資料：国立社会保障・人口問題研究所「平成29年度社会保障費用統計」，2018～2020年度（予算ベース）は
　　厚生労働省推計，2020年度の国民所得額は「令和２年度の経済見通しと経済財政運営の基本的態度
　　（令和２年１月20日閣議決定）」。
出典：厚生労働省「社会保障給付費の推移」。

た基準の社会保障給付費は，次のリスクやニーズのいずれかに対する給付を提
供するものであることが定められている。つまり，①高齢，②遺族，③障害，
④労働災害，⑤保健医療，⑥家族，⑦失業，⑧住宅，⑨生活保護その他である。
図表 2 - 22は社会保障給付費の推移である。年金，医療，福祉その他の総額が
増大していることがわかる。平均寿命の推移は右肩上がりであり，年金や医療
など１人あたりの社会保障給付費が増加していることがわかる。
　社会保障給付費の増大に伴い，消費税率が2019年10月に８％から10％へと引

き上げられた。消費税は医療及び介護の社会保障給付費並びに少子化に対処するための施策に要する経費に充てることとしている。また，消費税が10％となってから飲食料品等が軽減税率（8％）の対象となっている。消費税（付加価値税）についてはスウェーデン，デンマーク，ノルウェーは25％（軽減税率：0〜14％）だが，スイスは7.7％（同2.4〜3.6％）（2019年10月現在）である。

　なお，国の予算（当初予算）は概ね年度末の3月31日までに成立する場合が多いが，補正予算は当初予算成立後に発生した経済的理由により予備費でも対応できない場合に追加した予算を編成する。様々な事由や想定外の事由等（東日本大震災や新型コロナウイルス感染症）によって組まれることがある。また，社会保障と税の一体改革は，社会保障の充実と安定化のために安定財源確保と財政健全化の同時達成を目指すとされている。

2）地方の財源

　国の「新しい経済政策パッケージ」（2017年12月8日閣議決定）では，社会保障制度を全世代型のすべての人が安心して暮らせるものとして，子育て，介護などの現役世代の不安を解消するとともに，希望出生率1.8や介護離職ゼロの実現を目指すとされた。最近の地方財政をめぐる諸課題への対応できる社会を構築するため，「人づくり革命」を推進している。このため，地方創生を推進するための地域社会再生事業費の創設やSociety5.0時代の地域社会の構築といった分野に予算が割り当てられているが，地方の財政は一部を除いて厳しい状況である。

　地方公共団体は地方自治法に定められており，その地域の自然や歴史的条件，産業構造，人口規模等によって異なっており，普通地方公共団体と特別地方公共団体に分けられる。普通地方公共団体には都道府県，指定都市，中核市，特例市，市町村がある。これらの地方公共団体の財政は，普通会計（一般行政部門）とその他の会計ともいわれる特別会計（介護保険，国民健康保険，水道，交通，病院等の企業活動部門）に区分されている。

　地方公共団体の財政における歳入と歳出は下記のように分類できる。

① 歳　　入

・都道府県／地方税，地方交付税，地方特例交付金，地方譲与税等，国庫

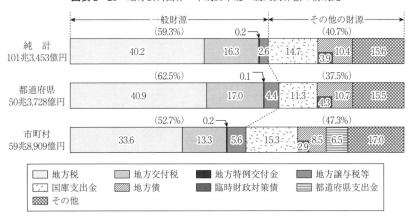

図表 2 - 23　地方公共団体　平成30年度　歳入決算額の構成比

注：国庫支出金には，交通安全対策特別交付金及び国有提供施設等所在市町村助成交付金を含む。
出典：総務省『地方財政白書 令和2年版』2020年。

　　支出金，地方債，臨時財政対策債，その他

　・市町村／地方税，地方交付税，地方特例交付金，地方譲与税等，国庫支
　　出金，地方債，臨時財政対策債，都道府県支出金，その他

　地方公共団体の平成30年度歳入決算額の構成比をみてみると，地方税が多く
の割合を占めている。次いで地方交付税であるが，きわめて厳しい地方財政の
現状等を踏まえ，財源調整機能と財源保障機能が適切に発揮させるため，国か
ら交付されている。もっとも，地方交付税や国庫支出金だが，減少傾向にある。
また，歳入の一部を地方債に頼らざるを得ないのが現状である（図表2-23・24）。

②　歳　　出

　　議会費，総務費，民生費，衛生費，労働費，農林水産，業費，商工費，土
　　木費，消防費，警察費，教育費，災害復旧費，公債費

　次に地方公共団体の歳出であるが，議会費，総務費，民生費，衛生費，労働
費，農林水産事業費，商工費，土木費，消防費，警察費，教育費，災害復旧費，
公債費に区分される。

　特に民生費は社会福祉の充実（児童，高齢者，障害者等のための福祉施設の整備
及び運営，生活保護の実施等の施策）を図るための費用である。

図表 2 - 24　地方公共団体の歳入純計決算額の状況

区　　　分	決　算　額			構　成　比		増　減　率	
	平成30年度	平成29年度	増減額	30年度	29年度	30年度	29年度
	億円	億円	億円	%	%	%	%
地　　方　　税	407,514	399,044	8,470	40.2	39.4	2.1	1.3
地　方　譲　与　税	26,509	24,052	2,456	2.6	2.4	10.2	2.8
地 方 特 例 交 付 金	1,544	1,328	216	0.2	0.1	16.3	7.7
地　方　交　付　税	165,482	167,680	△ 2,198	16.3	16.5	△ 1.3	△ 2.7
小 計（一 般 財 源）	601,049	592,104	8,945	59.3	58.4	1.5	0.2
（一般財源＋臨時財政対策債）	640,444	631,987	8,457	63.2	62.4	1.3	0.6
国　庫　支　出　金	148,852	155,204	△ 6,352	14.7	15.3	△ 4.1	△ 1.1
地　　方　　債	105,084	106,449	△ 1,365	10.4	10.5	△ 1.3	2.5
うち臨時財政対策債	39,395	39,883	△ 488	3.9	3.9	△ 1.2	6.7
そ　　の　　他	158,468	159,476	△ 1,007	15.6	15.8	△ 0.6	△ 2.1
合　　　　　計	1,013,453	1,013,233	220	100.0	100.0	0.0	△ 0.1

注：国庫支出金には，交通安全対策特別交付金及び国有提供施設等所在市町村助成交付金を含む。
出典：図表 2 - 23と同じ。

図表 2 - 25　民生費の目的別内訳

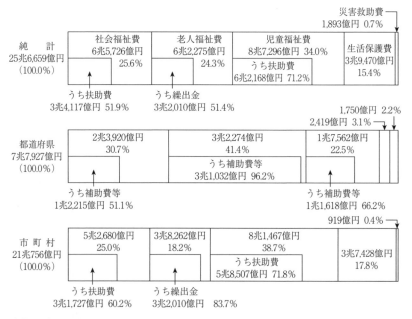

出典：図表 2 - 23と同じ。

図表2-26　民生費の性質別内訳

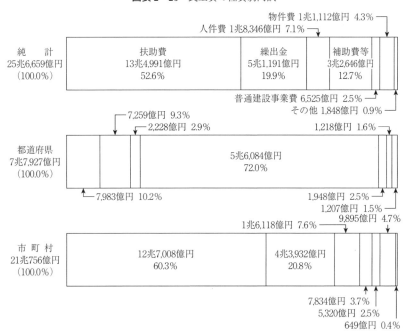

出典：図表2-23と同じ。

　市町村の目的別歳出の中でも民生費は最も大きな割合を占めている。民生費
は災害救助費，生活保護費，児童福祉費，老人福祉費，社会福祉費であり，都
道府県は老人福祉費の割合が高く，市町村は児童福祉費の割合が高い（図表
2-25）。市町村は介護保険に関する費用を特別会計に計上しており，一般会計
に計上されていないため，これらの違いが出てきたのである。

　民生費の性質別内訳において都道府県は補助費の割合が高く，市町村におい
ては扶助費の割合が高い（図表2-26）。都道府県は市町村が実施する福祉サー
ビスに対して補助を行い，市町村は直接住民に対して福祉サービスを提供する
ためである。

　地方の財政[43]は地方税収の落込みや減税等により1994年度以降急激に財政不足
が拡大している。2010年度には景気後退に伴う地方税や地方交付税といった落
ち込みがあった。2020年度は消費税率の引き上げに伴う地方消費税の増加等に

図表 2 - 27　社会保障財源の全体像（2018年度当初予算ベース）

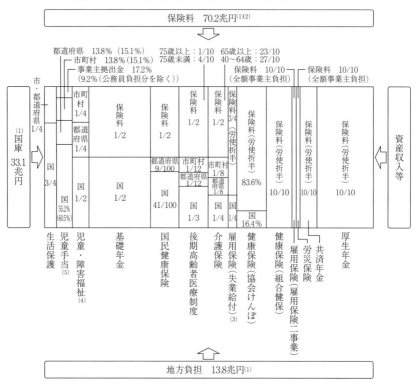

注：(1)保険料，国庫，地方負担の額は2018年度当初予算ベース。
　　(2)保険料は事業主拠出金を含む。
　　(3)雇用保険（失業給付）については，2017～2019年度の3年間，国庫負担額（1/4）の10％に相当する額を負担。
　　(4)児童・障害福祉のうち，児童入所施設等の措置費の負担割合は，原則として，国1/2，都道府県・指定都市・中核市・児童相談所設置市1/2等となっている。
　　(5)児童手当については，2018年度当初予算ベースの割合を示したものであり，括弧書きは公務員負担分を除いた割合である。
出典：財務省「社会保障について」（資料1-1）2019年（https://www.mof.go.jp/about_mof/councils/fiscal_system_council/sub-of_fiscal_system/proceedings/material/zaiseia310423/01.pdf）。

より地方税収入の増加が見込まれるものの新型コロナウイルス感染症の影響により，地方の財政状況は厳しいものがある。このため，国は地方財政計画を通じた財源保障をすることとしている。[44]

3）保険料財源

　社会保障の財源として社会保険料と公費負担がある。日本の社会保障制度は

社会保険方式を採りながら，高齢者医療や介護給付費の約 5 割を公費で賄っており，公費負担(45)に相当程度依存している。もっとも，保険料は被保険者である国民の負担であり，負担を感じる国民も多い。2019年度末(46)の公的年金加入者数は6,759万人となっているが，未納者数も125万人と少ない数ではない。

　また，老齢基礎年金，国民健康保険，後期高齢者医療制度，介護保険制度の保険料の割合は 2 分の 1 である。そのほかにも厚生年金や健康保険は労使折半であるが雇用保険の 2 事業（雇用安定事業及び能力開発及び向上事業）と労災保険は事業主が全額負担することになっている。図表 2 - 27は厚生労働省が作成している資料であるが，全体の社会保障財源の全体像を把握することができる。保険料だけでなく，生活保護や児童手当といった社会保障全体の国や都道府県，市町村及び保険料といった財源をみることができる。

（2）民間の財源

　日本国憲法第25条は福祉の根幹ともいえる生存権について第 1 項では「すべて国民は，健康で文化的な最低限度の生活を営む権利を有する」と規定されている。また，第 2 項には「国は，すべての生活部面について，社会福祉，社会保障及び公衆衛生の向上及び増進に努めなければならない」と規定され，社会福祉，社会保障及び公衆衛生の向上及び増進について国の責任が明確化されている。第二次世界大戦後の社会福祉，社会保障及び公衆衛生の向上及び増進については民間の慈善事業に頼る部分が大きかった。そのため，「公金その他の公の財産は，宗教上の組織若しくは団体の使用，便益若しくは維持のため，又は公の支配に属しない慈善，教育若しくは博愛の事業に対し，これを支出し，又はその利用に供してはならない」（憲法第89条）とされている。

　しかし，その例外として，社会福祉法第22条に規定された社会福祉法人のケースがある。社会福祉法人は，社会福祉事業の主たる担い手としてふさわしい事業を確実，効果的かつ適正に行うため，自主的にその経営基盤の強化についても規定されている。

　社会福祉法人の財源は①寄附金，②補助金・交付金・助成金，③事業収入等がある。事業収入には介護報酬や自立支援給付費等の公費からの収入や利用者

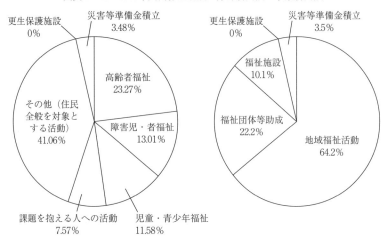

図表 2 - 28　2019年共同募金助成の分野別内訳と事業別内訳

出典：赤い羽根共同募金「令和元年度 共同募金統計〔助成〕」。

の負担金が含まれる。また，税制面での優遇措置[47]もある。このことから，社会
福祉法等の一部を改正する法律（2017年4月本格施行により，社会福祉法人制
度改革が実施され，経営組織のガバナンスの強化，事業運営の透明性の向上，
財務規律の強化がなされた。社会福祉法人も事業運営や財政基盤の透明性を高
めていく必要がある。

　①の寄附金には社会福祉法112条に定める共同募金[48]がある。都道府県の区域
を単位として，毎年1回，厚生労働大臣の定める期間内に限って寄附金の募集
を行い，地域福祉の推進を図るため，社会福祉事業，更生保護事業その他の社
会福祉を目的とする事業を経営する者（国及び地方公共団体を除く）に配分され
る。高齢者福祉，障害児・者福祉，児童・青少年福祉，課題を抱える人への活
動，その他（住民全般を対象とする活動）等に助成（配分）されている。また，被
災地でのボランティア活動を支援するため，毎年，共同募金の約3％を災害等
準備金として積み立てている（図表2-28）。

　地域福祉の推進を図ることを目的とする社会福祉協議会の財源には①～③の
ほかに④会費がある。日本の社会福祉事業は国及び地方公共団体のほか，社会
福祉法人や特定非営利活動法人，医療法人など様々な法人により支えられている。

注

(1)　正式には地方公共団体といい，都道府県や市町村，特別区など一定地域の行政を行う組織の総称。

(2)　団体委任事務とは，国が地方公共団体にその地方公共団体の事務として実施させる事務。どちらも国からの委託事業であるが，機関委任事務は国の仕事として，団体委任事務は地方公共団体の事務として実施する。

(3)　厚生労働省の地方支部局で，全国を 8 つのブロックに分けて医療・福祉・保健分野の様々な行政事務の対応を行う。

(4)　直接請求権とは，市町村長などの首長や選挙管理委員会などに対して，条例の制定や改廃，議会の解散などを求めることができる権利。有権者の一定の署名を集めることで請求できる仕組み。

(5)　社会福祉法に規定された，社会福祉事業を行うことを目的として設立された法人。社会福祉事業の中でも緊急度の高い，「第一種社会福祉事業」を主に行う。

(6)　実務を管理・監督する担当官庁（行政）。

(7)　1995年の「市町村の合併の特例に関する法律（合併特例法）」により，1999年から2010年までに行われた市町村合併。明治，昭和期に次いで 3 度目。

(8)　内閣が制定する命令。国会が制定した法律とは異なり，国の行政機関が定めたもの。

(9)　自治体が議会立法を通して策定し，国の法令レベルと同様，各自治体の範囲で適用されている法令。

(10)　1998年の中央社会福祉審議会中間報告に示された「個人が人としての尊厳をもって，その人らしい生活が送れるよう自立を支援すること」を理念に行われた社会福祉制度の抜本的な改革。代表的な施策として措置制度を中心に展開されてきた福祉サービスの提供を，契約型のサービス提供への転換を打ち出したが，いずれも新自由主義に基づく行財政改革の一環。

(11)　障害の害が差別的などとして「障がい」と記述する傾向にあるが，本章では法律名に準じ，そのまま障害とする。

(12)　サービス利用者の費用負担能力に応じ，負担を求める考え方。

(13)　国民健康保険団体連合会に設置され，介護サービス事業者に対する苦情を受け付ける。

(14)　都道府県社協に設置され，福祉サービスに関する苦情を受け付ける。

(15)　介護サービス情報公表制度，障害福祉サービス等情報公表制度などである。

(16)　事業の実施主体は都道府県社会福祉協議会である。

(17)　裁判など紛争解決のための制度の利用を容易にし，弁護士等のサービスを身近に受けられるようにするための総合的な支援について，2004年に定められた法律。

(18)　行政改革実施のため，内閣総理大臣の諮問機関として置かれた審議会。

⒆　それぞれの地域の実情に応じ，条例により都道府県から市町村に権限を移譲することを可能にする制度。

⒇　ジェームス・ブライス『近代民主政治』 岩波文庫，1929年。

㉑　地方分権改革の一環として，現在も実施されている「提案募集方式による地方分権」事業はこの考え方に基づいている。

㉒　国家の成長戦略の実現に必要な大胆な規制改革・制度改革を実行し，国際的な経済活動の拠点を整備するために新たな枠組みを基本として指定された地域（首相官邸HP〔https://www.kantei.go.jp/，2021年3月8日アクセス〕）。

㉓　厚生労働省「福祉事務所」2019年（https://www.mhlw.go.jp/stf/seisakunitsuite/bunya/hukushi_kaigo/seikatsuhogo/fukusijimusyo/index.html，2020年4月13日アクセス）。

㉔　2014年にひとり親家庭に対する支援を行うために父子が加えられた。

㉕　地方自治法第281条第1項において，特別区は都の区としている。つまり，東京都23区。

㉖　厚生労働省編『厚生労働白書 平成30年版資料編』191頁。

㉗　2022年4月より成年年齢が18歳となることから，任用要件も18歳となる。

㉘　厚生労働省（2020年3月31日改正）「児童相談所運営指針について」（児発第133号平成2年3月5日）。

㉙　横須賀市・金沢市・明石市が該当する（2020年4月現在）。

㉚　厚生労働省「身体障害者更生相談所の設置及び運営について」（障発第0325001号平成15年3月25日）。

㉛　作業療法士，義肢装具士，言語聴覚士についても，更生相談所の業務に支障がないときは職務の共通する者について他の相談所，更生援護施設等と兼務することも可能。

㉜　心理判定員と兼務することも可能。

㉝　厚生労働省「知的障害者更生相談所の設置及び運営について」（障発第0325002号平成15年3月25日）。

㉞　心理判定員と兼務することも可能。

㉟　厚生労働省「精神保健福祉センター運営要領について」（健医発第57号平成8年1月19日）及び「精神保健福祉センター運営要領について」（障発0426第6号平成25年4月26日）。

㊱　厚生労働省「保健所及び市町村における精神保健福祉業務について」（障発第251号平成12年3月31日）。

㊲　厚生労働省「全国の精神保健福祉センター一覧」2020年（https://www.mhlw.go.jp/kokoro/support/mhcenter.html，2020年5月14日アクセス）。

㊳　厚生労働省「全国の婦人相談所一覧」2018年（https://www.mhlw.go.jp/

content/11900000/000402433.pdf, 2020年 5 月15日アクセス)。

⑶⑼　厚生労働省「地域包括支援センターの設置運営について」(老計発第1018001号 / 老振発第1018001号 / 老老発第1018001号平成18年10月18日)。

⑷⓪　全国地域包括・在宅介護支援センター協議会「地域包括・在宅介護支援センターについて」2018年 (https://www.zaikaikyo.gr.jp/about/index.html, 2020年 5 月17 日アクセス)。

⑷⑴　0 歳時における平均余命。

⑷⑵　IoT (Internet of Things) ですべての人とモノがつながり，様々な知識や情報が共有され，今までにない新たな価値を生み出すこと (内閣府「Society 5.0」〔https://www8.cao.go.jp/cstp/society5_0 /, 2020年 5 月17日アクセス〕)。

⑷⑶　総務省「地方財政制度」(https://www.soumu.go.jp/iken/zaisei.html, 2020年 5 月20日アクセス)。

⑷⑷　地方交付税法第 7 条の規定に基づき作成される地方団体の歳入歳出総額の見込額に関する計画である。

⑷⑸　税財源で賄われる負担。

⑷⑹　厚生労働省「令和元年度の国民年金の加入・保険料納付状況」2020年。

⑷⑺　法人税，事業税，消費税，固定資産税，都道府県民税，市町村民税等が原則非課税である。

⑷⑻　赤い羽根共同募金 HP (https://www.akaihane.or.jp/, 2020年 5 月27日アクセス)。

参考文献

・第 1 ～ 4 節

板垣勝彦『自治体職員のためのようこそ地方自治法 第 3 版』第一法規，2020年。

厚生労働統計協会『国民の福祉と介護の動向』2020年。

曽我謙悟『日本の地方政府』中公新書，2019年。

・第 5 ・ 6 節

磯部文雄・府川哲夫編著『概説 福祉行財政と福祉計画 改訂版』ミネルヴァ書房，2017年。

小松理佐子編著『よくわかる社会福祉の「経営」』ミネルヴァ書房，2018年。

永田祐・岡田忠克編『よくわかる福祉行財政と福祉計画』ミネルヴァ書房，2018年。

　地域福祉を包括的支援体制との協働によって推進，強化していくためには政府および自治体の公的責任としての公助が第一義的だが，それだけではさまざまな地域特性のある地域社会における取り組みは万全ではない。このため，社会福祉士や精神保健福祉士などのソーシャルワーカーは住民の自助と互助によって共同体機能を再生すべく普及・啓発，言い換えればソーシャルアクションにも取り組みたい。もとより，利用者の状況によっては当事者やその家族などとの協働もありたい。

第3章	地域福祉計画の意義と種類，策定と運用

学びのポイント

> 本章では，福祉計画の意義および策定のプロセスに関する事項を中心に述べる。
> 　福祉計画は各都道府県や市区町村において策定されており，老人福祉計画や子ども・子育て支援事業計画をはじめとする分野別の計画や，地域福祉計画や地域福祉活動計画のように分野横断的に策定されている計画がある。とりわけ，地域福祉に関する計画は地域づくりの担い手となる地域住民の参加が重要になる。本章での学びを通じ，私たちも地域住民の一員であることを認識し，福祉計画を身近なものとして捉えられるようにしたい。
> 　したがって，理論を学ぶだけでなく，読者の地域にある計画に目を通すと理解が深まる。何か一つ，関心を持った計画について調べてみよう。

1　福祉計画の意義，目的と展開

（1）福祉行財政と福祉計画の関係

　日本の社会福祉制度は，第二次世界大戦後以降，順次整備されてきた。1951年に制定された社会福祉事業法は，社会福祉事業の全分野における共通的基本事項が定められた。その後，社会福祉の法制度が整備されてきたが，時代の変遷と共に社会福祉を取り巻く環境や福祉課題が変化し，戦後間もなく制定された法律の内容では対応しきれなくなってしまった。

　社会福祉行政の大きな転換期は，1989年の「高齢者保健福祉推進十か年戦略」である。国がゴールドプランを策定し今後の高齢者施策におけるサービス供給量を示したほか，1990年には市町村及び都道府県が老人保健福祉計画を策定した。もっとも予想を大きく上回るサービスの供給量および財源が必要になることが明らかになったため，改めて計画を策定し，1994年に新ゴールドプラ

ンを発表した。サービス量を具体的に示すということは，財源を確保する根拠
にもつながる。具体的には，サービス供給量の目標を具体的に掲げるためには，
潜在的ニーズを含め，地域のニーズを明らかにすることが求められる。そして，
財源との調整を図りながら，サービス供給量を検討する。すなわちサービス供
給量を増やそうとしても，財源が伴わなければ実現は難しい。逆に考えると，
財源を確保するためには，ニーズとそれに伴うサービス供給量を明らかにする
必要がある。このようなことから福祉計画において財政部門との連携は不可欠
であることがわかる。

　福祉計画は高齢者領域のみならず，子どもや障害者の領域でも策定されるよ
うになり，具体的な目標量（サービス供給量）が数値で示されるようになった。
1998年には「社会福祉基礎構造改革について（中間まとめ）」において，多様な
サービス供給主体の参入，サービスの質の向上，透明性の確保，福祉サービス
の利用制度化等が掲げられた。これを機に，従来は措置すなわち行政処分によ
るサービス内容の決定が行われていたが，利用者がサービスを選択し契約する
という利用制度に移行した。

　また，2000年に施行された「地方分権の推進を図るための関係法律の整備等
に関する法律」（地方分権一括法）により，地方公共団体の事務が再編された。
具体的には，社会福祉法人の認可や生活保護法による保護をはじめとする法定
受託事務と，地方公共団体の事務から法定受託事務を除いた自治事務（例えば
老人福祉法による措置，児童福祉法による措置など）となった。

　このように，福祉行政の権限が住民の生活に近い市町村に移譲されるととも
に，福祉サービスの利用者が十分な量の中から必要なサービスを選択できるよ
う，老人福祉計画をはじめとする計画を策定し，財源の確保とともにサービス
提供体制が整えられるようになった。

（2）福祉計画の歴史

　福祉計画の策定は，1950年代から提唱されている。1950年代は，戦後日本の
社会福祉の基盤が形成された時期である。1951年に社会福祉事業法（現・社会
福祉法）が制定され，中央社会福祉協議会が創設されている。そして，1955年

にはアメリカでマレー・ロスにより「コミュニティオーガニゼーション」が提唱された。「コミュニティオーガニゼーション」は日本の社会福祉協議会（以下，社協）のあり方に大きな影響を与え，岡村重夫により翻訳された[2]。また，国連では1952年に経済開発と社会開発の均衡（balanced economic and social development）が議論され，開発の過程に自らのニードに促された国民や地域住民の主体的な開発を求めることが強調されていた。日本においては，1962年に経済成長および地域開発が目指され，全国総合開発計画（全総計画）が策定された。具体的には，地域間の均衡ある発展を図ることを目標として，住宅や上下水道，交通，保健衛生施設といった公共施設の整備などが図られた。そしてこの計画を基本として，特定地域総合開発計画，地方総合開発計画，都府県総合開発計画の策定が求められた。

　当時，社会福祉の領域においては，コミュニティオーガニゼーション理論の影響を受けた社会福祉協議会が地域組織化活動を活発に実践していた。また，コミュニティディベロップメント[3]が注目され，社会福祉の領域においても住民主体のあり方に関する研究が行われていた時期でもあった。そして，1962年に全社協がまとめた「社会福祉協議会基本要項」では地域福祉計画の重要性が提起され，社協は地域組織化を中心に活動を行うことが示された。

　1970年代は，福祉サービスの整備が求められた時期である。具体的には，1970年に「社会福祉施設緊急5か年計画」が策定され，社会福祉施設の量的な整備が図られた。また，1979年に全国社会福祉協議会（以下，全社協）から刊行された『在宅福祉サービスの戦略』においては，在宅福祉サービスの現状と課題に関する整理が行われ，在宅福祉サービスの担い手として市町村社協に期待が高まった。しかし当時の市町村社協は法制化されておらず，1983年に社会福祉事業法の一部が改正された際に法制化された。そして同年，全社協は「市町村社協強化計画」において地域福祉計画の策定を提起し，市町村社協が地域で果たす役割を示した。

　1984年に全社協から刊行された『地域福祉計画——理論と方法』では，市町村社協が地域福祉を推進する旨が明記され，地域福祉計画の策定主体となることが原則とされた。すなわち計画の策定においては，行政や社協のみならず，

地域住民やボランティアなどが関わること，さらに計画の開始期から評価に至るまでのすべての過程に関わることが重視された。

その後，1990年に社会福祉関係八法改正が行われ，住み慣れた市町村において福祉サービスを受けることができるよう，在宅福祉サービスおよび施設福祉サービスの提供体制の整備が目指されることになった。この時期には，ゴールドプラン（1989年），エンゼルプラン（1994年），障害者プラン（1995年）などが策定されており，以後，福祉の各種計画が策定されるようになった。また，これらの計画は数値で具体的に示され，社会福祉に関する施策が計画的に推進されることになった。

さらに2000年に成立した社会福祉法では地域福祉計画が規定され，義務ではないものの，「市町村地域福祉計画」および「都道府県地域福祉支援計画」の策定が位置づけられた。2002年に社会保障審議会福祉部会から出された「市町村地域福祉計画及び都道府県地域福祉支援計画策定指針の在り方について（一人一人の地域住民への訴え）」においては，計画を策定する際には地域住民の参加が不可欠である旨が示されている。このように計画策定において，策定の主体にかかわらず（例えば社協であっても行政であっても），策定のすべての過程において地域住民等の参加が求められるようになった。

（3）福祉計画の種類

1）地域福祉計画

地域福祉計画は，2000年の社会福祉法改正により法制化された。根拠法は社会福祉法であり，市町村地域福祉計画と都道府県地域福祉支援計画がある。

地域福祉計画に関する詳細は後述するが，近年では包括的支援体制の整備や生活困窮者自立支援等，地域を基盤とした幅広い支援体制の構築が目指されており，都道府県による市町村の支援も不可欠になっている。このようなことから，市町村地域福祉計画および都道府県地域福祉支援計画を策定する意義は大きくなっており，2018年に地域共生社会の実現に向けて社会福祉法が改正されたことに伴い，両計画の策定は努力義務とされた。

具体的には，これまで地域住民は，社会福祉法第4条において地域福祉の推

進役として位置づけられてきたが，2018年の改正社会福祉法において，福祉サービスを必要とする個人および世帯の地域生活課題について，関係機関との連携等によりその解決を図ることが目指されるようになった。また，策定に関しては，一体的に定める計画の内容として，地域における高齢者の福祉，障害者の福祉，児童の福祉その他の福祉に関し，共通して取り組む事項が追加された。さらに同法第6条においては，国および地方公共団体は地域住民等の活動を促進する施策等を講ずるよう努めなければならないとされた。地域福祉の推進においては，国および地方公共団体と地域住民等が一体となって取り組むことが期待されているのである。

　2019年に全社協から刊行された『地域共生社会の実現に向けた地域福祉計画の策定・改定ガイドブック』においては，地域住民が抱える地域生活課題の解決に向けた包括的な支援の実施にとどまらず，地域全体が抱える課題（例えば少子高齢化等）の解決にも結び付けていけるような総合的な視点が必要になる旨が示されており，計画策定を通じた地域福祉の推進に期待が高まっている。

2）老人福祉計画

　1989年に策定されたゴールドプランは，高齢者保健福祉推進十か年戦略と呼ばれており，日本における施設サービスや在宅サービスの整備目標を国が示したものである。その後1990年に社会福祉関係八法改正が行われ，老人福祉法および老人保健法の改正と共に，老人保健福祉行政の計画的推進を図ることを目的として市町村および都道府県が老人保健福祉計画を策定することとされた。とりわけ市町村においては，高齢者が「いつでも，どこでも，だれでも」サービスを利用できるように整備することが目指された。その後，老人保健福祉計画の策定により明らかになったサービス量が当初の見込みより増加していたため見直しが行われ，1994年に新ゴールドプランが策定された。さらに1999年にはゴールドプラン21が策定されるなど，計画を見直しながら在宅福祉サービスの基盤整備が進められてきた。

　ゴールドプランの特徴は，名称に「保健福祉」という言葉が使われているように，保健領域と福祉領域の計画が一体となった点にある。現在は，保健・医療・福祉・その他の領域の連携は珍しいものではないが，当時は保健と福祉の

領域が一体となった計画策定は画期的なことだった。

　現在，老人福祉計画は，介護保険事業計画と一体のものとして策定されなければならないとされているほか，市町村地域福祉計画および都道府県地域福祉支援計画その他の老人の福祉に関する事項を定めるものと調和を保つものでなければならないとされている。

3）介護保険事業計画

　介護保険事業計画は介護保険法を根拠としており，市町村介護保険事業計画と，都道府県介護保険事業支援計画がある。各自治体が必要なサービス供給量を策定する計画であり，市町村および都道府県に策定が義務づけられ，3年を1期としている。

　市町村介護保険事業計画においては，「その住民が日常生活を営んでいる地域として，地理的条件，人口，交通事情損他の社会的条件，介護給付等対象サービスを提供するための施設の整備の状況その他の条件を総合的に勘案して」日常生活圏域を設定し，この圏域ごとにサービスの整備を行うこととされている。また，各年度の認知症対応型共同生活介護，地域密着型特定施設入居者生活介護等，日常生活圏域におけるサービスを中心とした必要利用定員総数や介護給付等対象サービスの種類ごとの量の見込み，地域支援事業の量の見込み等を定めることとされている。

　一方，都道府県介護保険事業支援計画においては，当該都道府県が定める区域ごとに，各年度の介護保険施設ごとに必要な入所定員総数や，介護給付等対象サービス量の見込み等を定めることとされている。また，都道府県内の市町村による被保険者の地域における自立した日常生活の支援等に関して，都道府県が取り組むべき施策に関する事項を定めることとされている。

　また前述したように，市町村老人福祉計画および都道府県老人福祉計画と一体のものとして作成されなければならないとされているほか，地域福祉（支援）計画，高齢者居住安定確保計画等，関連する計画と調和を保つものでなければならないとされている。さらに都道府県介護保険事業支援計画においては医療計画との整合性の確保が求められており，医療と介護のサービス提供体制の構築を連動させて行うことが重視されるようになった。

4）障害者計画・障害福祉計画

　障害者福祉計画の策定は，1980年代の国際的な取り組みが大きな影響を与えている。具体的には，1981年に国際障害者年が制定され，障害者の完全参加と平等が目指された。そして翌年に，国連により「障害者に関する世界行動計画」が定められ，1983年から10年間は「国連・障害者の10年」と定められた。日本においても1982年に「障害者対策に関する長期計画」（第1次）が10年計画で策定された。この計画は「障害者対策に関する新長期計画」（1993年から10年間）へと受け継がれ，1993年に「心身障害者対策基本法」が「障害者基本法」に改正されことに伴い，法定計画（障害者基本計画[6]）となった。当時は，国が障害者基本計画を策定したものの，都道府県（都道府県障害者計画）および市町村（市町村障害者計画）の策定は努力義務とされていた。

　1995年に策定された「障害者プラン」（ノーマライゼーション7か年戦略）は，1993年に策定された「障害者対策に関する新長期計画」の後期における重点計画として策定され，障害者が地域で自立した生活を送るためのグループホーム・福祉ホーム等の施設整備やバリアフリーの促進等に関する数値目標が示された。その後，「新障害者基本計画」（第2次）が2002年に閣議決定され，翌年度から10年間，障害者の社会参加をさらに推進するための施策が計られた。

　また，2004年度には都道府県障害者計画の策定が義務化，2007年度には市町村障害者計画の策定が義務化され，障害者施策を計画的に推進することが求められるようになった。さらに，2011年に障害者基本法の改正，2012年に障害者総合支援法の成立[7]，2013年に障害者差別解消法，障害者雇用促進法の改正，2014年に障害者権利条約批准等が行われ，現在も引き続き，誰もが尊重され支え合う「地域共生社会」の実現が目指されている。このような背景において2013年度から5年間の期間で「第3次障害者基本計画」が策定され，2018年度から2022年度まで「第4次障害者基本計画」が策定されている。この計画では，「一人ひとりの命の重さは障害の有無によって少しも変わることはない」という当たり前の価値観を国民全体で共有できる共生社会の実現が目指されている。

　障害福祉計画は，障害者の日常生活および社会生活を総合的に支援するための法律（障害者総合支援法）に基づき，国が定めた指針に即して市町村（市町村

障害福祉計画）および都道府県（都道府県障害福祉計画）により策定されている。計画では障害福祉サービス，相談支援および地域生活支援事業の提供体制の確保等が目指されており，市町村障害福祉計画においては市町村障害者計画，市町村地域福祉計画等と調和が保たれたものでなければならないとされ，都道府県障害福祉計画においても都道府県障害者計画，都道府県地域福祉支援計画等と調和が保たれたものでなければならないとされている。

　また，都道府県が障害保健福祉圏域を定め，障害福祉サービスや相談支援の必要な量の見込みを定めるものとされており，市町村だけでは対応が困難な場合，広域的なサービス提供体制の整備の推進が目指されている。計画は3年を1期として策定されているほか，2018年度から第5期障害福祉計画とともに第1期障害児福祉計画が策定されており[(8)]，都道府県および市町村では両者を一体的なものとして策定することができるとしている。

5）子ども・子育て支援事業計画

　近年，急速に進む少子高齢化に対する施策が求められているが，少子化の要因として晩婚化，育児の負担感，社会資源の不足などがある。とりわけ社会資源の不足に関しては，女性の社会進出に伴い，子どもを預けることができる施設が求められている状況と，保育施設の整備のかい離などが課題となり，量的目標の設定に基づく施設整備が行われた。

　1994年にエンゼルプラン（今後の子育て支援のための施策の基本的方向について）が策定され[(9)]，その内容を実現させるために地方自治体で「児童育成計画」が策定された。エンゼルプランはその後，新エンゼルプラン[(10)]（1999年）として発展した。その後，2003年に「次世代育成支援対策推進法」が制定され，地方公共団体および企業が10年間の計画的な取組を行うことが目指された。具体的には，国が策定した「行動計画策定指針」に即して市町村（市町村行動計画），都道府県（都道府県行動計画），企業（一般事業主行動計画）が計画を策定するとされた。市町村および都道府県においては，5年を1期として地域における子育て支援や教育環境の整備，仕事と子育ての両立支援等が目指されたほか，一般事業主行動計画においては，2年から5年間の範囲で，子育てと家庭生活の両立を支援する雇用環境の整備，働き方の見直しなどが盛り込まれた[(11)]。

　2005年度から5年間の「子ども・子育て応援プラン」では，これまで重点が置かれていた保育施設等の整備にとどまらず，若者の雇用やワークライフバランス，男性の育児参加等についても言及され，若者が自立し安心して子育てができる環境づくりが目指された。

　さらに2010年に「子ども・子育てビジョン[12]」が閣議決定され，2012年には「子ども・子育て関連3法[13]」が成立した。これらの法は，急速な少子化の進行や子育て支援策に対するニーズの高まり，子育てをする環境の変化などの背景を踏まえたものであり，地域の子ども・子育て支援を総合的に推進するため，地域子育て支援拠点や放課後学童クラブをはじめとする「地域子ども・子育て支援事業」の充実が目指された。計画策定に関しては，内閣総理大臣が基本指針を定め，市町村が子ども・子育て支援事業計画，都道府県が子ども・子育て支援事業支援計画を策定することとなった。

　計画はそれぞれ5年を1期としており，市町村地域福祉計画（都道府県地域福祉支援計画），教育振興基本計画，その他の法律の規定による計画で子どもの福祉，または教育に関する事項を定めるものと調和が保たれたものでなければならないとされている。また，教育・保育提供区域を定めることとされており，市町村が地理的条件，人口，交通事情その他の社会的条件，教育・保育を提供するための施設の整備の状況等を総合的に勘案して教育・保育提供区域を定めるものとされている。

6）民間の福祉計画など

　民間の福祉計画には，主な計画として社協が策定する地域福祉活動計画が挙げられる。前述のとおり，社協は地域福祉の推進役として，地域住民とともに地域福祉計画を策定してきた。都道府県および市町村が策定する「地域福祉計画」は社会福祉法が根拠法となっているが，社協は民間であるため根拠法は無く，地域住民，ボランティア，社会福祉事業者等とともに地域福祉計画を策定してきた。

　従来，地域福祉計画は社協が策定していた計画であったが，時代の変遷とともに行政が策定する福祉計画において，分野別の計画策定から分野横断的な計画の策定すなわち地域福祉計画の策定が求められるようになった。地域福祉を

推進することを目的として地域住民等とともに策定される計画は，これまで社協が策定してきた地域福祉計画と共通する点が少なくなかった。例えば1991年に東京都が策定した地域福祉推進計画において，区市町村社協が策定する地域福祉活動計画，市区町村が策定する地域福祉計画との整合性を図ることが大切であるとされたように，各計画が一体となって地域福祉を推進することが求められるようになった。

　一方，社協はこれまで地域福祉計画を策定していたが，行政計画においても地域福祉計画が策定されるようになった。そして1992年に全社協よりまとめられた『地域福祉活動計画策定の手引き』において，市町村社協は地域福祉活動計画を策定するものとされた。また，同年には「新・社会福祉協議会基本要項」が出され，地域におけるニーズ把握を行い，住民や関連分野の事業者および関係者と協働して地域福祉活動計画を策定することが示されている。さらに，2003年には『地域福祉活動計画策定指針——地域福祉計画策定推進と地域福祉活動計画』において，地域福祉活動計画を策定する意義や方法，市町村地域福祉計画及び地域福祉活動計画を一体的に策定する提案が示された。

2　市町村地域福祉計画・都道府県地域福祉支援計画の内容

（1）地域福祉と計画行政の関係

　前述の通り，市町村及び都道府県には，老人福祉計画，障害者計画をはじめとする分野別の福祉計画がある。地域福祉は各領域を横断的にとらえるものであるため，地域福祉計画を策定する際には高齢者，障害者，児童，その他の福祉に関し，共通して取り組むべき事項を定めることが求められており，各計画の上位計画として位置づけられている。

　また，地域福祉は地域住民とともに推進するものであるため，地域福祉計画の策定においても，地域住民等による参加や協力に立脚して策定されることが求められている。地域福祉計画を策定するということは，社会福祉法に示された社会福祉の理念を達成することにもつながると考えることができる。

　『地域共生社会の実現に向けた地域福祉の策定・改定ガイドブック』（全社協，

2019年）によると，住民に身近な日常生活圏域を設定し，他の計画との調整を図ることが求められている。具体的には，住民に身近な日常生活圏域の設定については，地域の実情に応じて異なるため，一律の日常生活圏域は示されておらず，小学校通学区域，自治会単位など，地域で協議して決めていくことが必要であるとされている。そしてその際には生活文化や交通事情なども考慮することが求められている。近年は，複雑・多様化する生活課題を抱えている個人あるいは世帯に対する包括的なアプローチが求められている。したがって，他の福祉計画の上位計画と位置づけられている地域福祉計画においては，他の計画にも共通する包括的な支援体制の整備を進められるよう考慮しながら，日常生活圏域を設定することが重要であるとされている。

（2）市町村地域福祉計画及び都道府県地域福祉支援計画の定義，機能
1）市町村地域福祉計画

　市町村地域福祉計画は，社会福祉法第107条に基づき，地域福祉の推進に関する事項を一体的に定める計画として位置づけられている。具体的には，①地域における高齢者の福祉，障害者の福祉，児童の福祉その他の福祉に関し，共通して取り組むべき事項，②地域における福祉サービスの適切な利用の推進に関する事項，③地域における社会福祉を目的とする事業の健全な発達に関する事項，④地域福祉に関する活動への住民の参加の促進に関する事項である。すなわち地域共生社会の実現を目指し，地域住民が行政その他の関係機関と連携して地域福祉を推進するためには，地域住民の生活に近い市町村において，地域福祉推進のための具体的事項を検討することが求められている。

　また同条第2項においては，計画の策定または変更しようとする際には，あらかじめ地域住民等の意見を反映させるよう努めるとともに，その内容を公表するよう努めるよう定められており，地域住民と関係が深い計画であることがわかる。さらに第3項においては，定期的に計画を評価するよう努めることとされており，必要がある場合には計画を変更するとされている。地域の状況は常に変化しているため，計画を作成した後も調査・分析及び評価を行い，見直しをすることが求められているのである。

計画の策定体制については，地域内における連携すなわち地域住民，関係機関・施設，行政等との連携が求められることはもちろんであるが，庁内の連携も不可欠である。現在，包括的な支援体制の構築が求められているものの，自治体の部署は分野別に設置されていることが多い。このため，地域福祉という分野横断的にとらえる領域の計画策定に関しては，各部署から代表者が集まり，計画策定のためのチームを発足させる等，全庁を横断する体制を組むことが求められる。

　なお，計画策定の際には，コンサルタント会社に策定を依頼する場合もあるが，地域の状況・課題を明らかするためのニーズ調査を実施する等の方法により，地域住民及び当事者の声を十分に把握する事が求められる。また，地域の状況に応じた計画を策定するため，その地域の社会資源を活用した計画を策定する事が重要である。すなわちコンサルタント会社に依頼する場合でも，ニーズ把握や計画案の検討というように，過程の一部に地域住民や関係者が参加し，地域の実情に即した計画を策定することが求められる。

2）都道府県地域福祉支援計画

　都道府県地域福祉支援計画は社会福祉法第108条に基づいて策定される計画である。市町村地域福祉計画の達成に資するため，各市町村を通ずる広域的な見地から，市町村の地域福祉の支援に関する事項を一体的に定める計画とされている。具体的な支援事項は，①地域における高齢者の福祉，障害者の福祉，児童の福祉その他の福祉に関し，共通して取り組むべき事項，②市町村の地域福祉の推進を支援するための基本的方針に関する事項，③社会福祉を目的とする事業に従事する者の確保，または資質の向上に関する事項，④福祉サービスの適切な利用の推進，および社会福祉を目的とする事業の健全な発達のための基盤整備に関する事項である。

　市町村地域福祉計画は，地域住民の生活実態に即した計画策定が求められ，サービス利用の促進や住民の地域活動の参加の促進等，地域生活に関する具体的な内容が盛り込まれているが，都道府県地域福祉支援計画は，市町村が計画を推進しやすいよう，体制整備を中心に策定される計画であることがわかる。

　また，同条第2項においては，計画を策定または変更しようとするときは，

あらかじめ公聴会の開催等住民その他の者の意見を反映させるよう努めるとともに，その内容を公表するよう努めるものとするとされている。さらに第3項において，策定した計画を定期的に調査，分析及び評価を行うよう努め，必要がある場合には計画を変更するものとされている。このように，市町村地域福祉計画と都道府県地域福祉支援計画が策定されることにより，市町村における地域福祉の推進や包括的支援体制の整備の推進が期待され，都道府県においては広域的な観点から包括的支援体制の整備が目指されるようになる。

（3）地域福祉活動計画との関係

1）地域福祉活動計画

　地域福祉計画は前述の通り，以前から社協が策定していた計画である。その後，地方公共団体でも同様に地域福祉計画が策定されるようになったため，社協が策定する計画を「地域福祉活動計画」と改めた経緯がある。

　社協は地域福祉の推進を目的としており，地域住民や関係機関・施設等とともに地域を創る役割がある。とりわけ地域住民による社会福祉に関する活動を支援し，支え合う関係を構築することが期待されている。このため，社協が策定する地域福祉活動計画は，地域住民等が地域福祉の担い手として主体的に活動し地域づくりを推進することが目指されている計画であると考えられる。

　また，『地域福祉活動計画策定指針』（全社協編，2003年）においては，市町村地域福祉計画と内容を一部共有したり，相互に連携することが必要である旨が述べられているほか，市区町村社協には，地域福祉計画の策定に積極的に協力することが求められている。さらに2018年の社会福祉法改正において，地域住民等は，福祉サービスを必要とする地域住民の地域生活課題を把握し，関係機関と連携して解決を図ることが定められた。すなわち地域福祉の推進を目的として自治体が策定する「地域福祉計画」を実現するためには，地域住民の福祉活動が不可欠になる。地域住民等の活動に関する計画は主に「地域福祉活動計画」であることから，「地域福祉計画」と「地域福祉活動計画」は関連していることを認識して策定することが大切である。

2）地域福祉計画と地域福祉活動計画との関係

　社会福祉関係八法改正以降，在宅福祉サービスの充実が目指されるようになり，自治体においても社会福祉の各領域ごとに計画が策定されることになった。やがて各計画が整合性を図りながら計画を策定することが求められるようになり，分野を横断する地域福祉計画が策定されるようになった。すでに社協は地域福祉計画を策定していたことから，「地域福祉活動計画」と名称を改め，地域住民等による福祉活動の推進に関する事項を中心に記述し，地域住民等による福祉活動や，「地域福祉計画」で目指されている地域づくりを実現させる活動を盛り込んだ。一方，地域福祉計画には，自治体として地域住民等の福祉活動を支援するための内容が記載されている。

　「市町村地域福祉計画及び都道府県地域福祉支援計画策定指針の在り方について（一人ひとりの地域住民への訴え）」（社会保障審議会福祉部会，2002年）では，「市町村地域福祉計画」と市町村社会福祉協議会が策定する「地域福祉活動計画」とが相互に連携を図ることは当然とされているほか，社協は地域福祉を推進する中心的な団体として，市町村地域福祉計画の策定に積極的に協力する旨が述べられている。

　また，『地域共生社会の実現に向けた地域福祉計画の策定・改定ガイドブック』（全社協，2018年）においても，市町村社協は地域住民等による地域づくりや福祉教育，まちづくりなどに取り組んできたことから，市区町村社協の積極的な協力を求めている。そして地域福祉計画の策定においても地域福祉活動計画と一体的に策定する旨が述べられている。このように，「地域福祉計画」と「地域福祉活動計画」は，同じ地域を自治体と社協というそれぞれの立場から捉えているものの，地域福祉の推進を目的とするという共通事項がある。このため，両者を一体的に策定することが求められている。

図表3-1　福祉計画策定の主なプロセス

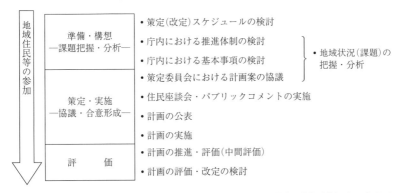

出典：全国社会福祉協議会『地域共生社会の実現に向けた地域福祉の策定・改定ガイドブック』2019年，38頁を参考に筆者作成。

3　福祉計画の策定過程と方法

（1）課題把握・分析

1）課題を把握する方法

　福祉計画は，大きく分けて準備・構想段階，策定・実施段階，評価段階のプロセスを経て策定される（図表3-1）。本節では，福祉計画を策定するプロセスについて述べる。

　福祉計画は，国によって定められた基本計画等に即し，市町村および都道府県が地域の実情に応じ，サービス提供体制等に関する事項を盛り込んで策定される。具体的には，地域にどのような課題があるのか，現在，供給されているサービスは課題にどの程度対応できているのか等について，地域住民や当事者，関係者等の声を聴きながら策定される。

　課題の把握は，量的調査と質的調査に分けることができる。前者はアンケート調査，後者はインタビュー調査や座談会などがある。いずれにせよ，調査は地域住民や利用者の生活（あるいはサービスの利用）実態を把握する機会になるだけでなく，住民参加（当事者参加）の場でもあることから，調査設計を丁寧に行う必要がある。

量的調査は，調査票を用いて行われる統計的調査である。例えば地域住民，利用者，介護者，サービス提供事業者等に対するアンケート調査がある。集められたデータは統計的に処理されるため，多人数を対象として調査・分析することが可能となり，客観的な状況を把握することができる。

　地域福祉計画の策定においては，提供されているサービスの量や質を把握したり，サービス利用者の実態把握，今後サービスを利用する人数の予測，必要とされるサービスの量などを検討する際に用いられる。

　アンケート調査を実施する際には，目的を明確にすることが大切である。あれもこれも質問すると設問が多くなり，回答者側にとって負担となるほか，回収率にも影響してしまう。また，調査で明らかにしたい事項について把握するためには，誰を対象者とするのか，回答する期間をどのくらい設ければよいのか等の点についても決める必要がある。さらに，アンケート調査の実施においては，専門用語があるため難しく感じられたり，文字が小さくて読みにくい，記述欄が多く回答する気が失せてしまう等の状況が生じないよう，回答者の立場に立ち，調査票を設計することが求められる。

　調査は郵送式のアンケート調査が多く用いられているが，近年ではインターネットによる調査も行われている。インターネット調査は，いつでも，どこでも回答できるというメリットがあるが，インターネットを使える環境ではなかったり，使い慣れていない等の理由で回答できない場合もある旨を配慮する必要がある。

　質的調査では，少人数のニーズを把握するために，インタビューや座談会などが用いられる。例えば，量的調査で明らかになった結果についてさらに詳しく把握したい時や，少数の意見ではあるが実態を把握したい時などに用いられる。数字（データ）ではわからなかった地域生活課題が明らかになったり，顕在化されていなかったニーズが発見されることもある。また，質的調査を通じて把握された個別のニーズを一般化させ地域福祉ニーズとして捉え直すと，新たな地域生活課題の発見につながる。

　地域福祉計画の策定における質的調査の方法としては，利用者や関係団体，民生委員・児童委員，専門職等に対するインタビューの実施が多く用いられる。

インタビューはインタビュアーとの会話を通じて行われるため，幅広い回答を得ることができるほか，会話を通じて出てきた一言が重要な意味を含んでいることに気づくこともある。グループインタビューでは，一度に複数人から回答を得ることができるほか，ディスカッションを通じて他者の意見を聴き，一人では思い出せなかったことを思い出すなどの特徴がある。その一方で，メンバーを意識して本音をいえない，1人当たりの発言時間が少なくなる，発言者に偏りが出てしまう等のことが生じないよう配慮することが求められる。

　また，地域生活課題について把握する際には住民座談会を開催し，当該地域の住民が集まり，地域の状況について話し合う場が設けられることもある。例えば，一つの自治体（市町村）であっても，地区により地域概況が異なることがあるため，各地区ごとに開催することが求められる。高齢化率，電車やバスなどの交通網，公共施設や医療機関の場所，坂の多さ，古くからある土地なのか新興住宅地なのか等により，地区の課題に違いが生じている例が少なくない。住民座談会では住民の生活実態が明らかになるほか，これまで把握されてこなかった個人のニーズが顕在化することもあり，各地区に応じてきめ細かな計画を策定することが可能となる。また，座談会は住民にとって，なじみのある場所で開催され，参加者も顔なじみであることから，意見を出しやすい。さらに，参加者が座談会で共有された課題に気づき，何らかの支え合いの活動に発展することも期待される。

2）課題を分析する方法

　課題の分析は，量的調査や質的調査の結果のみならず，既存の調査結果等を活用し，幅広い視点で分析することが求められる。

　量的調査の分析は，回収票に記入ミスがないかどうかクリーニング作業を終えた後，データを入力し，単純集計が行われる。その後，他の質問項目と合わせてクロス集計を行ったり（例えば性別による介護の負担感，年代別による子育てに関する捉え方など），自由記述の内容をカテゴリごとに分類する等の作業を行う。量的調査の特徴は，大量のデータを分析し，地域の状況を客観的に把握する事ができる点である。平均値を求めたり結果をグラフ化して示すことが可能であり，地域の傾向を把握することができる。

一方，質的調査の分析はインタビューデータ（録音データ）の文字起こしや，聴き取りのメモを参考にインタビューの際に語られた内容を文字化する等の作業を行う。文字化することにより，インタビューの際には気づかなかった点が語られていることに気づくこともある。インタビュアーの質問に対する返答以外にも大切なポイントが語られている場合があるため，丁寧に読み込むことが必要である。また，質的調査は少人数を対象として実施するものであるから，発言の前後を考慮しながら語られた内容を分析することが大切である。

　質的調査と量的調査は，組み合わせて実施される場合もある。例えばインタビュー調査の結果から，地域の潜在的なニーズである旨が推測された場合，アンケート調査の項目に反映させ，地域住民や当事者等，より多くの人を対象として調査を行うこともある。福祉計画の策定においては，このようにして行われた調査結果のデータや地域住民の声を参考に，地域の実情を把握することが大切である。

（2）協議と合意形成

1）計画策定の組織体制

　計画策定においては，庁内で事務局を発足させる必要がある。その際，保健福祉に関係する部署や関係する部署から担当者が選出され，各部署の共通認識を図ることが求められる。また，地域福祉計画のように分野横断的な内容について策定する際には，まちづくりや教育に関する部署をはじめとする庁内のすべての部署から担当者が選出され，事務局の体制が組まれる場合もある。社会福祉以外の幅広い部署から担当者が事務局に配置されることにより，多くの領域から当該計画（あるいはその領域）に関する理解と協力を得ることができるほか，計画策定の後も庁内で連携しやすくなる等のメリットがある。

　庁内の事務局体制が組まれると，計画策定の進行予定が検討され，予算編成と共に原案作成が始まる。原案を作成する際には，これまでの計画を評価するとともに，データ分析等から把握された将来の地域状況を予測しながら，重点的に取り組む事項や新たに盛り込むべき内容が検討される。このような一連のプロセスは，その都度，各部署で共有される。

2）計画策定委員会

　計画策定委員会では，利用者（当事者）が抱える課題や地域生活課題を検討するため，公募委員（地域住民），地域組織の代表者，関係機関・施設の代表者，学識経験者など，幅広い領域から構成される。例えば，民生委員・児童委員，老人会や子ども会の代表者，保護司，福祉施設の職員，商店会の代表者，社協の職員，企業の社員等である。このように多様な立場から委員が構成されると，委員会において，これまで気づかなかった話題が共有されることもある。

　例えば高齢者に関する話し合いが行われた際，老人会の代表者から，近頃は単身の高齢者世帯が増加しており生活に不安を抱えている人が多いという意見が出され，家族介護者からは介護負担について意見が述べられ，施設職員からはサービス供給量を増やしてほしいという要望が出される。また，商店会の代表者からは，認知症高齢者で支払いを忘れて店舗とトラブルになる例が増えているという実態が報告され，銀行からは，社員が認知症サポーター養成講座を受講し窓口での対応方法を学んだという話が出される。そして，この話を聴いた社会福祉施設の職員が，今度，商店会で認知症を理解するための講座の開催を提案する。さらに計画策定においては，アンケート調査の結果も踏まえ，一人暮らし高齢者が安心して生活することができるように，介護者の負担軽減や在宅福祉サービスの充実，認知症に対する理解の普及などが盛り込まれることになった。

　これは例え話であるが，計画策定委員会は相互理解および支え合いの関係を構築するきっかけにもなる。計画策定委員会は，単に計画を策定することのみを目的とせず，これまで気づかなかった点に気づいたり，繋がりがなかった関係者が情報を共有し合い，理解し合うきっかけにもなる。また，委員がそれぞれの職場や関係者に地域の状況を伝えることで福祉に対する理解が広がるほか，多くの人が計画に関心を持つことが期待される。このように計画策定委員会は，福祉教育の場として機能する可能性も考慮することが大切である。

　さて，計画策定委員会では，既存の資料やアンケート調査の結果を踏まえ，今後めざすべき計画の内容が検討される。委員会での審議事項は，現行の地域福祉計画の進捗状況と評価，目標達成状況と課題，策定する計画の策定期間や

関連する計画との整合性といった基本事項や，地域生活課題等の情報共有，計画の目標設定，進行管理といった地域福祉の推進に向けた具体的内容等である。計画は，事務局および委員会で検討が繰り返され，策定される。計画の目的および自治体の予算等も考慮しながら合意形成を図ることが大切である。

　また，委員会における議論は原則として公開され，地域住民や福祉関係者等が傍聴できるようになっている。さらに議事録の公開や，広報紙やSNS等で計画策定の進捗状況を周知する等，地域住民等に情報を公開することが求められる。

3）住民座談会，パブリックコメント

　福祉計画の策定においては，計画を策定するすべての過程において住民等の参加が求められている。その方法はさまざまであり，例えば計画を策定する際に公募委員として参加したり，住民組織の代表として参加することができる。また，委員としてではなく，アンケート調査に回答する，住民懇談会に参加する，パブリックコメントで意見を述べる等の参加もある。

　住民座談会においては，計画案に対して，地域住民の生活に即して意見を述べることができる。また，市区町村全域で策定した計画を基に，区域ごとに座談会やワークショップ等を開催し，それぞれの区域の状況に合わせて行動計画を策定することもできる。この時，自治体で策定された計画案の内容を把握する機会になるほか，自らが暮らす地域をどのようにつくるのか，地域住民が自ら考える機会にもなる。中学生や高校生等が「私たちにできること」を考え，発表するという取り組みもある。住民座談会では，参加者層が偏らないよう，開催する曜日や時間帯を工夫する配慮が求められる。また，このように話し合われた結果が，「地区別計画」として計画の中に盛り込まれる場合もある。

　パブリックコメントは，計画案を地域住民に公開し，幅広く意見を求めるものである。在勤，在学，在住者等に対し，計画書を印刷し製本したものを公的機関で公開したり，自治体のホームページ等でデータを公開する。もっとも，パブリックコメントを実施しているという情報を知らなければ意見を提出することができないため，広報紙やSNS等を活用し，早めに周知することが求められる。可能であれば，パブリックコメントより前の段階で，すなわち計画策

定の準備段階から策定の状況を発信（報告）していると，多くの住民が関心を持ちやすい。また，パブリックコメントの提出は郵便やファックスなどに限定せず，インターネットで提出できるようにしたり，ある程度の期間を設ける等，配慮したりすることが大切である。

4　福祉計画の実施と評価

（1）モニタリング

モニタリングは，それぞれの制度・政策および事業・活動が結果的に十分なものであったかどうか，その効果測定を踏まえて評価することである。福祉計画におけるモニタリングにおいては，サービスの供給が適切に提供されたか，目標が達成されたか，サービスの提供体制は整えられたか，地域住民の福祉活動がどの程度変化したのか等の評価が行われる。

計画は 3 年から 5 年を 1 期として策定されることが多く，その前年度あるいは数年前から状況把握のためのアンケート調査等が行われる。このため，計画の実施期間中にニーズが変化していることもあれば，当初の見込みと異なる状況が生じていることもある。可能であれば計画の実施期間中にモニタリングを実施し（例えば中間評価など），計画の実施状況を確認することが望ましい。そして，改善点があれば対応策を検討することが必要である。設定した目標を達成できるのか（できたのか），達成が難しいようであればその理由は何かについて明らかにし，達成するための方策を検討することが大切である。

（2）サービス評価

サービス評価は，適切にサービスが提供されているかどうか，サービスの質を評価するものである。社会福祉法第78条には，社会福祉事業の経営者は，自らその提供する福祉サービスの質の評価を行う等により，良質かつ適切な福祉サービスを提供するよう努めなければならない旨が記載されている。評価の実施においては，利用者の立場に立つことが大切であり，第三者による客観的な評価が求められている。

全社協が示している「福祉サービス第三者評価基準ガイドライン」は，評価者によってばらつきが出ないよう，評価項目のガイドラインが示されている。また，サービスの種別にかかわらず共通して取り組む事項（共通評価項目）と，種別ごとに特色ある取り組み事項（分野別評価項目）に分かれ，それぞれ基準が設けられている。評価項目には「地域との交流，地域貢献」が挙げられ，施設と地域との連携や地域の福祉向上のための取り組みを実施しているかという点等が含まれており，地域を構成する一員としての福祉サービス提供機関として期待されていることがわかる。

（3）プログラム評価

　プログラム評価は，政策や事業の有効性を評価する手法であり，4つの構成要素から成り立つ。具体的には，「投入資源」（サービス実施のために投入された物的・人的資源およびサービス活動量），「過程」（サービスの実施過程と利用者に対して用いられる方法・技術），「効果」（サービスの目標として設定されたニーズの充足度，サービス実施の結果として利用者やその家族，地域社会にもたらした便益），「効率」（投入資源と効果の関連から，具体的な目標として設定された効果に対する資源投入が最も効果的であるもの）がある。[16]

　福祉計画の評価においては，策定された計画と，計画の内容（プログラム）が相互に関連し合っていることを理解した上で評価することが大切である。例えば策定された計画に関する評価は，準備段階から策定までの各プロセス（過程）に沿って評価が行われ，計画の目標を達成するため，さらに効果的・効率的な方法はなかったか検討する。また，プログラムに関する評価も同様に過程や効果・効率について検討される。

　福祉計画における評価は，目標（あるいは目標値）を達成できたのか（できるのか）という点のみに注目するものではない。全国社会福祉協議会は，支援を[17]必要とする者や支援者等，地域住民や関係機関の意識や行動に与えた影響や，地域に与えた影響，連携の状況など，計画が与えた影響にも注目し，伸ばしていくことの重要性を指摘している。

　地域共生社会を実現するには，支え合う関係を構築することが求められる。

そのためには，一人ひとりの意識や行動の変化が期待される。これらはすぐに変化するものではないが，数年後あるいは数十年後の地域づくりの基盤として捉え，少しの変化でも見逃さずに評価したい。

注

(1)　日本社会事業協会，全日本民生委員連盟，同胞援護会の３団体が再編統合された。当時はまだ地域住民が主体となる地域福祉活動の展開は行われていなかった。

(2)　岡村重夫『コミュニティ・オーガニゼーション——理論・原則と実際』全国社会福祉協議会，1963年。

(3)　地域開発（Community Development）。主に開発途上国で用いられた地域開発の技法で，住民の積極的な参加による地域づくりが提唱された。

(4)　介護保険法第117条第２項参照。

(5)　介護保険法第118条参照。

(6)　策定の目的は，障害者の自立及び社会参加の支援等のための施策の総合的，かつ計画的な推進を図ることである。

(7)　「障害者の日常生活及び社会生活を総合的に支援するための法律」。2005年に「障害者自立支援法」が制定され，2012年に改正・改称された。

(8)　障害児福祉計画も障害福祉計画と同様，市町村（市町村障害児福祉計画）及び都道府県（都道府県障害児福祉計画）により策定されている。

(9)　文部省，厚生省，労働省，建設省（省名・当時）の４大臣合意による。

(10)　大蔵省，文部省，厚生省，労働省，建設省，自治省（省名・当時）の６大臣合意による。

(11)　一般事業主であり，常時雇用する労働者の数が100人以下の場合は努力義務となっている。

(12)　どちらかというと個人に比重が置かれた少子化対策から，社会全体で子育てを支援するという点が重視された。

(13)　「子ども・子育て支援法」「就学前の子どもに関する教育，保育等の総合的な提供の推進に関する法律の一部を改正する法律」「子ども・子育て支援法及び就学前の子どもに関する教育・保育等の総合的な提供の推進に関する法律の一部を改正する法律の施行に伴う関係法律の整備等に関する法律」。

(14)　川村匡由『地域福祉とソーシャルガバナンス』中央法規出版，2007年，234頁。

(15)　拾井雅人「社会福祉計画の評価」神野直彦・山本隆・山本惠子編著『社会福祉行財政計画論』法律文化社，2011年，176頁。

(16)　和気康太「地域福祉計画の評価方法」武川正吾編『地域福祉計画——ガバナンス時代の社会福祉計画』有斐閣，2005年，194-195頁。

⑴　全国社会福祉協議会『地域共生社会の実現に向けた地域福祉の策定・改訂ガイドブック』2019年，86頁。

参考文献

岡村重夫『コミュニティ・オーガニゼーション——理論・原則と実際』全国社会福祉協議会，1963年。

川村匡由『地域福祉とソーシャルガバナンス』中央法規出版，2007年。

神野直彦・山本隆・山本惠子編著『社会福祉行財政計画論』法律文化社，2011年。

全国社会福祉協議会編『在宅福祉サービスの戦略』全国社会福祉協議会，1979年。

全国社会福祉協議会編『地域福祉計画——理論と方法』全国社会福祉協議会，1984年。

全国社会福祉協議会編『新・社会福祉協議会基本要項』全国社会福祉協議会，1992年。

全国社会福祉協議会編『地域福祉活動計画策定指針——地域福祉計画策定推進と地域福祉活動計画』全国社会福祉協議会，2003年。

全国社会福祉協議会編『福祉サービス第三者評価基準ガイドライン』全国社会福祉協議会，2018年。

全国社会福祉協議会編『地域共生社会の実現に向けた地域福祉計画の策定・改定ガイドブック』全国社会福祉協議会，2019年。

武川正吾編『地域福祉計画——ガバナンス時代の社会福祉計画』有斐閣，2005年。

┌─ 現場は今 ─────────────────────────────┐

　福祉計画を策定する際，すべての過程における住民等の主体的な参加が求められている。多くの住民が計画に関心を持ち，参加するということは意見を述べる機会にとどまらず，その地域の福祉施策を理解したり，困りごとを抱えたりしている人の存在に気づく機会にもなり，地域課題の担い手として何らかの活動を始めることも期待される。

　しかし，計画策定における住民等の主体的な参加は決して容易ではない。時には別の計画策定でも同じ顔ぶれになってしまうということもある。策定する側はなるべく多くの方々に関心を持ってもらい，計画に参加してほしいという思いがあるが，住民の側では計画そのものを知らない，関心がない，難しいというイメージを抱く住民も少なくない。また，せっかく計画を手にしても，難しくて理解することができなかった，文字が小さくて読めなかった，文字が多く読む気が失せてしまった等，さまざまな理由で最後まで読まなかった（読めなかった）人も少なくない。

　そこで，行政や社協は積極的に情報を発信し，地域に関心を持ってもらうことが大切である。計画策定においては巻末に用語解説のページを入れたり，フォントを見やすくしたり，イラストやグラフなどを多く挿入し，読みやすくわかりやすい内容にする等の工夫が求められる。また，策定委員会や座談会の時間帯についても，例えば平日の夜間や週末に開催する等の工夫をすると，日中は会社勤めをしている人たちが参加しやすくなる。さらに積極的にインターネットを活用し，パブリックコメントを募集すれば，いつでも，どこからでも意見を述べることができる。読者のみなさんにも，自治体で策定されている計画に関心を持ち，策定に参加していただきたい。

└──────────────────────────────────┘

<table>
<tr><td>第4章</td><td>地域社会の変化と多様化・複雑化した
地域生活課題</td></tr>
</table>

学びのポイント

> 本章ではまず地域社会の概念と理論を概観する。次に，日本の人口動態の推移や過疎化，都市化，地域間格差等の現状を理解したい。そして，地域住民が抱える地域生活課題の現状と課題について説明できるようになることを目標に学習する。近年，問題視される地域生活課題の背景には社会的孤立や社会的排除，セルフネグレクトの問題が潜んでいる。本章を通し，主に公式な統計資料などをもとに近年の地域生活課題の現状と課題について理解を深めたい。

1　地域社会の概念と理論

（1）地域社会の概念

地域という言葉には，土地や文化，気候，環境，人口の動態，産業・就業構造，その土地に住む住民，住民が抱える生活上のニーズ，社会資源などの意味が含まれている。地方自治法上では市町村と都道府県を意味するのが一般的である。これに対し，地理学上では，地方や地帯，地区，字，あるいは住宅地域，工業地域，農村・漁村地域などと分類することができる。また，社会福祉事業法（現・社会福祉法）の福祉地区および福祉事務所設置条例の規定には福祉地区が位置づけられている。そのほかでは，学校教育上では通学区域などが挙げられる。

したがって，地域とは，一定の特性を共有するまとまりのことといえる。そして，地域社会とは，多数の人間が一定の社会関係をもって生活する場所で，①ムラ的地域共同体，②無関心型地域共同体，③市民型地域社会，④コミュニティの4類型があるが，一定の範域において同一性の感情に支えられ，普遍的価値体系を持ったコミュニティが必要とされる。日本は戦後の高度経済成長に

よる産業・就業構造の変化，女性の社会進出，未婚率の増加，晩婚化，平均寿命の延伸等，戦後日本の地域社会は大きな変化がもたらされた。人口動態の変化に伴い，地域の過疎化・過密化が進み，昔ながらの地域共同体の維持が難しい状況にある。

（2）地域社会の理論

　アメリカの社会学者，R. M. マッキーヴァー[(4)]は，20世紀に学術的な面からコミュニティについて研究した第一人者である。コミュニティを「一定の地域において営まれる共同生活（common life）」と位置づけた。そして，コミュニティを基盤として「ある共同の関心または諸関心の追求のために明確に設立した社会生活の組織体」をアソシエーションと位置づけた。一定の地域にて共に生活することで，共通の慣習や帰属感情など，コミュニティに属する人と人との間には共通のコミュニティ意識，あるいはコミュニティ感情がある。また，1950年に刊行された共著『Society』において，コミュニティの要件として，地域性（locality）とコミュニティ感情（community sentiment）を挙げている。コミュニティ感情は，①われわれ感情（共属感情），②役割意識，③依存意識（コミュニティ内の他者に対する心理的依存の感情）という３つの要素から成り立っている。

　その後，アメリカの社会学者，G. A. ヒラリーは1955年に自身の研究論文にて，94のコミュニティの定義を基に，３つの共通の特徴（①諸個人間の社会的相互作用の存在，②地域的空間の限定性，③共通の絆〔共同性〕の存在）を明らかにした。1950年代後半は，地域権力構造を解明する研究が盛んになった時期である。F. ハンターの声価法による一元的な権力の所在を明らかにする研究や，R. A. ダールの多元主義モデルに基づく権力多元論による研究により，分散的な権力の存在を明らかにした。1960年代後半は，B. ウェルマンらは，従来主張されてきたL. ワースのアーバニズム論に基づいて都市化によるコミュニティの解体や喪失を主張する立場（コミュニティ解体論）と，都市化にかかわらず，近隣レベルのコミュニティは存続する立場（コミュニティ存続論）に加え，IT（通信技術）の発展などによりコミュニティが地域という空間に限定されない形

で新たな形で展開していくコミュニティ解放論を唱えた。近年，日本でもSNSの普及で，コミュニティは同じ趣味や関心を持っている人々の集まるウェブ上のサークルや仲間などという意味でも用いられており，ウェルマンのコミュニティ解放論は現実のものとなっている。そして，過疎化・都市化による昔ながらの村落共同体の崩壊や地域の行財政の限界性を抱える中での福祉・防災などによる公的機能の補完（自助・共助・公助）⁽⁵⁾，少子高齢化・グローバル化に伴う生活環境の変化を通した新たな地域機能（地域ぐるみの子育て，仮想空間の場における新たなコミュニティの誕生など）等と，日本もまた時代の変遷に伴いコミュニティそのものが変容している。

2　地域社会の変化

（1）世帯数，世帯構造

全国の総世帯数は5,099万1,000世帯である⁽⁶⁾（2018年6月7日時点）。世帯構造別にみると，「夫婦と未婚の子のみの世帯」が1,485万1,000世帯（全世帯の29.1％）で最も多く，次いで「単独世帯」が1,412万5,000世帯（同27.7％），「夫婦のみの世帯」が1,227万世帯（同24.1％），「ひとり親と未婚の子のみの世帯」が3,683万世帯（同7.2％），「その他の世帯」が3,342万世帯（同6.6％），「三世代世帯」が2,720万世帯（同5.3％）の順に多い。世帯類型をみると，「高齢者世帯」が1,406万3,000世帯（全世帯の27.6％），「母子世帯」が662万世帯（同1.3％），「父子世帯」が82万世帯（同0.2％）の順に多い。世帯構造では，単独世帯やひとり親（母子・父子・寡婦）世帯，世帯類型では高齢者世帯が年々増加している（図表4-1）。

（2）過疎化，都市化，地域間格差

1）過疎化

過疎化とは，ある地域の人口が減少して過疎の状態になりつつある，あるいは過疎がさらに進行している状態である⁽⁷⁾。この状態は，地方から都市への人口流出の結果，学校，商店等の運営や経営や伝統芸能の継承等が困難となり，地域の活力が乏しくなることを指す。総務省調査（2019年）によれば，過疎化は

147

図表 4 - 1　世帯構造別・世帯類型別世帯数及び平均世帯人員の年次推移

推計数（単位：千世帯）

	総数	世帯構造						世帯類型				平均世帯人員
		単独世帯	夫婦のみの世帯	夫婦と未婚の子のみの世帯	ひとり親と未婚の子のみの世帯	三世代世帯	その他の世帯	高齢者世帯	母子世帯	父子世帯	その他の世帯	（人）
1986（昭和61）年	37,544	6,826	5,401	15,525	1,908	5,757	2,127	2,362	600	115	34,468	3.22
'89（平成元）	39,417	7,866	6,322	15,478	1,985	5,599	2,166	3,057	554	100	35,707	3.10
'92（ 4 ）	41,210	8,974	7,071	15,247	1,998	5,390	2,529	3,688	480	86	36,957	2.99
'95（ 7 ）	40,770	9,213	7,488	14,398	2,112	5,082	2,478	4,390	483	84	35,812	2.91
'98（ 10）	44,496	10,627	8,781	14,951	2,364	5,125	2,648	5,614	502	78	38,302	2.81
2001（ 13）	45,664	11,017	9,403	14,872	2,618	4,844	2,909	6,654	587	80	38,343	2.75
'04（ 16）	46,323	10,817	10,161	15,125	2,774	4,512	2,934	7,874	627	90	37,732	2.72
'07（ 19）	48,023	11,983	10,636	15,015	3,006	4,045	3,337	9,009	717	100	38,197	2.63
'10（ 22）	48,638	12,386	10,994	14,922	3,180	3,835	3,320	10,207	708	77	37,646	2.59
'13（ 25）	50,112	13,285	11,644	14,899	3,621	3,329	3,334	11,614	821	91	37,586	2.51
'16（ 28）	49,945	13,434	11,850	14,744	3,640	2,947	3,330	13,271	712	91	35,871	2.47
'17（ 29）	50,425	13,613	12,096	14,891	3,645	2,910	3,270	13,223	767	97	36,338	2.44
'18（ 30）	50,991	14,125	12,270	14,851	3,683	2,720	3,342	14,063	662	82	36,184	・

構成割合（単位：%）

	総数	単独世帯	夫婦のみの世帯	夫婦と未婚の子のみの世帯	ひとり親と未婚の子のみの世帯	三世代世帯	その他の世帯	高齢者世帯	母子世帯	父子世帯	その他の世帯	平均世帯人員
1986（昭和61）年	100.0	18.2	14.4	41.4	5.1	15.3	5.7	6.3	1.6	0.3	91.8	・
'89（平成元）	100.0	20.0	16.0	39.3	5.0	14.2	5.5	7.8	1.4	0.3	90.6	・
'92（ 4 ）	100.0	21.8	17.2	37.0	4.8	13.1	6.1	8.9	1.2	0.2	89.7	・
'95（ 7 ）	100.0	22.6	18.4	35.3	5.2	12.5	6.1	10.8	1.2	0.2	87.8	・
'98（ 10）	100.0	23.9	19.7	33.6	5.3	11.5	6.0	12.6	1.1	0.2	86.1	・
2001（ 13）	100.0	24.1	20.6	32.6	5.7	10.6	6.4	14.6	1.3	0.2	84.0	・
'04（ 16）	100.0	23.4	21.9	32.7	6.0	9.7	6.3	17.0	1.4	0.2	81.5	・
'07（ 19）	100.0	25.0	22.1	31.3	6.3	8.4	6.9	18.8	1.5	0.2	79.5	・
'10（ 22）	100.0	25.5	22.6	30.7	6.5	7.9	6.8	21.0	1.5	0.2	77.4	・
'13（ 25）	100.0	26.5	23.2	29.7	7.2	6.6	6.7	23.2	1.6	0.2	75.0	・
'16（ 28）	100.0	26.9	23.7	29.5	7.3	5.9	6.7	26.6	1.4	0.2	71.8	・
'17（ 29）	100.0	27.0	24.0	29.5	7.2	5.8	6.5	26.2	1.5	0.2	72.1	・
'18（ 30）	100.0	27.7	24.1	29.1	7.2	5.3	6.6	27.6	1.3	0.2	71.0	・

出典：厚生労働省「平成30年 国民生活基礎調査の概況」2019年。

経済，産業・雇用，交通・通信，福祉・医療，教育・文化，生活環境などの<u>地域社会の基礎的条件</u>に影響を与えている。過疎化の進行に伴い地域の共同体として十分に機能しない状態（<u>共同体機能不全</u>）を抱え，「<u>限界集落</u>」（第1章3（3）参照）となる。加えて，65歳以上の人口が半数以上となり，さらなる地域社会としての基礎的条件の維持が困難な状態になった団地，自治体を<u>限界団地</u>，<u>限界自治体</u>という。

2）都 市 化

<u>都市化</u>とは，ある地域の人口が都市，または都市部に集中する状態である。農業を主体とした伝統的な農村社会から工業とサービス業を主体とした近代都市社会へと変化する過程を指す。

具体的には，人口・職業の変化，産業構造の変化，土地および地域空間の変化などがもたらされる。一方で，都市化がもたらす問題も存在する。例えば，ヒートアイランド現象，環境汚染問題，人口密集による混雑や居住環境の悪化，経済的な格差などの社会問題が生じている。そして，人口密集地域における老朽化した木造建築物が密集する木造密集地域（<ruby>木密<rt>もくみつ</rt></ruby>）では十分な整備がされていないため，火災や地震発生時に広範囲の延焼が懸念されるほか，地域住民の避難先も十分に確保されていない問題がある。区画整備の上で，古い木造建築物を取り壊し，高層ビルやタワーマンション（タワマン）を建てることで景観を整え，地域の防災機能を高める方法があるが，高層ビルやタワーマンションを建てることにより，地域の個性や魅力が失われてしまうというタワマン問題も，もう一方の課題として挙げられる。

3）地域間格差

過疎化・都市化がもたらす地域への影響は様々である。経済，産業・雇用，交通・通信，福祉・医療，教育・文化，生活環境等の地域社会の基礎的条件に大きな影響を与える。[8] 例えば，過疎地域における経済状況は市町村の歳入に占める地方税収割合は13.7％で，全国の32.7％に比べて著しく低い状況である。医療の状況は，過疎地域では全国と比較すると小児科医や産婦人科医が少ない。このような人口，地方自治体の財政力，インフラなどの差は都市では充足する一方，地方では不足しているという状況は自治体が持つ機能，その地域に住む

住民の生活水準，地元企業の経営などの幅広い地域社会に影響を及ぼす。このような地域間格差が都市および地方において生じている。

（3）外国人住民の増加

　総務省の調査(9)（2019年）によれば，総人口１億2,744万3,563人のうち，外国人住民の人口は266万7,199人（6.79％増）と前年度よりも増加している。この人口増加により，日本の働き手不足の状況を一定程度補われていることが窺える。外国人による労働力は日本の産業にとって必要不可欠な存在なのである。外国人の受け入れ政策として，外国人労働者の受け入れを拡大する改正出入国管理法（2019年４月）が施行された。これにより①在留資格「特定技能（第１号・第２号）」の創設，②特定技能第２号取得者の永住権の取得要件となること，③定住外国人に対する生活支援策（住宅の確保，日本語習得の支援，各種行政手続についての情報提供など）が保障され，各自治体・企業などによる多文化共生のまちづくりに向けた整備がさらに進められる機会となった。

3　多様化・複雑化した地域生活課題の現状とニーズ

（1）ひきこもり

　厚生労働省は2010年５月，「ひきこもりの評価・支援に関するガイドライン」を公表し，ひきこもりについて，「様々な要因の結果として社会的参加（義務教育を含む就学，非常勤職を含む就労，家庭外での交遊など）を回避し，原則的には６か月以上にわたって概ね家庭にとどまり続けている状態（他者と交わらない形での外出をしていてもよい）を指す現象概念」と定義している。同省が2015年度および2018年度に実施した「生活状況に関する調査」（2019年３月公表）の結果では，広義のひきこもり群の推計数は，115.4万人（内訳：15〜39歳：54.1万人〔2015年度実施〕，40〜64歳：61.3万人〔2018年度実施〕）であった。

　一方，狭義のひきこもり群の推計数は14.6万人（内訳：15〜39歳：5.5万人〔2015年度実施〕，40〜64歳：9.1万人〔2018年度実施〕）であった。近年のひきこもり問題の傾向は，ひきこもり当事者の高年齢化，ひきこもり開始年齢の低年齢

化の問題がある。そして，近年の8050問題が示すように，当事者が社会に不適
応を起こし，10年以上自宅にひきこもる長期化の問題もある。このため，ひき
こもりの問題は年齢のみならず，あらゆる年代で生じる問題なのである。

（2）ニート

ニートとは雇用されておらず，教育も，就労のためのトレーニングも受けて
いない状態を指す。非労働力人口のうち，15〜34歳，通学・家事もしていない
者についての推計（厚生労働省）は，2013年には60万人に上る。一方で，フ
リーターとは①現在就業している者の雇用状態が「アルバイト」，または
「パート」である雇用者，②現在，無業の者については，家事も通学もしてお
らず，「アルバイト・パート」の仕事を希望する者のことを指す。厚生労働省
の2007年の調査(11)によれば，①「ニートの状態にある若者の出身家庭は非常に幅
広い」，②「学校教育段階で躓きを経験している者が多い」，③「8割近くが何
らかの職業経験を持っているが，熟練を要しない仕事が多い」，④「学校での
いじめ，ひきこもり，精神科・心療内科の受診経験のある者が約半数」，⑤
「対面コミュニケーションの苦手意識が目立つ」，⑥「ニート状態にあることに
精神的な負担」，⑦「『将来への希望』『対人関係』『仕事への期待』が消極的意
識」等の問題が明らかにされている。このため地域若者サポートステーション
などによる若者一人ひとりが抱える生活課題に応じた就労支援が求められる。

（3）8050問題

8050問題は親は80代，子どもは50代の組み合わせで，介護やひきこもりなど
の家族が抱える複合問題(12)である。この背景には家族や本人の病気，親の介護，
離職（リストラ），経済的困窮，人間関係の孤立などの生活課題を抱え，地域社
会とのつながりが絶たれた社会的孤立の一つの姿である。厚生労働省の2019年
の調査(13)によれば，「65歳以上の者のいる世帯」2,492万7,000世帯（全世帯の
48.9％）のうち，「65歳以上の者の家族形態の年次推移」の「親と未婚の子の
みの世帯」をみると，1986年では11.1％（108万6,000世帯）であったのが，32年
後の2018年では20.5％（512万2,000世帯）と約2倍近く上昇している。そして，

「性・年齢階級別にみた65歳以上の者の家族形態」をみると，60〜80代以上の男女ともに，「配偶者のいない子と同居」が全体を通して20％以上を推移している。高齢者の一人暮らしや夫婦だけの世帯が増えている事実は，あらゆる専門領域の観点からもその実態が指摘され周知されるようになったが，近年，増加傾向にあるのが配偶者のいない子と同居する高齢者世帯である。同居の配偶者のいない子が自宅内でひきこもり状態となり，高齢の親もまた介護が必要な状態になるといった配偶者のいない子と同居する高齢者世帯が地域にいた場合，親の要介護度が進むにつれ，これまで親の経済力によって支えられ，みえなかった子世代の貧困問題が顕在化してくる。8050問題は，一見したところ困窮の度合いは低いものの，経済問題や健康問題が生じた場合，一家全体が生活困窮に陥る危険性がある。

（4）ダブルケア，依存症

1）ダブルケア

　子育て世代の親が直面する問題の一つで，育児と介護を同時期に取り組む，いわゆる「ダブルケア」の問題がある。内閣府（2016年）によれば，ダブルケアとは，「ふだん育児をしている者」（幼稚園・保育所・学校・塾・習い事等の送迎，付き添い，見守りや勉強，宿題，遊び，習い事等の手伝いや練習の相手，保護者会等への出席などのことを指す）と「ふだん家族の介護をしている者」（日常生活における入浴・着替え・トイレ・移動・食事等の際に何らかの手助けのことを指す）のすべてを満たす者と定義づけている。ダブルケアを行う者の人口（推計）は約25万人（内訳：女性17万人・男性8万人）である。ダブルケアを行う者は，男女ともに30〜40代が多く全体の約6〜7割を占めている。この年代の多くは，育児に取り組む世代が多い。その一方で，子育てと同時期に自分の親の介護の問題が生じていることがわかる。実際，ダブルケアを行う者のうち，育児と介護の両方を主に担う者は女性が48.5％，男性が32.3％であった。女性の半数近くが育児と介護の両方の負担を担っていることがわかる。

　また，ダブルケアを担う女性は，男性と比較して周囲からの手助けを得られていない。ダブルケアを行う者の負担感は，育児を負担に感じる者は，女性

（51.3%）・男性（44.5%）と約半数を占めている。男性と女性とで生活面，就労面，負担感等の違いがあり，複合課題を抱えるがゆえの辛さを抱えている者も少なくない。

2）依 存 症

依存症とは，特定の物質や行為に心を奪われ，使っている（行っている）うちに次第に，自力で辞められなくなってしまう病気のことである。WHO（世界保健機関）によれば，「精神に作用する化学物質の摂取や，快感・高揚感を伴う行為を繰り返し行った結果，さらに刺激を求める抑えがたい渇望が起こり，その刺激を追求する行為が第一優先となり，刺激がないと精神的・身体的に不快な症状を引き起こす状態」と定義している。この依存症には，アルコール依存症やギャンブル依存症，薬物依存症などがあり，アルコールや薬物などの物質への依存と，ギャンブルなどのプロセスへの依存がある。また，否認の病ともいわれる。依存症の問題による影響は本人のみの問題にとどまらない。例えば，アルコール依存症の当事者が家族に隠れて飲酒することによって，家族との関係が悪化したり，ギャンブル依存症の当事者がパチンコ等のギャンブルに投じるために多額の借金をするなど，本人や家族が苦しむ状態に陥ることもある。

しかし，本人自身の「意思が弱い」「だらしないからやめられない」のではない。依存症を断ち切るには，特定の物質や行為から離れた生活の持続と新しい仲間をつくることが重要となる。このため，当事者を社会から孤立させないこと，社会との関係を途絶えさせないことが，依存症から立ち直る上で重要となる。

（5）多文化共生

多文化共生とは，「国籍や民族などの異なる人々が，互いの文化的な違いを認め合い，対等な関係を築こうとしながら，地域社会の構成員として共に生きていくこと」である。総務省によれば，自治体における多文化共生の推進に係る指針・計画の策定状況は，2018年4月時点，都道府県・指定都市ではほぼすべてで策定されている。近年，多文化共生の観点からも活用を広める取り組み

としては，①自治体の窓口などにおける多言語対応，②児童生徒の教育・日本語学習支援，③JET プログラムの活用[20]が各自治体で進められている。このように地域における多文化共生推進プランの策定などを通じ，地域における多文化共生の推進を図っている。

（6）自殺，自然災害など

1）自　殺

　日本の自殺者数[21]は1998年に 3 万人を超えて以降，2003年に 3 万4,427人，2009年には 3 万2,845人と連続して高い水準で推移し，以降は漸減傾向となり2018年には 2 万840人となった。そして，2019年では 1 万9,959人の累計自殺者数が計上されている。全体的な数値からみたら減少傾向にあるが未だ日本の自殺者数は多い実態がある。

　また，男女別にみると，男性は 1 万4,290人（68.6％），女性は6,550人（31.4％）である。男性の自殺者数は女性の約2.2倍となっており，男性の自殺者数が多い実態がある。自殺の背景は多様，かつ複合的な原因および状況を有しており，さまざまな要因が連鎖する中で生じている。厚生労働省の調査（2019年）では，自殺に至った原因・動機は健康問題が 1 万423人と一番多く，次に経済・生活問題が3,432人，家庭問題が3,147人の順に多い[22]。自殺と健康問題との関連性が指摘されており，うつ病との関連性についても深い関係があると指摘されている。自殺者の多くは，さまざまな要因に悩まされ，次第に視野が狭くなり（心理的視野狭窄），自殺念慮，行動選択の一つとして自殺行動（自殺企図）に至っていることから，当事者自身の背景には孤立・孤独の問題を抱えている。

2）自然災害

　日本は，国土の位置関係，地形，地質，気象などの自然的条件から，台風，豪雨，地震などの自然の影響を受けやすい土地であるといえる。近年では，東日本大震災や熊本地震，台風など多くの自然災害が発生し，各地に甚大な被害をもたらした。これら災害を受け，高齢者や障害者，子ども，傷病者等といった地域の災害時要配慮者が，避難所などにおいて長期間の避難生活を余儀なく

されている。必要な支援が受けられない結果，生活機能の低下や要介護度の重
度化などの二次被害が生じているケースも少なくない。避難生活の終了後，安
定的な日常生活へと円滑に移行するためには，避難生活の早期の段階から，そ
の福祉ニーズを的確に把握するとともに，可能な限りそのニーズに対応し，生
活機能の維持を支援していく体制の構築が課題となる。

3）新型コロナウイルス感染症

　2020年は新型コロナウイルス感染症（COVID-19）が世界中に感染拡大し，
日本にも大きな影響を及ぼした。同年5月30日時点の厚生労働省の調査では，
感染者は1万6,759例（うち国内の死亡者は882人）であった。2020年4月，全国
的な感染拡大に伴い，全都道府県に緊急事態宣言を発出。うち埼玉県，千葉県，
東京都，神奈川県，大阪府，兵庫県，福岡県の7都府県が特定緊急事態宣言の
対象となった。日本は，感染拡大防止の観点により，①3つの密（密閉空間・
密集場所・密接場面）を避ける取り組み，②医療物資の配布（マスクなど），③経
済救済策（全国一律の定額給付等）の取り組みが行われた。全国的な不要不急の
外出自粛の要請により日常生活の活動は制限され，日本経済は大きな打撃を受
けた。一方で，新しい生活様式が示され，日本人の行動様式が見直される機会
となった。

4）その他

　その他にも，地域にはさまざまな地域生活課題が潜在している。育児や介護
の困難を象徴する虐待やドメスティック・バイオレンス（DV）の問題，学校
で対応を迫られる不登校やいじめ，職場で増加を続けるうつ病の問題，悲惨な
事故を引き起こす飲酒運転，街中で見かけるホームレス（路上生活者）などの
問題がある。こころの健康政策構想会議によれば，これらの地域生活課題の背
景には，こころの健康問題（メンタルヘルスの問題）があり，精神疾患として認
められるだけでなく，多くは緊急の社会問題という形であらわれると指摘して
いる。⁽²³⁾

4 地域福祉と社会的孤立

(1) 社会的孤立

　社会的孤立について、タウゼントは「社会的に孤立していること」と「孤独感を感じていること」を明確に区別したが、その共通する特徴には「意味のある（meaningful）ソーシャルネットワークの欠如した状態」という点がある[24]。また『高齢社会白書 平成22年版』では、社会的孤立を「家族や地域社会との交流が客観的にみて著しく乏しい状態」という意味で用いており、その背景にひとり親世帯や高齢者単身世帯等の世帯構成の変化などを挙げ、社会的孤立が孤立死などのさまざまな問題を生み出していると指摘している。OECD の2005年の調査によれば[25]、OECD 加盟国20カ国中、日本は「家族以外の人」と交流のない人の割合が最も高い。このような状況では、自分自身が抱えている家族の問題において辛い気持ちを語れなかったり、家族内でも支えがなく自分自身の中で抱え込んでしまう状況が生じやすい。互いの気持ちを語れる家族とのつながり、地域とのつながりを見直す必要がある。

(2) 社会的排除

　社会的排除は過程や結果の状態でもあり、あらゆる世代に共通して現れる現象である。例えば、20〜39歳の若者において、居住、教育、保健、社会サービス、就労などの多次元の領域から排除され、社会の周縁に位置する人々が存在する。かれらが抱える問題は、不登校、非正規労働、生活保護受給、住居不安定（ホームレス）、シングル・マザー、薬物・アルコール依存症、結果としての自殺と多岐にわたる[26]。このような社会的排除の状況にある人々の生活歴をみると、彼らの多くが幼少期からさまざまな生活困難を抱えていることが少なくない。生活困難自体が決定的に社会的排除に結びつくものではないものの、社会的排除となる可能性を高くすると考えられる。また、ホームレスや薬物・アルコールの問題、自殺などの問題は、しばしば個人の問題ととらえられがちであるが、こういった問題を抱える人たちの多くは、社会的つながりの弱い人々な

のである。自らそうした生き方を選択したわけではないのにもかかわらず，①家族・職場・地域における人間関係が希薄になっているため，②家族の成員間の関係性があったとしても家族の外部に対しては閉鎖的なため，自ら社会的な相互承認欲求を持ちながらも，その場を十分に持てない状態を社会的つながりが弱い状態（ヴァルネラビリティ）⁽²⁷⁾という。社会的つながりの弱い人は安定的な帰属の場が与えられず，孤立や孤独の状態とはいえなくても，その状態に至るリスクが高い人であり，社会的排除の対象と関連性が非常に高い。

（3）セルフネグレクト

セルフネグレクトは，生活環境や健康状態が悪化しているのにそれを改善しようという気力を失い，周囲に助けを求めない状態を指す。例えば，ごみ屋敷や孤立死，ひきこもり，家庭内暴力などの問題は近年社会的な問題として注目されているが，こういった問題の背景に自らが周囲の助けを求めず，あるいは，助けや支えがあったにもかかわらず，何らかの事情により差し伸べられた援助の手を拒否する行為があったため，地域から孤立したケースが地域には少なからず存在している。

このようなセルフネグレクトに陥るきっかけは，自分自身の健康状態，配偶者や家族の死のほか，仕事を辞めるなどさまざまな背景があり，年齢に関係なく誰でも陥る可能性がある。地域の中で支援が必要な人をいかに発見するかが問われている。地域の近隣住民による自然な見守りや民生委員・児童委員による声かけにより，地域でSOSを発信しづらい対象の異変や困りごとを発見することにより，支援機関による支援をいち早く提供できる。こういった地域住民による見守り，助け合い，話し合いといった自主的な福祉活動を促す地域の仕組みづくりが求められる。

いずれにしても，人口動態による地域の過疎化・過密化，雇用形態の多様化などの経済・社会情勢の変動，家族のあり方の多様化や価値観の変容が進む中で，今や人と人とのつながりが薄れてきている。また，公的サービスでは対応できない制度の狭間の問題も地域社会には生じている。地域の支援機関に相談ができない，相談しづらい状況があるために，自分で生活課題を抱えて生活す

ることで新たなメンタルヘルスの課題を抱え苦しむ地域住民も少なくない。

　そこで，地域共生社会の推進にあたっては，地域に存在する福祉的な問題を地域住民が地域生活課題として認識し，「我が事」「丸ごと」の地域づくりを育むことが求められる。また，その実現にあたっては，日本学術会議（2018年）の提言[28]のほかにも，自治体戦略2040構想研究会は，「人口減少下において満足度の高い人生と人間を尊重する社会をどう構築するか」（2018年7月，第二次報告）と題し，新しい公共私の協力関係の構築に向け，「ソーシャルワーカーなど，技能を習得したスタッフが随時対応する組織的な仲介機能が求められる[29]」ことを提言した。このような動向を踏まえ，ソーシャルワーク専門職が地域共生社会の実現に向けた包括的な支援体制の一翼を担うことが期待されている。

注

(1)　川村匡由編著『地域福祉論』ミネルヴァ書房，2005年，2頁。

(2)　臨時教育審議会「「教育改革に関する第三次答申」について」昭和62年5月8日文初高第190号。

(3)　岡村重夫『地域福祉論』光生館，1974年。

(4)　同氏は，スコットランド出身のアメリカ社会学者・政治学者。1917年に『community』を刊行。

(5)　互助との概念づけが不明との指摘がある（川村匡由『地域福祉源流の真実と防災福祉コミュニティ』大学教育出版，2016年）。

(6)　厚生労働省「平成30年 国民生活基礎調査の概況」2019年，1-22頁。

(7)　総務省「平成30年度版 過疎対策の現況 概要版」総務省地域力創造グループ過疎対策室，2019年。

(8)　総務省，前掲(7)。

(9)　総務省「住民基本台帳に基づく人口，人口動態及び世帯数のポイント資料1」総務省自治行政局住民制度課，2019年。

(10)　厚生労働省「ひきこもり支援施策の方向性と地域共生社会の実現に向けて」厚生労働省社会・援護局地域福祉課，2019年，1-68頁。

(11)　厚生労働省「ニートの状態にある若年者の実態及び支援策に関する調査研究報告書」厚生労働省委託財団法人社会経済生産性本部，2007年，1-191頁。

(12)　KHJ全国ひきこもり家族会連合会「長期高年齢化する社会的孤立者（ひきこもり者）への対応と予防のための『ひきこもり地域支援体制を促進する家族支援』の在り方に関する研究──地域包括支援センターにおける『8050』事例への対応に関

する調査報告書」厚生労働省，2019年，1-75頁。

⒀　厚生労働省，前掲⑹。

⒁　春日キスヨ『変わる家族と介護』講談社，2010年。

⒂　内閣府「育児と介護のダブルケアの実態に関する調査」（内閣府委託調査）NTTデータ経営研究所，2016年，1-21頁。

⒃　厚生労働省『厚生労働5月号』2019年（https://www.mhlw.go.jp/stf/houdou_kouhou/kouhou_shuppan/magazine/201904_00010.html）。

⒄　文部科学省「『依存症予防教育に関する調査研究』報告書」（平成28年度文部科学省委託調査）学研教育アイ・シー・ティー，2017年，1-81頁。

⒅　厚生労働省，前掲⒄。

⒆　総務省「多文化共生の推進に関する研究会報告書2018」総務省，2019年，1-99頁。

⒇　Japan Exchange and Teaching Programme の略称で，外務省，総務省，文部科学省，自治体国際化協会（クレア）の協力のもと，自治体が諸外国の若者を地方公務員などとして任用，小・中・高校で外国語やスポーツなどを教えたり，国際交流のために働いたりする機会を提供する事業。

㉑　厚生労働省「警察庁の自殺統計に基づく自殺者数の推移等（速報値）」厚生労働省自殺対策推進室，2019年。

㉒　厚生労働省「平成30年中における自殺の状況」厚生労働省社会・援護局総務課自殺対策推進室・警察庁生活安全局生活安全企画課，2019年。

㉓　こころの健康政策構想会議（2010）「こころの健康政策構想会議　提言書——当事者・家族・国民のニーズに沿った精神保健医療改革の実現に向けた提言」2010年，16-22頁。

㉔　Meeuwesen, L. "A typology of social contacts, Roelof ortulanus eds. Social Isolation in Modern Society" *advances in sociology,* Routledge, 2006, p. 37.

㉕　OECD *Society at Glance; 2005 edition,* 2005, p. 8.

㉖　内閣府「社会的排除にいたるプロセス——若年ケース・スタディから見る排除の過程」社会的排除リスク調査チーム，2012年。

㉗　日本学術会議「提言　社会的つながりが弱い人への支援のあり方について——社会福祉学の視点から」『日本学術会議社会学委員会社会福祉学分科会報告書』2018年，1-26頁。

㉘　同前。

㉙　全国社会福祉協議会「地域共生社会の実現を主導する社会福祉法人の姿」（平成30年度厚生労働省社会福祉推進事業「地域における交易的な取組に関する委員会報告書」）2019年，8頁。

参考文献

岡村重夫『地域福祉論』光生館，1974年。

川村匡由編著『地域福祉論』ミネルヴァ書房，2005年。

日本学術会議「提言　社会的つながりが弱い人への支援のあり方について――社会福祉学の視点から」『日本学術会議社会学委員会社会福祉学分科会報告書』2018年。

MacIver, R. M. (1970) *COMMUNITY: A Sociological Study: Being an Attempt to Set Out the Nature and Fundamental Laws of Social Life*, Macmillan and Co., Limited, 1917; 3rd ed., 1924.（＝2009年，中久郎・松本通晴監訳『コミュニティ――社会学的研究：社会生活の性質と基本法則に関する一試論』ミネルヴァ書房。）

――― 現場は今 ―――

　地域社会を構成するさまざまな地域住民は人と人とのつながりを育み，一人ひとりが日々の生活を営んでいる。一方で，地域住民の中には何らかの生活課題を抱えながら生活している人々も少なくない。しかし，社会の現状をみてみると，報道などを通し，あるいは事件化することでその地域生活課題を知る住民も少なくない。その背景には，生活課題を抱える当事者や家族等が地域から見えづらくなっている点が挙げられる。

　地域共生社会の推進にあたっては，地域に存在する福祉的な問題を地域住民が地域生活課題として認識し，「我が事」「丸ごと」の地域づくりを育むことが求められる。日本学術会議の「提言　社会的つながりが弱い人への支援のあり方について――社会福祉学の視点から」（2018年）においては，包括的な相談支援体制の構築のため，コミュニティソーシャルワーカーの養成や配置の促進などの提言が行われている。今後の動向を注視する必要がある。

第5章

地域共生社会の実現に向けた
包括的支援体制

学びのポイント

　本章では，包括的支援体制についてのこれまでの流れや考え方，主な施策について述べる。このことは今日の地域福祉のあり方にも大きく関わり，その延長線上に地域共生社会の実現が据えられていることをまず理解しておくことが大切である。また，昨今では地域共生社会や包括的支援体制に通じる出来事や取り組みも多い。このため，これらの概念をよく理解した上，新聞やテレビ，インターネットなどを通じた現実の中からの学びが求められる。

1　包括的支援体制

（1）包括的支援体制の考え方

1）包括的支援体制の構築背景

　日本の福祉施策は第二次世界大戦後，児童や障害者，高齢者など対象別に分けられて整備されてきた。そして，これらの分野ごとに特化したサービスの創設や取り組みを行うことで，福祉の充実が図られてきた。

　一方，社会・経済環境の急速な変化に伴い，家族や地域，職域などとつながることができない人々が増加し，これらの人々を取り巻く状況は複雑な要因がからみ合う問題をもたらし，解決はより困難なものとなってきた。2000年の厚生省（現・厚生労働省）社会・援護局の「社会的な援護を要する人々に対する社会福祉のあり方に関する検討会（報告書）」は，このような問題を現代社会の社会福祉の諸問題として貧困や心身の障害・不安，社会的排除や摩擦，社会的孤立，孤独を座標軸に定めて例示し，問題の重複・複合化を指摘している（図表5-1）。

　また，この指摘以降もサイレントプア[(1)]や制度の狭間[(2)]の問題のように表面化し

図表 5 - 1　現代社会の社会福祉の諸問題

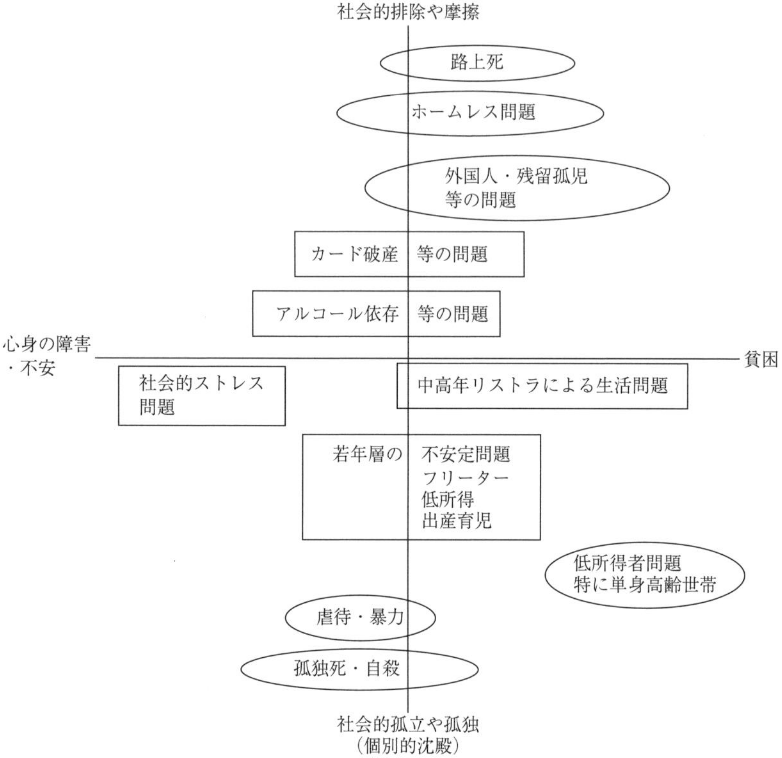

社会的排除や摩擦

```
                    ⬭ 路上死 ⬭
                   ⬭ ホームレス問題 ⬭
                  ⬭ 外国人・残留孤児
                     等の問題 ⬭
              | カード破産 | 等の問題 |
              | アルコール依存 | 等の問題 |
心身の障害                                              貧困
・不安 ─────────────────────────────────────────────────
     | 社会的ストレス |        | 中高年リストラによる生活問題 |
     | 問題          |

        | 若年層の | 不安定問題 |
        |          | フリーター |
        |          | 低所得    |
        |          | 出産育児  |
                                        ⬭ 低所得者問題
                                          特に単身高齢世帯 ⬭
                 ⬭ 虐待・暴力 ⬭
                ⬭ 孤独死・自殺 ⬭
```

社会的孤立や孤独
（個別的沈殿）

出典：厚生労働省資料。

にくく，法や制度から漏れてしまう問題が次々と生じた。このようにいくつも
の事情が複雑にからみ合った問題が以前から指摘されつつも，解決が得られな
いまま今日まで継続し，さらに，複合的で深刻な問題が繰り返し生じている経
緯から，日本の福祉施策はこれまでのような分野ごとの対応では限界があると
いえる。

　こうした中，厚生労働省による「新たな福祉サービスのシステム等のあり方
検討プロジェクトチーム」は2015年 9 月，「誰もが支え合う地域の構築に向け
た福祉サービスの実現――新たな時代に対応した福祉の提供ビジョン」（以下，
ビジョン）を発表し，3 つの柱を掲げることになった。

図表5-2　地域共生社会の実現に向けた包括的支援体制

○既存の制度による解決が困難な課題

課題の複合化

・高齢の親と無職独身の50代の子が同居(8050)
・介護と育児に同時に直面する世帯(ダブルケア)等
⇒各分野の関係機関の連携が必要

制度の狭間

・いわゆる「ごみ屋敷」
・障害の疑いがあるが手帳申請を拒否　等

「必要な支援を包括的に確保する」
という理念を普遍化

高齢者
地域包括ケアシステム
[地域医療介護確保法第2条]
【高齢者を対象にした相談機関】
地域包括支援センター

共生型
サービス

生活困窮
者支援

「必要な支援を包括
的に確保する」とい
う理念を普遍化

障害者
地域移行，地域生活支援
【障害者を対象にした相談機関】
基幹相談支援センター　等

子ども・子育て家庭
【子ども・子育て家庭を
対象にした相談機関】
地域子育て支援拠点
子育て世代包括支援センター
等

土台としての地域力の強化
「他人事」ではなく「我が事」と考える地域づくり

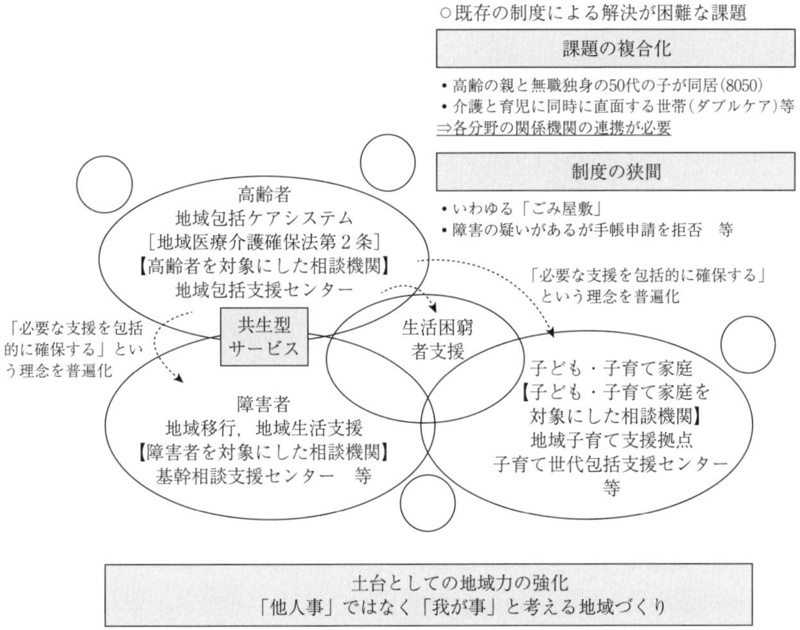

出典：図表5-1と同じ。

　そのうちの一つ，新しい地域包括支援体制の確立では，問題の背景として，これまでの日本の福祉サービスが高齢者や児童，障害者など対象ごとに発展してきたことや核家族化，ひとり親世帯の増加，地域のつながりの希薄化などにより，家族内，または地域内の支援力が低下していること，さらに，福祉サービスに対するニーズの増大に加え，様々な分野の課題がからみ合って複雑化し，世帯単位で複数分野の課題を抱えている現状があることなどを挙げている。このため，すべての人が世代や背景を問わず，安心して暮らし続けられるまちづくりをめざす全世代・全対象型地域包括支援の確立が強調され，これにより地域共生社会の実現に向けた包括的支援体制の構築が始まった（図表5-2）。

2）包括的支援体制の概要

　では，包括的支援体制とはどのようなものだろうか。ここではビジョンの内容からその概要をつかみ，包括的支援体制の考え方につなげたい。

まず，ビジョンでは，新しい地域包括支援体制を全世代・全対象型地域包括支援と表現する。そして，その確立のため，入口としての分野を問わない包括的な相談支援の実施および出口としての地域の実情に見合った総合的なサービス提供体制の確立を2つの柱にしている。

　具体的には，まず分野を問わない包括的な相談支援の実施は，適切なサービスを受けられない対象者や複合的なニーズの存在，既存の社会資源の不足などへの対応として，①相談受付の包括化，②複合的な課題に対する適切なアセスメントと支援のコーディネート，③ネットワークの強化と関係機関との調整に至る一貫したシステム，④必要な社会資源の開発を挙げている。

　このうち，①については，全世代対応型地域包括支援センターを例にした相談窓口のワンストップ型，および既存窓口へのバックアップ機能，また，既存の相談窓口の連携を強化することによる地域全体としての包括的な相談支援体制の構築を挙げている。また，②と③については，複合的で複雑化したニーズをとらえ，解きほぐし，その背景も勘案した本質的なアセスメントを行うとともに，複合的なニーズに対応する支援のコーディネートを一貫して行うため，相談支援機関を中心にした，組織や機関の壁を超えたネットワークの構築が必要と指摘している。そして，④については，社会資源が不足する場合には積極的な創造と開発が必要とし，関係する相談支援機関が協議する場としての地域会議を設けることを提案している。最後に，分野を超えた連携の体制を調整する役割として，関係機関の間で積極的に動き回るコーディネーターの配置を求めている。

　次に，地域の実情に見合った総合的なサービス提供体制の確立であるが，これは地域によっての異なる実情や複合的なニーズの存在，限られた社会資源といった課題への対応として，高齢者や児童，障害者，生活困窮者などの福祉サービスを総合的に提供できる仕組みづくりや，そのための拠点整備を提起している。たとえば，障害者が働くカフェなどに住民が集まり，地域のことを話し合うなど分け隔てのない居場所づくりをイメージしている。

3）社会福祉法における包括的支援体制

　包括的支援体制は，以上のような流れと概要のもと，2018年に施行された改

正社会福祉法第106条の３により規定された。本条は「市町村は，次に掲げる事業の実施その他の各般の措置を通じ，地域住民等及び支援関係機関による，地域福祉の推進のための相互の協力が円滑に行われ，地域生活課題の解決に資する支援が包括的に提供される体制を整備するよう努めるもの」と定め，そのための支援と整備を示す３つの号から構成される。すなわち，地域住民等が主体的に地域課題を把握し，解決を試みることができる体制づくり（第１号），地域住民等が主体的に地域課題を把握し解決を試みることができる体制づくりのための支援（第２号），多くの支援関係機関の有機的な連携体制の整備（第３号）を内容とし，これを市町村の新たな努力義務としている。

　なお，キーワードとなる地域生活課題については同法第４条で定義された。ここでいう地域生活課題とは，地域住民やその世帯が抱える①福祉，介護，介護予防，保健医療，住まい，就労および教育に関する課題，②福祉サービスを必要とする地域住民の地域社会からの孤立の課題，③福祉サービスを必要とする地域住民が日常生活を営み，あらゆる分野の活動に参加する機会が確保される上での課題である。

　また，同法第４条では地域住民などに対し，支援関係機関との連携などによる課題の解決を求めていることから，社会福祉法における包括的支援体制とは，個人やその世帯が抱える孤立や社会的排除を含む多様な課題の解決を前提に，住民などが自ら課題を解決できるための支援と整備，およびそのための支援関係機関の横断的な連携体制整備ととらえることができる。

　そして，今後，包括的支援体制は2021年４月に施行された「地域共生社会の実現のための社会福祉法等の一部を改正する法律」によって新たに規定された「重層的支援体制整備事業」（同法第106条の４）により，より具体的に整備されていくことになる。

4）包括的支援体制の考え方

　以上をまとめると，包括的支援体制とは，個人や世帯に発生する課題が複雑で複合化している今日の状況を背景に，従来の高齢者や児童，障害者といった対象ごとの対応とは異なる，世代や対象を問わない，地域の実情に応じた支援体制ととらえることができる。そして，その実現のための，各種相談の受付の

包括化や支援のコーディネートとネットワーク化，社会資源の開発などの構築化と理解できる。

　また，その際には，地域住民などによる主体的な地域生活課題の把握と解決，分野を超えた支援関係機関同士の連携，コーディネーターによる連携の調整が不可欠なため，これらの体制を整備する市町村の姿勢が問われている。

　今日の地域福祉の推進は，「福祉サービスを必要とする地域住民が地域社会を構成する一員として日常生活を営み，社会，経済，文化その他あらゆる分野の活動に参加する機会が確保される」（同法第4条第2項）こと，すなわち，ソーシャルインクルージョン（社会的包摂）の実現をめざしている。その意味で，包括的支援体制はソーシャルインクルージョンの実現を含意した地域福祉を推進していく上で，具体的な方策として期待される。

（2）包括的支援体制の展開

　これまでみてきたように，包括的支援体制を展開していく上では，地域生活課題に対する住民の主体的な取り組みが不可欠である。市町村はその体制を整備するものとして位置づけられ，ビジョンで地域における住民主体の課題解決力強化・包括的な相談支援体制のイメージが示されている（図表5-3）。

　ポイントは「住民に身近な圏域」であるが，これについては第4項で述べることとし，ここではビジョンに示されている3つの機能を中心に，包括的支援体制の展開について確認したい。

　まず押えておきたいのは，包括的支援体制は住民が主体的に地域課題を把握して解決を試みることをめざしている，ということである。この住民の主体性を尊重し，育むことを内包しながら包括的支援体制は展開されていく。加えて，複合的な課題の解決には多様な機関のネットワークによる支援が欠かせない。以上の2つは包括的支援体制の基盤といえる。その上で「住民に身近な圏域」では，【1】他人事を我が事に変えていくような働きかけをする機能，および【2】丸ごと受け止める場が示されている。

　このうち，【1】には専門職の働きが想定される。地域課題について解決を住民に丸投げしない，また，住民による我が事としての活動には専門職の介入が

図表 5 - 3　地域における住民主体の課題解決力強化・包括的な相談支援体制のイメージ

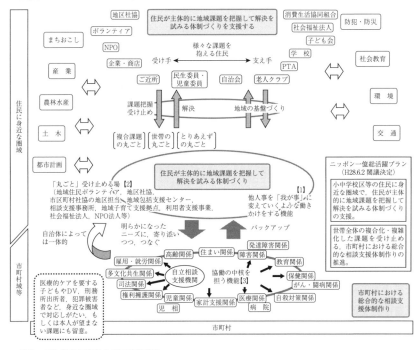

出典：厚生労働省資料を基に筆者修正。

必要である。このように本機能は住民と専門職の協働により包括的支援体制が展開されていくことを示している。また，【2】では，地域生活課題を丸ごと受け止める場として，地域の多様な相談窓口が挙げられる。この丸ごとを実現するためには，従来の専門化された相談窓口とは異なる全般的，総合的な支援が必要となる。

　一方，「市町村域等」では【3】協働の中核を担う機能が示される。これは市町村圏域の中で「自立相談支援機関」を中心とした多領域の専門機関が連携できる仕組みによるもので，これをバックアップに包括的支援体制は整えられ展開されていく。

2　地域包括ケアシステム

（1）地域包括ケアシステムの考え方

1）地域包括ケアシステムの構築と背景

　地域包括ケアシステムは，生活困窮者自立支援制度とともに，国が提起する全世代・全対象型地域包括支援の柱として位置づけられる。創設の背景には介護保険制度が関係するが，今日においては高齢者の枠を超えたものへと広がりつつある。

　周知のように，2000年に介護保険制度が創設されて以降，介護の社会化⁽⁴⁾が進められ，高齢者分野においては，介護の必要に応じ，保険のサービスも利用しながら暮らしを維持することが可能となった。もっとも，実際には介護と医療および生活支援における連携上の不十分さが指摘され続け，さらには，制度を下支えしていた家族や地域の人々のつながりが希薄化し，地域で暮らし続けることが困難なケースも見受けられるようになった。このような課題は人々が互いに支え合う仕組みを地域社会に創り出す必要性を高めていった。

　そこで誕生したのが地域包括ケアシステム⁽⁵⁾である。この地域包括ケアシステムは，2013年12月に成立した「持続可能な社会保障制度の確立を図るための改革の推進に関する法律」第4条第4項で，「地域の実情に応じて，高齢者が，可能な限り，住み慣れた地域でその有する能力に応じ自立した日常生活を営むことができるよう，医療，介護，介護予防，住まい及び自立した日常生活の支援が包括的に確保される体制」とされた。さらに，2014年6月に成立した「地域における医療及び介護の総合的な確保の促進に関する法律」第2条においても，この規定はそのまま踏襲された。このように地域包括ケアシステムは，地域において高齢者に対する①医療，②介護，③介護予防，④住まい，⑤生活支援の5つの支援を構成要素とした。

　2015年の同制度の改正は，地域包括ケアシステムの実現に向けての一過程ととらえられるが，それまで全国一律の基準などサービス提供がされてきた介護保険の領域に地域づくりの要素が加わった点で，大きな変化をもたらした。こ

こでは，地域で高齢者の生活を支えるためには介護保険制度でのサービスだけ
でなく，市町村独自の事業や民間サービス，さらには地域の支え合いで行われ
ているサービスなどを把握し，介護保険外のサービスの活用を促進しながら，
互助を基本とした生活支援・介護予防サービスが創出されるような取り組みの
積極的な推進が強調された。その上で，これを地域づくりととらえ，そのため
に地域住民が主体的に地域づくりを行い，それを介護保険制度にも位置づける
という，これまでにない大展開が図られた。

　そして，2017年6月に公布された「地域包括ケアシステムの強化のための介
護保険法等の一部を改正する法律」に基づいた介護保険法，社会福祉法，障害
者総合支援法等の改正に伴い，それまでは主に高齢者分野で展開されてきた地
域包括ケアシステムを障害者などの分野にも拡大する方向が，新しく見直され
た障害者福祉計画・障害児福祉計画の基本指針で示された。[6]

2）地域包括ケアシステムの展開と考え方

　国は，この地域包括ケアシステムについて，法的には高齢者を支援する体制
の確保を使命としつつも，近年では誰もが住み慣れた地域で安心して暮らし続
けられるシステムへと，概念を拡大している。このため，地域包括ケアシステ
ムの実現にあたっては，先に挙げた5つの構成要素（①医療，②介護，③介護予
防，④住まい，⑤生活支援）が切れ目なく一体的に提供されること，および自
助・互助・共助・公助の考え方にもとづき，地域全体で取り組むことが求めら
れる。この場合，自助は住民個人の力，互助は住民同士による自発的な支え合
い，共助は社会保障制度によるサービス，公助は行政による公的サービスを指
すとしている。これらが重層的，かつ相互的に組み合わさって取り組まれるこ
とにより，地域包括ケアシステムは展開されていく，としている（図表5-4）。

　なお，2008年度から毎年度出されてきた「地域包括ケア研究会報告書」[7]では
2012年度から「植木鉢」を用い，2015年度版（「地域包括ケアシステムと地域マネ
ジメント」）で図を変更し，地域包括ケアシステムの新たな考え方を示している。

　具体的には，2012年度から2015年度の変更を左から右へと表している。また，
その受け皿は本人・家族の選択から本人の選択に変わり，介護予防・生活支援
の一体化の上，専門職によるサービスが3枚の葉によって位置づけられており，

地域包括ケアシステムの姿
（自助・互助・共助・公助による展開）

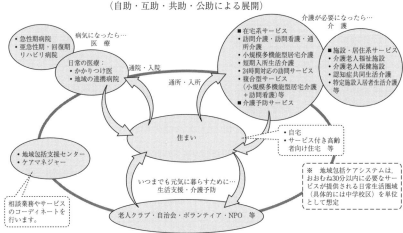

出典：図表 5 - 3 と同じ。

図表 5 - 5　進化する地域包括ケアシステムの「植木鉢」

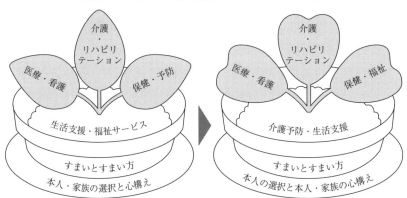

出典：三菱 UFJ リサーチ＆コンサルティング「地域包括ケア研究会報告書」2015年。

保健・福祉の一体化が強調されている（図表 5 - 5）。

3）精神障害にも対応した地域包括ケアシステムの展開

　精神障害にも対応した地域包括ケアシステムは，厚生労働省が主管する「こ
れからの精神保健医療福祉のあり方に関する検討会」による2017年 2 月の「報

告書」で提起された。ここでは，精神障害者が地域の一員として安心して自分らしい暮らしができるよう，医療，障害福祉・介護，社会参加，住まい，地域の助け合い，教育が包括的に確保された地域包括ケアシステムの構築を目指すことを新たな理念として掲げている（図表5-6）。これは，これまでの高齢者分野での地域包括ケアシステムにおける必要な支援を地域の中で包括的に提供し，地域での自立した生活を支援するという考え方を，精神障害者のケアにも応用したものである。その背景には精神障害者の多くが入退院を繰り返していることや，地域において必要なサービスを十分に利用できていないなどの状況があった。このため，国は第5期障害福祉計画（2018～2020年度）に係る基本方針に「精神障害にも対応した地域包括ケアシステムの構築」をポイントの一つとして掲げ，成果目標を定めた上で精神障害者における地域包括ケアシステムを推進している。

このほか，2017年度からは都道府県に対する精神障害にも対応した地域包括ケアシステムの構築推進事業（地域生活支援促進事業），および精神障害にも対応した地域包括ケアシステムの構築支援事業も始められている。

（2）子育て世代包括支援センター

1）子育て世代包括支援センターの設置と背景

子育て世代包括支援センターは，2016年の母子保健法の改正により，妊娠期から子育て期にわたるまでのさまざまなニーズに対し，総合的相談支援を行うワンストップ拠点として創設された。同法では2017年4月から市町村に設置することが努力義務とされている。

なお，法律による名称は母子健康包括支援センターであるが，法律の公布時の厚生労働省による「雇児発0603第1号」通知の「Ⅱ　児童虐待の発生予防」において，子育て世代包括支援センターとされ，2020年度末までの全国展開をめざしている。この通知では，設置への趣旨として，地域のつながりの希薄化等により，妊産婦・母親の孤立感や負担感が高まっているなか，妊娠期から子育て期までの支援は，関係機関が連携し，切れ目のない支援を実施することの重要性を説いている。このような背景にはライフスタイルや経済社会の変化の

図表 5-6　精神障害にも対応した地域包括ケアシステムの構築

介護・訓練等の支援が
必要になったら…
障害福祉・介護

■地域生活支援拠点　　　（障害福祉サービス）

■施設・居住系サービス
　■施設入所支援　　　　在宅系：
　■共同生活援助　　　　・居宅介護・生活介護
　■宿泊型自立訓練　等　・短期入所
　　　　　　　　　　　　・就労継続支援
　　　　　　　　　　　　・自立訓練　等

病気になったら…
医　療

日常の医療：
・かかりつけ医，
　有床診療所
・精神科デイケア・
　精神科訪問看護
・地域の連携病院
・歯科医療，薬局

病院：
急性期，回復
期，慢性期

お困りごとはなんでも相談…
様々な相談窓口

精神保健福祉センター
（複雑困難な相談）
発達障害者支援センター
（発達障害）
・保健所（精神保健専門相談）
・障害者就業・生活支援センター
　（就労）
・ハローワーク（就労）

市町村（精神保健・福祉一般相談）
基幹相談支援センター（障害）

地域包括支援センター（高齢）

相談業務やサービスの
コーディネートを行い
ます。訪問相談にも対
応します。

通院・入院　　　通所・入所

（介護保険サービス）

■在宅系：
・訪問介護・訪問看護・通所介護
・小規模多機能型居宅介護
・短期入所生活介護
・福祉用具
・24時間対応の訪問サービス等
■介護予防サービス
■施設・居住系サービス
・介護老人福祉施設
・介護老人保健施設
・認知症共同生活介護
　等

住まい

・自宅（持ち家・借家・公営住宅等）
・サービス付き高齢者向け住宅
・グループホーム　等

訪問　　　　　　　　訪問

安心して自分らしく暮らすために…
社会参加（就労），地域の助け合い，
教育（普及・啓発）

企業，ピア・サポート活動，自治会，
ボランティア，NPO等

圏域の考え方

日常生活圏域

基本圏域
（市町村）

障害保健福祉圏域

※地域包括ケアシステムは，
　日常生活圏域単位での構築
　を想定
※精神障害にも対応した地域
　包括ケアシステムの構築に
　あたっては，障害保健福祉
　圏域ごとに，精神科医療機
　関・その他の医療機関・地
　域援助事業者・市町村によ
　る連携支援体制を確保

バックアップ
市町村ごとの保健・医療・福祉関係者による協議の場，市町村

バックアップ
障害保健福祉圏域ごとの保健・医療・福祉関係者による協議の場，保健所

バックアップ
都道府県ごとの保健・医療・福祉関係者による協議の場，都道府県本庁・精神保健福祉センター・発達障害者支援センター

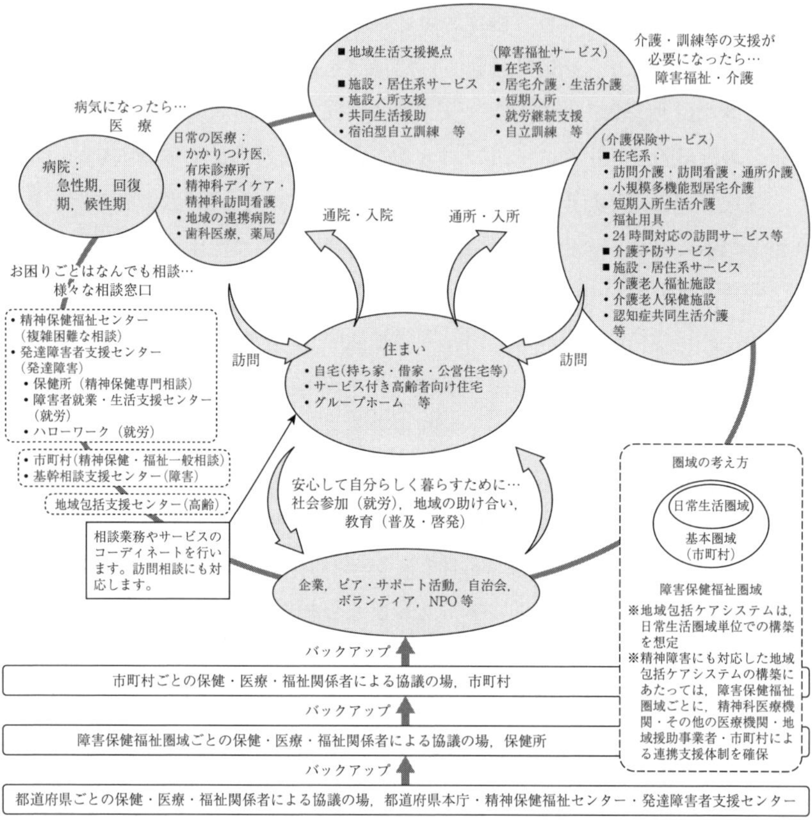

出典：図表5-3と同じ。

中での子育てに対する家族機能の限界や地域での互助の低下・格差の拡大，イ
ンターネット情報への過度な依拠や誤解といった現代社会特有の状況がある。
子育て世代包括支援センターは，こういった状況から生じる課題に対し，専門
的な知識に基づき，利用者の視点に立った妊娠・出産・子育てに関する支援の
マネジメントを行うことが期待されている。

2）子育て世代包括支援センターの実際

　2017年8月に厚生労働省から出された「子育て世代包括支援センター業務ガ
イドライン[(9)]」では，センターの役割を妊産婦・乳幼児などの状況を継続的，包

括的に把握し，妊産婦や保護者の相談に保健師などの専門家が対応するとともに，必要な支援の調整や関係機関と連絡調整するなどして，妊産婦や乳幼児などに対し，切れ目のない支援の提供としている。

　対象者は，原則としてすべての妊産婦（産婦：産後1年以内），乳幼児（就学前）とその保護者を基本とし，地域の実情に応じ，18歳までの子どもとその保護者についても対象とするとしている。

　実施場所は母子保健に関する専門的な支援機能および子育て支援に関する当事者目線での支援機能を有する施設・場所とされ，必須業務を，①妊産婦および乳幼児等の実情を把握すること，②妊娠・出産・子育てに関する各種の相談に応じ，必要な情報提供・助言・保健指導を行うこと，③支援プランを策定すること，④保健医療，または福祉の関係機関との連絡調整を行うこととしている。

　職員に関しては，専門職員として，2017年3月の厚生労働省による「子育て世代包括支援センターの設置運営について（通知）」において，保健師などを1名以上配置することとしており，さらに，助産師や看護師といった医療職に加え，精神保健福祉士，ソーシャルワーカー（社会福祉士など），利用者支援専門員，地域子育て支援拠点事業所の専任職員といった福祉職を配置することが望ましいとされている。

　センターの運営にあたっては，実際に地域で母子保健や子育て支援に携わっている関係機関・関係者との連携を不可欠とし，支援の実践から明らかになった地域の子育て資源の不足や課題などについて，地域の活性化や連帯感の向上の観点から改善策を探求し，新たな連携の創出につなぐことも重視している。

　なお，同省によると，2019年4月1日現在で全国983市町村で1,717カ所設置されており，主な実施場所は「保健所・市町村保健センター」（53.6%）と「市役所・町村役場」（29.5%）で8割以上を占めている。また，運営主体は行政による「直営」（96.7%）が圧倒的に多く，次いでNPO法人（1.2%），社会福祉法人（0.8%）の順となっている。

3　生活困窮者自立支援の考え方

（1）生活困窮者自立支援制度と理念

1）生活困窮者自立支援制度の創設背景

　2013年12月に生活困窮者自立支援法が成立し，2015年4月から全国の福祉事務所設置自治体で生活困窮者に対する自立支援の取り組みが始まった。本制度は社会経済の構造的な変化に応じるものであり，それまでの大きな課題であった生活保護受給者以外の生活困窮者に対する支援を第2のセーフティネットと位置づけ，抜本的に強化しようというものであった。創設の背景には，経済構造の変化により，安定した雇用を母体としていた社会保険や労働保険といった第1のセーフティネットが機能しづらくなったことや，同様の理由で第3のセーフティネットとする生活保護の受給者が増加したこと，さらに，社会的孤立や貧困の連鎖も相まって，ここでの自立の支援が難しくなってきていることなどがあった。こうしたことから，生活困窮者にとってのいわば「落ちやすく抜け出しにくい」これまでの社会のシステムを新しいものに変える必要性がますます強くなった（図表5-7）。

2）生活困窮者自立支援制度の概要と理念

　生活困窮者自立支援法が示す制度の概要は図表5-8のとおりである。

　同法では，その目的を自立相談支援事業の実施，住居確保給付金の支給その他の生活困窮者に対する自立の支援に関する措置を講ずることにより，生活困窮者の自立の促進を図ること（第1条）とし，生活困窮者を，「就労の状況，心身の状況，地域社会との関係性その他の事情により，現に経済的に困窮し，最低限度の生活を維持することができなくなるおそれのある者」（第3条）と定義している。制度の実施主体は，福祉事務所を設置する自治体であり，事業としては，必須事業である自立相談支援事業と住居確保給付金の支給のほか，任意事業が設定され，それらは直接もしくは委託により実施される。

　制度の創設当初から国は，「意義」「目標」「新しい支援のかたち」の3つを提示し，これらを制度の理念として位置づけている。[11]

図表 5 - 7　生活に困窮する者に対する重層的なセーフティネット

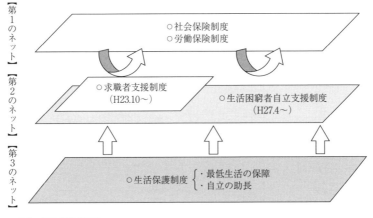

出典：厚生労働省資料。

　このうち，意義は「生活保護に至っていない生活困窮者に対する第2のセーフティネットを全国的に拡充し，包括的な支援体系を創設するもの」としている。また，目標としては，①生活困窮者の自立と尊厳の確保と，②生活困窮者支援を通じた地域づくりの2つを掲げている。そして，「新しい支援のかたち」として，①包括的な支援，②個別的な支援，③早期的な支援，④継続的な支援，⑤分権的・創造的な支援の5つを示している。

　ところで，同法第2条は，第3条での生活困窮に至る背景として捉えられる「就労の状況，心身の状況，地域社会との関係性その他の事情」の部分等とともに，2018年の改正によって新しく加えられた条文である。これらにより，生活困窮者自立支援制度の理念はより明確なものになったといえる。同条では法の「基本理念」が示され，「生活困窮者に対する自立の支援は，生活困窮者の尊厳の保持を図りつつ，生活困窮者の就労の状況，心身の状況，地域社会からの孤立の状況その他の状況に応じて，包括的かつ早期に行われなければならない」（第1項），「生活困窮者に対する自立の支援は，地域における福祉，就労，教育，住宅その他の生活困窮者に対する支援に関する業務を行う関係機関及び民間団体との緊密な連携その他必要な支援体制の整備に配慮して行われなければならない」（第2項）とされている。

図表5-8　生活困窮者自立支援制度の概要（2018年改正以降）

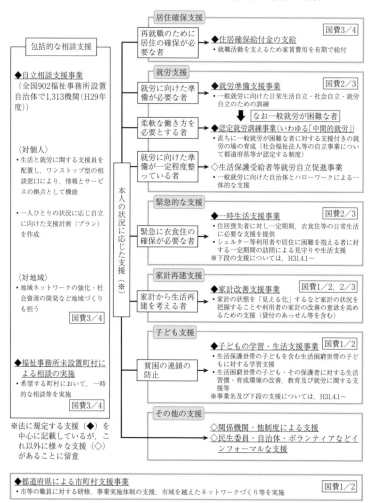

出典：図表5-3と同じ。

　以上は，生活困窮者自立支援制度の新たな理念として捉えられる。すなわち，
①生活困窮者の尊厳の保持，②就労の状況，心身の状況，地域社会からの孤立
といった生活困窮者の状況に応じた包括的・早期的な支援，③地域における関
係機関，民間団体との緊密な連携等支援体制の整備がこれに該当する。さらに，

同条第2項の「その他必要な支援体制の整備」は，地域共生社会の実現に向けた，市町村による包括的な支援体制づくりを念頭に置いている[12]。

　具体的には，①地域住民の地域福祉活動への参加を促進するための環境整備，②住民に身近な圏域において，分野を超えて地域生活課題について総合的に相談に応じ，関係機関と連絡調整等を行う体制，③主に市町村圏域において，生活困窮者自立相談支援機関等の関係機関が協働し，複合化した地域生活課題を解決するための体制づくりが想定されている。

（2）自立相談支援機関による支援過程と方法

1）自立相談支援機関

　厚生労働省の『自立相談支援事業の手引き[13]』によると，自立相談支援機関とは，「生活困窮者等からの相談に応じ必要な情報の提供や助言，関係機関との連絡調整等を行い，認定就労訓練事業の利用のあっせん，プランの作成等の支援を包括的に行う自立相談支援事業を実施する機関」と定義される。

　人員・設備等については法令上の基準は設けられていないが，3職種の支援員の配置（小規模自治体等においては兼務は可能）と面談室等の相談支援を実施するために適切と考えられる設備が必要とされる。人員の詳細については，「生活困窮者支援の理念を適切に理解し，地域の様々な社会資源を熟知している支援員」の配置が必要とされ，主に相談支援業務のマネジメントや地域の社会資源の開発等を行う主任相談支援員，相談支援全般にあたる相談支援員，就労支援に関するノウハウを有する就労支援員の3職種を配置することを基本としている。設置場所については，「利用者の利便性を考慮し，また，関係機関と連絡・調整を円滑に行うことができる場所に設置することが求められる」とされ，「役所・役場内のほか，委託の場合は委託先法人施設内，福祉や雇用に関係する機関が入居する公的施設内，商業地区の施設内等」が想定されている（図表5-9）。

2）支援過程と方法

　自立相談支援機関による支援は，基本的には図表5-10のようなプロセスで行われる。図の中央は自立相談支援機関が行う相談支援事業の流れ，左は自治

図表 5 - 9　支援員の役割

職　種	役　割
主任相談支援員	○相談支援業務のマネジメント ・支援の内容及び進捗状況の確認，助言，指導 ・スーパービジョン（職員の育成） ○高度な相談支援（支援困難事例への対応等） ○地域への働きかけ ・社会資源の開拓・連携 ・地域住民への普及・啓発活動
相談支援員	○相談支援全般 ・アセスメント，プランの作成，支援調整会議の開催等一連の相談支援 　プロセスの実施，記録の管理，訪問支援（アウトリーチ） ○個別的・継続的・包括的な支援の実施 ○社会資源その他の情報の活用と連携
就労支援員	○就労意欲の喚起を含む福祉面での支援 ○担当者制によるハローワークへの同行訪問 ○キャリアコンサルティング ○履歴書の作成指導 ○面接対策 ○個別求人開拓 ○就労後のフォローアップ等

出典：図表 5 - 1 と同じ。

体が行う業務，右は地域における社会資源の役割を示している。

　図中の番号が示す段階においての業務を簡単に示すと以下の通りである。

①　「待ちの姿勢」ではない積極的なアウトリーチによる把握

②　包括的な相談受付，支援の継続，または他の相談窓口へのつなぎに関する判断・振り分け

③　相談支援を継続的に行うと判断されたときの利用仕込み。

④　緊急的な支援が必要な場合における手続きなどの支援。

⑤　情報収集，課題の把握，背景・要因などの分析，解決に向けての見定め。

⑥　本人と相談支援員との協働によるプラン（案）の作成。

⑦　プラン（案）に関する協議，共有。

⑧　支援調整会議における支援（支給）決定（判断責任は自治体）。

⑨　支援調整会議での検討を経たプランや支援決定にもとづいた支援の提

図表5-10　相談支援プロセスの概要

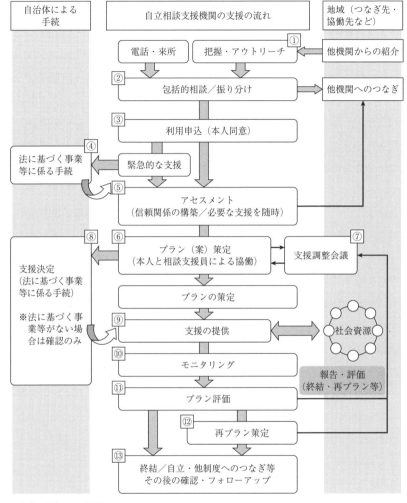

出典：図表5-1と同じ。

供。

⑩　支援の提供状況や適切性などの確認

⑪　支援終了時等における目標の達成度，成果等の評価

⑫　本人の状況の変化，その他再アセスメント実施などに伴う再プランの

策定。

⑬目標の達成，主たる課題の解決，本人との音信不通などによる終結。

3）対象者横断的な包括的相談と伴走型の支援

　生活困窮者の自立に向けた支援は，本人の有する心身の不調，知識や技能の不足，家族の問題，経済的な問題，将来への悲観といった多様な問題に対し，包括的に行われなければならない。本章で述べてきた通り，これまでの福祉制度は高齢者，障害者，児童，DV，ひきこもりなど特定の対象者・分野ごとに展開されてきた。こういった状況においては複合的な課題を有する生活困窮者には十分な対応ができず，これは個人のみならず，世帯単位で同様の課題を有している場合でも大きな課題といえる。

　このような状況を改善するため，本制度における支援は，対象者横断的で包括的なものにする必要がある。そして，その実現のためには生活に困窮する個人や世帯が有する複合的な課題に対し，地域の関係機関・関係者が連携することが必要である。このような関係機関には福祉分野のみならず，保健，雇用，教育，金融，住宅，産業，農林漁業など様々な分野が考えられる。

　また，生活に困窮した世帯に対しては伴走型支援[14]も求められる。伴走型支援とはこれまでの課題解決型の支援とは異なり，つながること，あるいはつなげることを目的とした支援といえる。この場合，課題解決のための手段として伴走するのではなく，伴走そのものが目的となる。そして，伴走型支援は，個人への働きかけと社会への働きかけの2つの局面により展開される[15]。すなわち，生活困窮者への自立支援を通じては個人への支援を通じて社会・地域をつくり，社会・地域づくりによって個人を支えるという仕組みをつくっていくことも求められる。

4）自立相談支援事業

　自立相談支援事業では包括的な相談支援が行われる。本事業は生活困窮者にとっての情報と支援サービスの一元的な拠点として，また，制度全体としては支援に関する総合調整を行うとともに地域づくりの要としての機能も担う。

　本事業での個人に対する支援は，基本的には先に示した相談支援のプロセス（図表5-10）に沿って支援が行われ，また，関係機関への同行訪問や就労支援

員による支援なども実施される。また，地域づくりの観点からは関係機関との
ネットワークづくりと地域に不足する社会資源の開発などに取り組む。

5）各種事業

①　居住確保支援

　居住確保給付金の支給は，再就職のため，居住の確保が必要な者が対象とな
る。収入等が一定水準以下の者に対し，有期で家賃相当額が支給される。申請
手続きは自立相談支援機関を通して行われ，自己の状況や課題についてのアセ
スメントを受け，プランが策定される。

②　就労支援

　就労準備支援事業は就労に向けた準備が必要な者が対象となる。最長で1年
間の有期の支援が想定され，生活習慣形成のための指導・訓練（日常生活自立
に関する支援），就労の前段階として必要な社会的能力の習得（社会自立に関する
支援），事業所での就労体験の場の提供や，一般雇用への就職活動に向けた技
法や知識の取得等の支援（就労自立に関する支援）の3段階により行われる。本
事業は通所によるものや合宿形式が想定されている。

　さらに，一般就労が困難な者に対しては認定就労訓練事業と生活保護受給者
等就労自立促進事業が設定されている。このうち，認定就労訓練事業では，社
会福祉法人やNPO法人，企業などの自主事業として実施される。清掃や農作
業といった利用者の状況に応じた作業などの機会の提供と併せ，各人の就労支
援プログラムに基づき，就労支援担当者による一般就労に向けた支援が実施さ
れる。

　なお，生活保護受給者等就労自立促進事業は法での規定はないが，一般就労
に向けての自治体とハローワーク（公共職業安定所）による一体的な支援が行わ
れる。

③　緊急的な支援

　一時生活支援事業は緊急に衣食住の確保が必要な者が対象となる。一定期間
（原則3カ月）に限り，宿泊場所の提供や衣食の提供などが行われる。法改正に
より，本事業にはシェルターなどを退所した者や居住に困難を抱える者であっ
て地域社会から孤立した状態にある低所得者に対し，一定期間（原則1年間）

の訪問による見守りや生活支援など日常生活を営むのに必要な支援を追加する地域居住支援事業が追加された。

④　家計再建支援

家計改善支援事業は家計から生活再建を考える者が対象となる。家計に関するアセスメントを行い，家計の状況を「見える化」し，家計再生の計画および家計に関する個別プランが作成される。主に家計管理に関する支援，滞納の解消や各種給付制度などの利用に向けた支援，債務整理に関する支援，貸付の斡旋などが行われる。

⑤　子ども支援

子どもの学習・生活支援事業は，法改正までは子どもの学習支援事業とし，貧困の連鎖を防止するため，生活保護受給世帯の子どもを含む生活困窮世帯の子どもを対象に学習支援事業が実施されていた。法改正によって本事業には生活習慣・育成環境の改善に関する助言や進路選択，教育，就労に関しての相談に対する情報提供や助言，ならびに関係機関との連絡調整することが追加され，事業名称も現在のものへと変更された。

4　地域共生社会の実現に向けた施策

本節で取り上げる住民に身近な日常生活圏域における相談支援体制と多機関協働による包括的支援体制については，2018年に施行された改正社会福祉法第106条の3第1項に関連する。当該項には3つの号があり，住民に身近な日常生活圏域における相談支援体制は第1号と第2号に関連する。また，多機関協働による包括的支援体制は，第3号に関連する。

なお，住民に身近な日常生活圏域における相談支援体制，および多機関協働による包括的支援体制の総合的な展開については本章第1節で述べたので，ここではこれらの支援体制がどのように整備されようとしているのか，その確認を通し，施策の理解へとつなげたい。

（1）住民に身近な日常生活圏域における相談支援体制

1）地域住民等が主体的に地域生活課題を把握し解決できる環境づくり

　社会福祉法第106条の3第1項第1号では，「地域福祉に関する活動への地域住民の参加を促す活動を行う者に対する支援，地域住民等が相互に交流を図ることができる拠点の整備，地域住民等に対する研修の実施その他の地域住民等が地域福祉を推進するために必要な環境の整備に関する施策」と規定されている。これについて，2017年12月，厚生労働省より出された「地域共生社会の実現に向けた地域福祉の推進について」（通知）[16]では市町村に対し，「『住民に身近な圏域』において，地域住民やボランティア，地域住民を主体とする地区社協，地域に根ざした活動を行うNPO等が中心となって，住民が主体的に地域生活課題を把握して解決を試みることができる環境」の整備を求めている。

　具体的には，①地域福祉に関する活動への地域住民の参加を促す活動を行う者に対する支援，②地域住民等が相互に交流を図ることができる拠点の整備，③地域住民等に対する研修の実施の3つを挙げている。

2）地域生活課題に関する相談を包括的に受け止める体制づくり

　同法第106条の3第1項第2号では，「地域住民等が自ら他の地域住民が抱える地域生活課題に関する相談に応じ，必要な情報の提供及び助言を行い，必要に応じて，支援関係機関に対し，協力を求めることができる体制の整備に関する施策」と規定されている。これについて，通知では市町村に対し，地域活動を通して把握された地域住民が抱える地域生活課題に関する相談について，包括的に受け止め，情報提供や助言を行うとともに，必要に応じて支援関係機関につなぐことのできる体制の整備を求めている。

　具体的には，①地域住民の相談を包括的に受け止める場の整備，②地域住民の相談を包括的に受け止める場の周知，③地域の関係者などとの連携による地域生活課題の早期把握，④地域住民の相談を包括的に受け止める場のバックアップ体制の構築の4つを挙げている。

　住民の身近な日常生活圏域について，以上に示した2つの体制づくりにより，法においても整備が進められている。そして，ここでの展開は住民が主体的に課題を把握して解決を試みる体制づくり，およびそれを支援する仕組みづくり

の2つが大きな柱となっている（図表5-3）。身近な日常生活圏域での相談支援体制の利点は，相談支援が身近なところで展開できるということのほか，地域の課題を自分たちの課題として受け止められること，また，住民間で多様な分野の課題を比較的把握しやすいことから，その総力による課題の解決が現実味を帯びてくるところにある。この体制が構築されることで地域共生社会は実現されていくことになる，とされている。

（2）多機関協働による包括的支援体制

　同法第106条の3第1項第3号では，「生活困窮者自立支援法第3条第2項に規定する生活困窮者自立相談支援事業を行う者その他の支援関係機関が，地域生活課題を解決するために，相互の有機的な連携の下，その解決に資する支援を一体的かつ計画的に行う体制」とされている。これについて，通知では市町村に対し，「『住民に身近な圏域』にある相談支援機関では対応しがたい複合的で複雑な課題や制度の狭間にある課題等を多機関が協働して包括的に受け止める相談支援体制」を求めている。

　具体的には，①支援関係機関によるチーム支援，②協働の中核を担う機能，③支援に関する協議および検討の場，④支援を必要とする者の早期把握，⑤地域住民等との連携の5つを掲げている。また，それに先立ち，厚生労働省は本章第1節で取り上げたビジョンを踏まえたモデル的な事業として，2016年度から多機関の協働による包括的支援体制構築事業（体制構築事業）を開始した。

　この体制構築事業における多機関協働による包括的支援体制について，「福祉ニーズの多様化・複雑化を踏まえ，単独の相談機関では十分に対応できない，いわゆる『制度の狭間』の課題の解決を図る観点から，複合的な課題を抱える者等に対する包括的な支援システムを構築するとともに，高齢者などのボランティア等と協働し，地域に必要とされる社会資源を創出する」ものと，厚生労働省は説明している。また，体制構築事業では，①相談者が複数の相談機関に行かなくても，複合的な悩みを総合的，かつ円滑に相談できる体制の整備，②相談者本人が抱える課題のみならず，世帯全体が抱える課題の把握，③多機関・多分野の関係者が話し合う会議の開催，およびその抱える課題に応じた支

援が包括的に提供されるための必要な調整，④地域に不足する社会資源の創出の４つを重要な取り組みとして挙げている。これら４つの取り組みは市町村が実施主体となり，地域の中核となる相談機関を中心に行われる。

　支援の対象としては，①相談者本人が属する世帯の中に課題を抱える者が複数人存在するケース，②相談者本人のみが複数の課題を抱えているケース，③既存サービスの活用が困難な課題を抱えているケース，④あるいはこれらが複合しているケースといった，複合的で多様な課題を抱えているため，必要な支援につながっていないケース等としている。これらには要介護高齢者の親と無職でひきこもり状態にある子どもとが同居している世帯，医療・就労ニーズを抱えたがん患者と障害児が同居している世帯，共働きの世帯であって親の介護と子育てを同時に抱えている世帯，障害者手帳を取得していないものの，障害が疑われる者といった例が想定されている。

　支援にあたっては，協働の中核を担う機能として自立相談支援機関と相談支援包括化推進員が位置づけられ，体制構築事業では①相談支援包括化推進員が単独ですべての相談を受け付けるということではなく，世帯全体の複合的，複雑化したニーズを捉え，これらを解きほぐし，本質的な課題の見立てを行い，様々な相談支援機関等と連携しながら必要な支援をコーディネート，②関係機関の適切な役割分担を図りつつ，これらと連動し，地域全体の包括化をめざす，③ネットワークからの連絡体制の整備などにより，対象者を早期，かつ積極的に把握するアウトリーチの考え方を重視することを基本的な考え方としている。

　ネットワークの構築にあたって，体制構築事業では福祉分野のみならず，医療機関やハローワーク（雇用分野），法テラス（司法分野），教育委員会（教育分野），農業法人（農業分野）といった福祉分野以外の関係機関の参画・連携にも努めるとされる。

　以上をまとめると，多機関協働による包括的支援体制とは，福祉ニーズの多様化・複雑化を背景に，制度の狭間などの課題の解決を図る観点から自立相談支援機関や相談支援包括化推進員が中核となり，多様な機関との協働により包括的な支援システムの構築と新たな社会資源の創出をめざすものととらえられる。

5 包括的支援体制の展開と地域福祉の推進

　本章では，「地域共生社会の実現に向けた包括的支援体制」と題し，これまでの流れや考え方，主な施策などについてみてきたが，地域共生社会は2016年6月で閣議決定された「ニッポン一億総活躍プラン[17]」で登場した概念である（第6章参照）。

　この地域共生社会の実現を展望し，本章を振り返ると，現代の私たちを取り巻く地域生活課題は複雑化・複合化してきており，それを解決するためにはこれまでのような分野ごとでの対応では難しく，分野の枠を超えた包括的な支援体制による課題の解決が求められる。包括的支援体制は2018年に改正された社会福祉法第106条の2により規定され，住民に身近な日常生活圏域での展開と多機関協働による支援が重視されている。そして，国は，地域包括ケアシステムと生活困窮者自立支援制度を柱に全世代・全対象型地域包括支援を提起し，包括支援の体制づくりを強化したいとしている。これにより，これまでは高齢者の分野を中心に展開されていた地域包括ケアシステムの概念は他の分野へも広げたい，としているのである。

　さらに，重要なポイントとして，包括的支援体制には住民による主体的な問題解決が位置づけられている，ということである。このことは同法第4条の「地域福祉の推進」においても明記されており，本章で取り上げた生活困窮者自立支援制度などにおいても地域づくりとして組み込まれている。このように地域共生社会の実現に向けた包括的支援体制には住民の主体的な活動に基づいた地域づくりが重要で，これは今日の地域福祉の推進の根幹に据えられているといえる。

注
(1) 貧困が表面化していない状態。見えない貧困。
(2) 生活上における深刻な問題であるにもかかわらず，対応にあたっては既存の法律や制度等には該当しづらい，制度と制度の間に位置する問題の存在を表す。制度の「谷間」，「隙間」と表現されることもある。

(3)　「新しい地域包括支援体制の確立」のほか，「生産性の向上と効率的なサービス提
供体制の確立」と「総合的な福祉人材の確保・育成」が掲げられている。

⑷　介護の負担を個人や家族で抱え込むのではなく，社会で介護サービスとして税や
保険料で確保していこう，とする考え方。

⑸　元々のモデルは，1980年代における広島県御調町（現・尾道市）での公立病院を
中核とした保健・医療・福祉を統合したサービス提供の仕組みといわれる。

⑹　第 5 期計画期間（2018〜2020年度）に向けての基本指針で，「精神障害にも対応
した地域包括ケアシステムの構築」を見直しのポイントの一つとして挙げている。

⑺　厚生労働省老人保健事業推進費等補助金（老人保健健康増進等事業）による報告
書。

⑻　「保健・医療・福祉関係者による協議の場（各圏域，各市町村）の設置」「精神病
床の 1 年以上入院患者数：14.6〜15.7万人に（平成26年度末の18.5万人と比べて
3.9〜2.8万人減）」「退院率：入院後 3 ヵ月69％，入院後 6 ヵ月84％，入院後 1 年
90％（平成27年時点の上位10％の都道府県の水準）」の 3 つを目標としている。

⑼　厚生労働省母子保健課「子育て世代包括支援センター業務ガイドライン」2020年。

⑽　厚生労働省母子保健課「2019年度子育て世代包括支援センター実施状況調査」
2020年。

⑾　厚生労働省「生活困窮者自立支援制度について」2020年。

⑿　厚生労働省「生活困窮者自立支援制度等の推進について」2020年。

⒀　厚生労働省『自立相談支援事業の手引き』2020年。

⒁　伴走型支援は，2019年に厚生労働省に設置された「地域共生社会に向けた包括的
支援と多様な参加・協働の推進に関する検討会（地域共生社会推進検討会）」の
「最終とりまとめ」（2019年12月）においても言及されている。ここで伴走型支援は，
「つながり続けることを目指すアプローチ」とされ，「支援者と本人が継続的につな
がり関わり合いながら，本人と周囲との関係を広げていくことを目指すもの」と説
明されている。その上で，「特に，生きづらさの背景が明らかでない場合，自己肯
定感や自己有用感が低下している場合，8050 問題など課題が複合化した場合，ラ
イフステージの変化に応じた柔軟な支援が必要な場合などに有効」とされている。

⒂　奥田知志・稲月正・垣田裕介・堤圭史郎『生活困窮者への伴走型支援——経済的
困窮と社会的孤立に対応するトータルサポート』明石書店，2014年。

⒃　同日に厚生労働省から発表された「社会福祉法に基づく市町村における包括的な
支援体制の整備に関する指針」のガイドラインとして出された。

⒄　首相官邸 HP。

参考文献

上野谷加代子編著『共生社会創造におけるソーシャルワークの役割』ミネルヴァ書房，

2020年。

黒田研二編著『地域包括支援体制のいま——保健・医療・福祉が進める地域づくり』
　ミネルヴァ書房，2020年。

隅田好美・藤井博志・黒田研二編著『よくわかる地域包括ケア』ミネルヴァ書房，
　2018年。

辻哲夫監修，田城孝雄・内田要編『まちづくりとしての地域包括ケアシステム——持
　続可能な地域共生社会をめざして』東京大学出版会，2017年。

日本社会福祉士会編『地域共生社会に向けたソーシャルワーク——社会福祉士による
　実践事例から』中央法規出版，2018年。

世の中は今

　「共生」とはもともと生物学での用語で，異種の生物が行動的・生理的な結びつきを持ち，一緒に生活している状態を指している。このように共生は人々が異種な存在であることを前提にしている。すなわち，共生社会とは異なる者が互いを認め合い，共存する社会と理解することができる。このため，他者を自分とは異なる者という認識で排除したり，同化を強いたりするような行為は共生社会では決して許されない。今般の"コロナ社会"の到来において，私たちはきちんと共生社会を標榜できているだろうか。課せられている課題は多いと思われる。

　また，"コロナ社会"は地域福祉のあり方にも変容を求めている。これまでの地域福祉の実践は人と人とが直接会うことを前提としてきた。互いに会話を交わし，手と手を握り合うことで，地域福祉は温かみのあるものとして実践されてきた側面がある。社会は，直接会わなくても温かみのある実践を地域福祉に求め始めている。地域共生社会における地域福祉はまだ途上であると同時に，発展性も含んでいるといえる。

第6章	地域共生社会の実現に向けた 多機関協働

学びのポイント

> 　地域共生社会実現のために，住民の身近な圏域において地域課題の解決に向け住民参加を促す協力団体，住民参画に基づき地域課題への解決を行う協力機関，さらに市町村圏域で協働する諸機関について学ぶ。また，保健・医療・福祉分野をはじめとする多職種協働と個人情報の保護を理解し，福祉以外の分野との機関協働について学ぶ。

1　多機関協働を促進する仕組み

　厚生労働省は「地域共生社会」について，「社会構造や暮らしの変化に応じて，制度・分野ごとの『縦割り』や『支え手』『受け手』という関係を超えて，地域住民や地域の多様な主体が参画し，人と人，人と資源が世代や分野を超えつながることで，住民一人ひとりの暮らしと生きがい，地域をともにつくっていく社会を目指すもの」[(1)]と説明している。

（1）骨太の方針2016

　地域共生社会の実現は，国が2016年6月2日に閣議決定した「経済財政運営と改革の基本方針2016（骨太の方針2016）」の「成長と分配の好循環の実現」において，「障害者，難病患者，がん患者等も，それぞれの希望や能力，障害や疾病の特性等に応じて最大限活躍できる社会を目指し，就労支援及び職場定着支援，治療と職業生活の両立支援，障害者の文化芸術活動の振興等を進め，社会参加や自立を促進していく。性的指向，性自認に関する正しい理解を促進するとともに，社会全体が多様性を受け入れる環境づくりを進める。全ての人々が地域，暮らし，生きがいを共に創り高め合う地域共生社会を実現する」[(2)]と述

べられている。

　また，「骨太の方針2016」では地域共生社会の実現が障害者等の活躍支援に関する項目で，障害があっても社会の一員としてその役割を果たし，能力を活用できるよう，「社会全体が多様性を受け入れる環境づくり」を進めていくことが重要とされている。

（2）ニッポン一億総活躍プラン

　さらに，同年同日に閣議決定された「ニッポン一億総活躍プラン」においても，「『介護離職ゼロ』に向けた取組の方向」に「子供・高齢者・障害者などすべての人々が地域，暮らし，生きがいを共に創り，高め合うことができる『地域共生社会』を実現する。このため，支え手側と受け手側に分かれるのではなく，地域のあらゆる住民が役割を持ち，支え合いながら，自分らしく活躍できる地域コミュニティを育成し，福祉などの公的サービスと協働して助け合いながら暮らすことのできる仕組みを構築する」と述べられている。

　また「ニッポン一億総活躍プラン」では，介護の領域でマンパワーが慢性的に不足している状況について，高齢者も介護サービスの受け手にとどまらず，自身の健康寿命の延伸に努めて支え手側になることも含め，「すべての人々が地域，暮らし，生きがいを共に創り，高め合うことができる」地域共生社会が目指されている。つまり，これまではその多くが各領域の福祉サービスの受け手であった障害者，高齢者，子どもなどが，地域社会で生活を営んでいく際に，常に支援を受ける側だけにいるのではなく，場合によって支援する側にもなって地域社会を担う一員としての役割を遂行する一人であることが，地域共生社会の実現の鍵になるとされているのである。

（3）「我が事・丸ごと」体制

　これらの閣議決定を受けて，2016年7月には厚生労働大臣を本部長とした「我が事・丸ごと」地域共生社会実現本部が発足した。同年10月からは「地域における住民主体の課題解決強化・相談支援体制の在り方に関する検討会（地域力強化検討会）」が設置されて12月に中間取りまとめが公表された。そこには

「我が事・丸ごと」体制の具体的な展開方法や従来の地域福祉計画に関する見直し，自治体の役割等が示された。つまり，「我が事」とは，地域住民が自分たちの生活圏域で暮らす中，深刻な状況に苦しむ人たちに関心を寄せ，自分たちで支援できる方法を探る（＝他人事を自分のことに置き換えて考え，働きかける）機能や，自分たちが住む地域をどのようにして安心できる，住みたい町にするかを主体的に考える（＝自らの意思で，やりがいをもって参画する）機能を地域社会が備えていくことである。

そして，「丸ごと」とは，地域住民が様々な課題を発見し，何らかの支援を行っていこうとした時に，それらの支援を受け止めて促進していく総合的な体制を整備していくことである。また，自治体のみならず地域包括支援センター，市町村社会福祉協議会，社会福祉法人やNPO法人などが連携し，介護・子育て・障害・病気など様々な課題を背負った世帯を丸ごと受け入れる，さらには住まい・就労・家計・孤立など複合的に絡んでいる状況を丸ごと受け止めて対応を考えるといったことである。

そうした「我が事・丸ごと」を実現するためには，市町村における包括的なソーシャルワーク体制の整備が必要になる。多様で複合的な課題への対応を可能とするには，福祉以外の医療，保健，雇用，就労，家計，教育，司法，産業，多文化共生など広い範囲に及ぶ他分野と連携体制を構築しなければならない。また，既存の制度では対応できない新たな課題には，自治体と地域住民，地域に活動拠点を置く様々な団体や機関などとの協働により，新しい社会資源を開発することも必要である。

2　住民の身近な圏域における諸団体・機関との協働

「ニッポン一億総活躍プラン」では，地域共生社会を実現していくにあたり，住民の身近な圏域である小学校通学区あるいは中学校通学区において，住民が主体的に地域課題を把握し，その解決の方法を考案して試みることができる体制づくりを支援していくと述べられている。身近な日常生活圏域において，住民が地域の課題に気づき，他人事を我が事として意識する。そして，課題解決

のための活動協力を呼び掛ける相手は住民同士のみならず，共に参画する主体として一翼を担う地域の様々な団体や機関である。

　このような機関・団体として，第1に，地域課題の解決に向け住民参加を促す際に協力してもらう生活圏内にある身近な関係団体や機関が挙げられる。その次に，住民参画に基づき，地域課題への解決方法を具体的に探って実践していく際，協力が必要とされる自治体単位の範囲にある関係機関が挙げられる。

（1）地域課題の解決に向け住民参加を促す際の主な協力団体

1）自治会・町内会など

　総務省の定義によれば，自治会や町内会などは「市町村内の一定の区域に住所を有する者の地縁に基づいて形成された団体」であり，「区域の住民相互の連絡，環境の整備，集会施設の維持管理等，良好な地域社会の維持及び形成に資する地域的な共同活動を行う」[(4)]団体である。自治会・町内会等が行っている活動には次のようなものがある。

- ・防犯・防災のパトロール（防災訓練など）
- ・児童の登下校時の見守り
- ・高齢者の見守り・支援
- ・環境美化活動（町内の一斉清掃など）
- ・広報紙・チラシ等の作成
- ・住民の要望を学区や役所へ伝える

　現在，自治会・町内会が抱える課題は，会への加入率の低下，構成員の高齢化が進み，役員などを担う人手が減少していること等が挙げられる。大型自然災害時などにおける地域社会の役割や重要性が再認識されている一方で，住民同士の連帯感が希薄化し，従来の共同作業や行事等が行えなくなっている現状を危ぶみ，「地域社会の再生」が求められている。「我が事・丸ごと」で地域福祉に取り組む動きは，「地域社会の再生」や「住民主体のまちづくり」などと連動している。

　なお，このほかに民生委員・児童委員協議会があるが，第1章で詳述済みのため，省略する。

2）老人クラブ

　老人クラブは，1963年8月に施行された老人福祉法第13条において「地方公共団体は，老人の心身の健康の保持に資するための教養講座，レクリエーションその他広く老人が自主的かつ積極的に参加することができる事業を実施するように努めなければならない。／地方公共団体は，老人の福祉を増進することを目的とする事業の振興を図るとともに，老人クラブその他当該事業を行う者に対して，適当な援助をするように努めなければならない」と規定されている。

　もともと，戦後の復興に邁進する社会状況下で，自らの老後を懸念する高齢者たちが友人や知人，老後の問題に関心を寄せる人たちに呼びかけ，自主的な集まりとして老人クラブを結成していった。その後，1952年からは全国の社会福祉協議会で老人クラブづくりが進められるようになった。1962年には全国老人クラブ連合会（全老連）が設立され，翌年より老人クラブに対し，国からの助成が行われるようになった。

　現在，全老連の下部組織として63の団体からなる都道府県・指定都市老人クラブ連合会があり，その下に市町村老人クラブ連合会がある。地域の老人クラブや地区老人クラブの多くは市町村老人クラブ連合会の構成メンバーである。全老連が紹介している個々の老人クラブの活動は，大きく分けて2つある。一つは地域社会において生活を豊かにする活動（健康づくり，介護予防，趣味や文化活動など），もう一つは社会を豊かにする活動（地域の助け合いなどボランティア活動，安心・安全のまちづくり，公園など公共施設の環境整備，伝承文化の継承，多世代交流など）である。⁽⁵⁾

　ここに挙げた1）から2）までの団体以外にも，様々なテーマで自主的な活動を行っている地元のボランティア団体，地区の小・中学校PTAや子ども会など，さらには地元の会社や商店なども，地域社会の課題解決に向けて住民が動き始める際に重要な協力主体となる団体である。

（2）住民参画に基づき地域課題を解決する際の主な協力機関

1）市町村社会福祉協議会

　2000年5月に社会福祉事業法が社会福祉法に改正・改称され，第1条には

「地域福祉」の文言が記された。社会福祉法第4条には「地域住民，社会福祉を目的とする事業を経営する者及び社会福祉に関する活動を行う者は，相互に協力し，福祉サービスを必要とする地域住民が地域社会を構成する一員として日常生活を営み，社会，経済，文化その他あらゆる分野の活動に参加する機会が確保されるように，地域福祉の推進に努めなければならない」と規定されている。

　第4条にある「社会福祉を目的とする事業を経営する者」として地域福祉推進の中核となる機関が市町村社協である。1992年4月に出された「新・社会福祉協議会基本要項」に，社会福祉協議会は「住民主体の理念に基づき，地域の福祉課題の解決に取り組み，誰もが安心して暮らすことのできる地域福祉の実現」を目指すとされている。さらに，社会福祉法第109条には市町村社協が担っている事業が次のように挙げられている。

- ・社会福祉を目的とする事業の企画及び実施
- ・社会福祉に関する活動への住民の参加のための援助
- ・社会福祉を目的とする事業に関する調査，普及，宣伝，連絡，調整及び助成
- ・上記の事業の他，社会福祉を目的とする事業の健全な発達を図るために必要な事業

　全国社会福祉協議会地域福祉部／全国ボランティア・市民活動振興センターによる「地域福祉・ボランティア情報ネットワーク」のホームページには市町村社協の事業が，(1)法人部門（事業全体の管理，総合的・計画的な事業執行を行うための組織管理），(2)地域福祉活動推進部門（住民参加による地域福祉の推進。福祉のまちづくり推進，ボランティア活動・市民活動推進），(3)福祉サービス利用支援部門（権利擁護を含む地域の福祉サービス利用者支援），(4)在宅福祉サービス部門（介護保険制度，障害者総合支援法，その他の在宅福祉サービスの実施）の4つに分けて紹介されている。[6]

　このうち，特に(2)の地域福祉活動推進部門では，地域のボランティア等と協力し，高齢者や障害者，子育て中の親子が気軽に集える「サロン活動」が進められている。市町村社協に設置されたボランティアセンターは，ボランティア

活動に関する相談や活動先の紹介を行い，市町村内の小・中学校や高校におけ
る福祉教育や福祉ボランティア活動の支援なども行っている。

　また，(4)には高齢者や障害者の在宅生活を支援するホームヘルプサービスや
配食サービス，その他の様々な福祉サービスがあるが，この中に専門職が関わ
る領域以外で，住民有志が協力して買い物の代行や通院の補助などを行ってい
る活動がある。現在，市町村社協の中には，住民の多様な福祉ニーズに応える
ため，地域福祉を担う様々な主体の協力や参画を得ながら，地域の特性を踏ま
えて創意工夫をこらした独自の事業を創り出しているところが少なからずある。

2）民生委員・児童委員協議会

　現在，全国に約23万人いるとされる民生委員・児童委員は，市町村の一定区
域ごとに設置されている「民生委員児童委員協議会」（民児協）に所属している。
民生委員法で，市町村の一定区域ごとに民児協を設置すべきと規定され，民児
協は「法定単位民児協」と呼ばれている。民児協組織は市や郡，都道府県・指
定都市にも設置されているが，その範囲は法定単位民児協の区域より広域であ
り，その域内にある法定単位民児協の連合組織であることから「連合民児協」
と呼ばれている。

　全国民生委員児童委員連合会は民児協の活動内容を「単位民児協では月に1
回以上の『定例会』を開催し，会員である民生委員・児童委員同士の連携をは
かるとともに，困難な課題を抱える世帯への支援の方法等についての検討も行
ないます。…（中略）…とくに近年では，社会的孤立の問題が顕在化している
ことから，地域における見守り活動の強化に多くの民児協が取り組んでいます。
また，自然災害が相次ぐなか，高齢者や障害者，乳幼児を抱える世帯などの災
害時要援護者の支援態勢づくりも地域の重要な課題とされていることから，こ
うした要援護者の把握による『要援護者台帳』や『要援護者マップ』づくり，
避難支援者の確保などにも取り組んでいます。さらに，深刻化する児童虐待問
題を受け，乳児がいる世帯の全戸訪問活動や保護者の孤立化を防止するための
『子育てサロン』の実施に力を注いでいる民児協も多くみられます」[7]と説明し
ている。

　これらの内容をみると，民児協は民生委員・児童委員の組織として地元に定

着し，地域における住民の様々な課題に対して直接的かつ具体的に働きかけていることがわかる。住民にとっては最も身近な支援機関の一つといえる。

3）地域子育て支援拠点

　2012年8月に公布された子ども・子育て支援法は，2015年4月から施行され，その第59条には，市町村が子ども・子育て支援事業計画に沿って子ども・子育て家庭等を対象とした様々な事業を実施していくことが定められている。その中に地域子育て支援拠点事業があり，その事業内容は「家庭や地域における子育て機能の低下や，子育て中の親の孤独感や負担感の増大等に対応するため，地域の子育て中の親子の交流促進や育児相談を行う[8]」と説明されている。地域子育て支援事業の具体的な内容は以下のとおりである。

　　①　子育て親子の交流の場の提供と交流の促進
　　②　子育て等に関する相談・援助の実施
　　③　地域の子育て関連情報の提供
　　④　子育て及び子育て支援に関する講習等の実施

　この事業を実施する主体は市町村であるが，社会福祉法人やNPO法人，民間事業者への委託も可能である。こうした多様な主体が参画することで，子育てを地域で行っていくという意識が育ち，活動の拡大も期待できる。つまり，子ども・子育て支援の活動から，地域における子育て・親育ての活動への展開である。また，事業を実施する具体的な場所として，公共施設の空きスペースや商店街の空き店舗，民家やマンションの一室，あるいは保育所や幼稚園，認定こども園等を活用するなど，地域の様々な資源を活かすことができる。さらに，児童館等の児童福祉施設で職員の協力を得ながら，親子が集まる場を確保して子育て支援活動を行うこともある。

　今後の展開として，子どもの一時預かりなどを含む地域の子育て支援活動への拡大，アウトリーチ型による出張広場などの開設，高齢者や若者など多様な世代との交流や地元の行事や伝統文化の継承などを行っていくことが考えられる。

4）相談支援事業所

　障害者総合支援法，障害児の場合は児童福祉法において相談支援事業が規定

されている。その事業を行うのが相談支援事業所である。相談支援事業所は，障害者やその家族からの生活や支援に関する相談に応じ，関係機関等と連携しながら，障害者が地域で安心して生活できるような支援体制をつくっていく機能を持つ。

　相談支援事業所には専従の相談支援専門員を配置しなければならない。相談支援専門員になるためには，障害者の保健，医療，福祉，就労，教育の分野における相談支援・介護等の業務に3年から10年ぐらいの実務経験があり，相談支援従事者初任者研修の修了という要件を満たさなければならない。また，5年に1度の相談支援従事者現任研修を受講しない場合，相談支援専門員の資格は失効する。

　相談支援事業は大きく3つに分類され，①市町村が事業者を指定する特定相談支援事業，②都道府県が事業者を指定する一般相談支援事業，③市町村が事業者を指定する障害児相談支援事業がある。それぞれの事業内容は以下のとおりである。

　　①　特定相談支援事業の支援内容
　　　　・基本相談支援（日常生活や福祉サービスの利用等に関する相談，障害や病状の理解に関する相談，家族関係・人間関係などに関する相談など）
　　　　・計画相談支援（サービス事業者との連絡調整のうえ福祉サービス等の利用計画を作成，サービスを継続して利用する際の支援など）
　　　　※この支援事業の対象は，障害者自立支援法の計画相談支援の対象者である。

　　②　一般相談支援事業の支援内容
　　　　・基本相談支援（日常生活や福祉サービスの利用等に関する相談，障害や病状の理解に関する相談，家族関係・人間関係などに関する相談など）
　　　　・地域相談支援（施設や病院に入所・入院している人が地域生活へ移行，あるいは定着するための支援，居宅で単身生活をしている人への連絡体制整備や緊急時支援など）
　　　　※この支援事業のうち，地域移行支援の対象となるのは，障害者支援施設等に入所している障害者，あるいは精神科病院に入院して

いる精神障害者である。また，地域定着支援の対象となるのは，居宅において単身で生活する障害者，あるいは居宅で同居している家族等が傷害，疾病等のため，緊急時等の支援が見込まれない状況にある障害者である。

③　障害児相談支援事業の支援内容
・障害児支援利用援助（サービス事業者との連絡調整のうえで障害児支援利用計画を作成）
・継続障害児支援利用援助（障害児支援利用の継続）
※この支援事業の対象は，児童福祉法の障害児相談支援の対象者である。

　障害者自立支援法等の一部改正により，2012年4月に法定化された自立支援協議会（2013年4月から施行された障害者総合支援法により，その名称は地域の実情に応じて柔軟に決めることができるようになったため，「(自立支援) 協議会」と表記されている）では，市町村の呼びかけで地域の関係者が集まって課題を共有し，障害者の地域における自立を支えていく基盤整備について協議が行われている。相談支援事業所は，(自立支援) 協議会の主要メンバーとして，障害者が直面している生活課題等を報告して問題提起するなど，重要な役割を担っている。

　ここに挙げた1）から4）までの団体・機関のほかにも福祉施設や福祉サービス事業等を運営している社会福祉法人，地域に根差した福祉活動を担っているNPO法人，また，銀行や郵便局などを含む地元の企業や病院・診療所なども，住民参画に基づき，地域課題への解決や実践を行う際の協力機関である。

3　市町村の圏域における多機関との協働

（1）市町村における包括的支援体制の整備

　厚生労働省による2017年12月12日付の通知「地域共生社会の実現に向けた地域福祉の推進について（概要）」では，2018年施行の改正社会福祉法の趣旨を示し，法第106条の3第1項にある「市町村における包括的な支援体制の整備の推進（市町村の努力義務）」が挙げられている。⁽⁹⁾市町村における包括的な支援

体制の整備では，(1)住民に身近な圏域，(2)市町村域，(3)都道府県域と，そのカバーする範囲を段階ごとに分けてそれぞれの対応内容が示されている。ここでは，(2)にあたる市町村域において，多機関の協働による包括的な相談支援体制の構築についてみていく。

　市町村は，地域住民が抱える育児，介護，障害，貧困など様々な要素が絡む複合的で複雑化した課題を受け止め，個々の課題について専門的に対応する部署や諸機関と連携を密にし，総合的な相談支援体制の整備を推進していかなければならない。「ニッポン一億総活躍プラン」では，市町村における包括的・総合的な相談体制の確立を目指し，2020年から2025年を目途に展開を図っていくとしている。

　2017年3月に公表された全国社会福祉協議会の報告書では，2016年度に包括的相談支援体制構築事業に取り組んだ26の自治体について，事業実施に至った経緯や，その実践内容等の詳細が報告されている。

　それによれば，26自治体のうち，行政が直接事業を実施した自治体が19，民間に委託した自治体は7であった。民間委託の場合，その大半は社会福祉協議会であり，その他に社会福祉法人，NPO法人，一般社団法人，医療法人などがある。さらに，委託先に関しては，地域包括支援センターを受託しているところ，生活困窮者自立支援制度による自立相談支援事業を受託しているところなど，基盤となる相談支援体制や経験・実績を持っている法人が選定されている例が多かった。

　また，体制構築事業で配置される相談支援包括化推進員（推進員）は，ⅰ）相談者等が抱える課題の把握，ⅱ）プランの作成，ⅲ）相談支援機関等との連絡調整，ⅳ）相談支援機関等による支援の実施状況の把握および支援内容等に関する指導・助言，を行うことになっている。この推進員の配置人数について，今回の調査では1人から3人体制という自治体が多かった。推進員の活動内容は多岐にわたっているが，それらの業務について，すでに当該自治体に設置されている生活支援コーディネーターや市町村社協のコミュニティソーシャルワーカーとの業務の棲み分け，あるいはどのように連携していくかが課題となっている。

体制構築事業では，定期的に相談支援包括化推進会議を開催することになっている。この会議によって各相談支援機関の業務内容の相互理解が促進され，具体的な連携方法に関する協議，地域に不足している社会資源の創出についての意見交換などが行われる。また，既存の会議体である生活困窮者自立支援制度による支援調整会議，介護保険法に定められた地域ケア会議，児童福祉法による要保護児童対策地域協議会，障害者総合支援法による自立支援協議会などが活用されることもある。

　相談支援包括化推進会議の構成メンバーには地域包括支援センター，市町村社協（都道府県社協），医療機関，介護事業者，民生委員・児童委員，自治会・町内会，生活困窮者自立相談支援機関，警察署，法務局（支局）など，幅広い団体・機関が挙げられている。もっとも，自治体の中にはメンバーを固定せず，テーマに応じて柔軟な参加を求めているところもあり，今後は会議の構成を専門職・専門機関のみとするか，住民参加の場にするのか，住民と専門職との協働のあり方も含め，検討していく必要がある。

（2）市町村圏域における協働機関

　多機関の協働によって包括的な支援体制を創っていく実施主体である市町村は，住民の抱える複合的かつ複雑化した課題に対し，ワンストップ型で受けとめる相談窓口を設置するとともに，様々な分野の多機関関係者が話し合いを行う会議を開催し，包括的支援に必要な連絡調整等を行わなければならない。市町村の圏域において協働していく主な機関には次のようなものがある。

1）自立相談支援機関

　厚生労働省のホームページでは，生活困窮者自立支援制度が，「平成27年4月から，生活困窮者の支援制度が始まります。生活全般にわたる困りごとの相談窓口が全国に設置されます。働きたくても働けない，住む所がないなど，まずは地域の相談窓口にご相談ください。相談窓口では一人ひとりの状況に合わせた支援プランを作成し，専門の支援員が相談者に寄り添いながら，他の専門機関と連携して，解決に向けた支援を行います」と紹介されている。

　この生活困窮者自立支援制度によって設置された自立相談支援機関が担って

いる事業内容について，生活困窮者自立支援全国ネットワークは次のように整理している。[12]

①　自立相談支援事業

相談者の抱えている生活困難や課題について，支援員が問題の状況や本人の悩み，希望などの相談に応じ，個別の状況に合わせた具体的な支援プランを作成する。また，関係機関への訪問同行や，認定就労訓練事業の利用斡旋をする。

②　住居確保給付金の支給（一定の資産収入等に関する要件を満たしている人が対象）

離職などで収入の道がなくなり，住居を失ってしまった人や，失う恐れがある人には，就職活動することを条件などにして，一定期間の家賃相当額が支給される。

③　就労準備支援事業（一定の資産収入に関する要件を満たしている人が対象）

「社会との関わりに不安がある」「他人とコミュニケーションがうまくとれない」などの理由で直ちに就労することが難しい人に，6カ月から1年を上限に，プログラムに沿って計画的かつ集中的に，一般就労に向けた基礎能力を養いながら就労に向けた支援や就労機会の提供が行われる。また，就労準備支援事業による支援だけでは一般就労への移行ができない場合には，その人に合った支援付き就労の場を提供し，中・長期的な支援を通じて一般就労を可能にする就労訓練事業もある。

④　家計改善支援事業

家計の立て直しをアドバイスするもので，収入と支出の金額を家計簿にまとめるなど家計状況の「見える化」を行い，家計の破綻状態を招いた根本的な課題を把握し，相談者が自ら家計を管理できるように支援する。具体的には，滞納の解消や債務整理，各種給付制度等の利用に向けた支援等を行い，早期の生活再生を目指す。

⑤　子どもの学習・生活支援事業

「貧困の連鎖」を防止し，子どもの学習支援をはじめ，日常的な生活習慣や育成環境の改善，仲間と出会い活動ができる居場所づくり，進路選択

（教育，就労等）に関する相談支援，高校進学者の中退防止に関する支援等，子どもの進路について保護者に助言するなど，子どもと保護者の双方に必要な支援を行う。生活保護受給世帯を含む生活困窮世帯の子どもが対象となる。

⑥　一時生活支援事業

住居をもたない人，ネットカフェ等での不安定な宿泊を続けている人などで，収入等が一定水準以下の場合には，緊急的に一定期間（原則3カ月以内），宿泊場所や衣食を提供する事業である。宿泊場所から退所した後の生活に向けて，就労支援などの自立支援も行われる。この事業を利用している間に，できるだけ一般就労に結びつくため，自立相談支援事業と適切に連携する。

2）要保護児童対策地域協議会（子どもを守る地域ネットワーク）

2000年11月に施行された「児童虐待の防止等に関する法律（児童虐待防止法）」を受け，2004年12月に児童福祉法が改正され，その第25条の2に要保護児童等への適切な支援を図ることを目的として，地方自治体は要保護児童対策地域協議会（地域協議会）を設置・運営することが規定された。

厚生労働省は，「虐待を受けている子どもなど要保護児童の早期発見や適切な保護を図るために，関係機関がその子ども等に関する情報や考え方を共有し，適切な連携の下で対応していくことが重要である」とし，2004年の児童福祉法改正において「地方公共団体は，要保護児童の適切な保護を図るため，関係機関等により構成され，要保護児童及びその保護者（以下「要保護児童等」という。）に関する情報の交換や支援内容の協議を行う要保護児童対策地域協議会（以下「地域協議会」という。）を置くことができる」と規定している。

また，法改正により，「関係機関の狭間で適切な支援が行われないといった事例を防止し，守秘義務が存在することなどで個人情報の提供に躊躇があった関係者からの積極的な情報提供が図られ，要保護児童の適切な保護ができるようになる。地域協議会を構成する関係機関等に守秘義務が課せられたことで，民間団体をはじめ法律上の守秘義務が課せられていなかった関係機関等の積極的な参加や情報交換，相互連携が期待されるところである[13]」と，その効果を述

べている。

　地域協議会が対象とする児童は，児童福祉法第 6 条の 3 に規定されている「要保護児童（保護者のない児童，保護者に監護させることが不適当であると認められる児童，保護者の養育を支援することが特に必要と認められる児童）」であり，虐待を受けた子どものみならず，非行児童なども含まれている。

　地域協議会の構成メンバーには，児童福祉分野から市町村の児童福祉・母子保健担当部局，児童相談所，福祉事務所の家庭児童相談担当など，保健医療分野から市町村保健センター，保健所，医療機関など，教育分野から教育委員会，幼稚園など，警察・司法分野からは警察や弁護士など，人権擁護分野から法務局や人権擁護委員などがある。

　地域協議会は，地域の関係機関等が子どもやその家庭に関する情報や考え方を共有し，適切な連携の下で対応していくこととなるため，次のような意義がある。

　　・要保護児童等を早期に発見することができる
　　・要保護児童等に対して迅速に支援を開始することができる
　　・各関係機関等が連携を取り合うことで情報の共有化が図られる
　　・情報の共有化を通じて，関係機関等の役割分担について共通理解が得られる
　　・関係機関等の役割分担から各機関が責任をもって関わる体制づくりができる

　この地域協議会で協議される要保護児童に関する案件等は，これまでにも地域の様々なネットワークや関係団体などによって話し合われ，対策等が検討されてきた経緯や実績がある場合も少なくない。例えば，少年非行問題を扱うネットワークには，地域協議会の他に，学校・教育委員会が調整役となっているネットワーク，警察が調整役になっているネットワーク等も存在する。これらのネットワークは，中心となって活動する機関によって視点・手法が異なっていると思われ，実際に少年非行ケースを扱う際には，その子どもが抱える問題に最も適切に対応できるネットワークを活用することが望ましい。地域協議会は，これらの様々なネットワークとの連携・協力体制を築いていくことが重要

になる。

　また，子どもの虐待防止では民間レベルでも様々な取り組みが行われており，2004年4月には「日本子どもの虐待防止民間ネットワーク（虐待防止ネットワーク）」が発足し，2007年に特定非営利活動法人となっている。自治体によっては，虐待防止ネットワークを中心に児童虐待関連の相談・対応，関係者会議などを開いているところもある。このような市町村で地域協議会を立ち上げる場合には，虐待防止ネットワークと地域協議会の法的な違い，つまり地域協議会では必要に応じ関係機関に対し資料，または情報の提供等を求めることができることや，守秘義務について法律上明確化されていることなどを説明した上で，虐待防止ネットワークの活動やこれまでの実績を踏まえ，相互の役割を理解しつつ連携方法を探っていく必要がある。

3）障害者自立支援協議会

　障害者総合支援法に基づいて市町村に設置される障害者自立支援協議会は，市町村内の障害者福祉に関する関係者による連携や支援体制を構築し，障害を理由とする差別を解消するための取り組みに関する協議を行うことを目的に設置されている。主な協議内容は，相談支援，障害福祉サービス，障害福祉活動，障害者の就労，障害児の問題，障害者差別について，障害者の自立と参加，関係機関等の連携についてなどである。

　障害者自立支援協議会の構成メンバーは，障害当事者団体の代表，障害者の家族団体の代表，相談支援事業所や障害者福祉施設など障害福祉の関連機関等に所属する者，保健・医療の関連機関等に所属する者，教育・雇用の関連機関等に所属する者，権利擁護関連機関等に所属する者，市町村の関連部署職員などである。

　障害者自立支援協議会には全体会の他に専門部会が組織されており，各市町村の実態に合わせて多様な専門部会が設置されている。例としては，就労支援部会，精神保健福祉部会，相談支援部会，子ども部会，身体障害者支援部会，知的障害者支援部会，発達障害部会，差別解消部会などがある。

4）生活支援体制整備事業（協議体）

　2015年の介護保険法改正により，介護保険予防給付のうちの介護予防訪問介

護・通所介護が，市町村による「介護予防・日常生活支援総合事業」へと移行された。この事業は，市町村が地域の実情に応じた取組を行うことができ，高齢者を支援していくために地域住民やボランティアなどを活用した独自のサービスを実施するものである。市町村は，住民主体による生活支援・介護予防サービスの充実を図るため，「生活支援体制整備事業」により地域全体で高齢者の生活を支える体制づくりを進めている。

　生活支援体制整備事業では，高齢者の在宅生活を支える生活支援サービス（買い物，調理，掃除などの家事支援や外出支援，見守り等）を，地域の住民やボランティアの協力によって適切に提供していく体制を築いていくものである。このために，生活支援コーディネーター（地域支え合い推進員）を配置して協議体を組織し，多様な主体が連携をとりながら生活支援体制の充実・強化を図っていく。

　生活支援コーディネーターは，地域において生活支援・介護予防サービスの提供体制の構築に向けたコーディネート機能を果たす調整役である。市町村における中学校通学区域程度の範囲を日常生活圏域（市町村が介護保険事業計画において設定しているもの）とし，そこで活動を行うボランティア団体やNPO，地区社協などの代表者が第3層コーディネーターである。これら第3層コーディネーターが日常生活圏域内における話し合いの場としての協議体（第2層協議体）を組織し，その協議体を取りまとめるのが第2層コーディネーターとなる。この第2層コーディネーターを含む，市町村内の各種団体（市町村社協，地域包括支援センター，ボランティア団体，NPO，企業など）の代表が集まって会議等を行う協議体（第1層協議体）が組織され，それを取りまとめるのが第1層コーディネーターである。

　協議体の目的は，地域で高齢者を支援する関係者間のネットワークづくりであり，定期的な情報共有・連携強化の場である。協議体へ提出された意見や提案，問題提起などから，地域の課題や資源の有無などが明らかになり，不足している地域資源の確保や充実のための方法が検討される。地域の課題の検討や地域資源の充実については市町村，あるいは地域包括支援センターが開催する地域ケア会議でも同様の内容が協議されている。

5）地域ケア会議

　2015年度から，介護保険法第115条の48において市町村が地域ケア会議を行うよう努めることが規定された。地域ケア会議は，適切な支援を図るために必要な検討を行うとともに，地域において自立した日常生活を営むために必要な支援体制に関する検討を行うものである。

　この地域ケア会議には，地域ケア個別会議と地域ケア推進会議がある。地域ケア個別会議は地域包括支援センターが開催し，サービス担当者会議等で話し合われた個別のケアマネジメントケースのうち，特に困難事例等の支援内容が報告され，そこから地域支援ネットワークを構築する必要性，高齢者の自立支援のためのケアマネジメント支援，地域課題の把握などが協議される。

　地域ケア個別会議は，医療・介護の専門職（医師，歯科医師，薬剤師，看護師，保健師，歯科衛生士，理学療法士，作業療法士，管理栄養士，介護福祉士，社会福祉士，ケアマネジャーなど）が構成メンバーであり，これらの多職種による協働でケアマネジメント支援を行うことが会議の基本とされている。また，この会議には直接サービス提供に当たらない専門職種が参加することもあり，地域の支援者としての自治会・町内会役員，民生委員・児童委員，ボランティア団体代表，NPO代表なども加わることがある。

　さらに，地域ケア個別会議から抽出された地域課題等について，地域包括支援センターと市町村が中心となって地域の課題を様々な機関も踏まえて共有するため，市町村域内の多機関へ呼びかけて地域ケア推進会議が開催される。地域ケア推進会議では，市町村域をカバーする範囲の地域包括支援ネットワークを構築するため，市町村社協，保健所・保健センター，医療機関・薬局・訪問看護ステーション，在宅医療連携拠点病院・診療所，介護サービス施設・事業者，介護支援専門員，民生委員・児童委員，ボランティア団体，NPO，民間企業，消防署，警察署など，多様な団体や機関が構成メンバーとなっている。

　なお厚生労働省は，地域ケア会議と協議体との関係，およびその構成メンバーについての質問に対し，「地域ケア会議は，個別事例の検討を通じて医療関係者を含めた多職種協働によるケアマネジメント支援を行うことが基本である。一方，協議体は，多様なサービス主体間の情報共有及び連携・協働による

資源開発等を推進する」ものであると回答している。また，地域ケア会議については，「生活支援・介護予防サービスの充実を図っていく上で，コーディネーターや協議体の仕組みと連携しながら，積極的に活用を図っていくことが望ましい」と考え，「地域ケア会議にコーディネーターが参加するなど地域の実情に応じた連携した取組を進めていただきたい[14]」と回答している。

　つまり，地域ケア会議から見えてくる地域課題は，生活支援コーディネーターが取り組む地域課題に重なるものであり，両輪の輪で対応策に取り組むことが求められている。

4　多職種協働

（1）保健・医療・福祉分野の多職種協働

　保健・医療・福祉の分野における多職種協働は，先の地域ケア会議でも強調される点であり，そこで実践されるのは「様々な保健や医療，福祉分野の専門職が，共有する目標に向かって協力・協働すること」である。

　WHOは2010年，「多職種協働教育と協働実践のための行動枠組み（Framework for action on inter-professional education and collaborative practice）」を発表しており，国際的にも多職種協働の推進が呼びかけられていることがわかる。最近では多職種協働をIPW（Inter-professional Work），多職種協働教育はIPE（Inter-professional Education）と呼び，日本の保健・医療・福祉系の学部を持つ大学などがIPEへの取り組みを進めている。

　しかし，多職種協働には一定した定義がなく，現場ではチームケア，チーム医療，チームアプローチなど様々な用語が使われており，その内容も多様である。また最近では，協働が保健医療や福祉分野の専門職に限らず，事務管理者や他の分野（例えば，情報や工学，司法など）の専門職，ボランティアなどの支援者，地域住民のリーダーなども協働のメンバーに挙げられるようになっており，地域における多機関連携と多職種協働を考えていくことが必要である。

　なお，ケアマネジャー（介護支援専門員）の実務研修実施要綱で，この研修目的に「地域包括ケアシステムの中で医療との連携をはじめとする多職種協働を

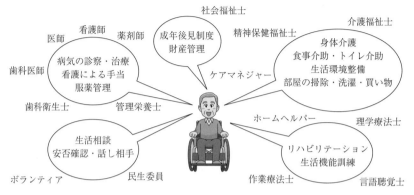

図表6-1　在宅で療養生活する人に関わる医療福祉関連の専門職

> チームケアとは，要介護者にとって必要なケアを医療・介護の専門家がチームで提供すること
> 複数の専門職による，より効率よい介護・看護をチームケアによって提供する。

社会福祉士
看護師　薬剤師　　成年後見制度　精神保健福祉士　　介護福祉士
医師　　　　　　　財産管理
歯科医師　　病気の診察・治療　　　　　　　　　　　身体介護
　　　　　看護による手当　　　ケアマネジャー　　食事介助・トイレ介助
　　　　　服薬管理　　　　　　　　　　　　　　　生活環境整備
歯科衛生士　　管理栄養士　　　　　　　　　　　部屋の掃除・洗濯・買い物
　　　　　　　　　　　　　　　　　　ホームヘルパー　　　理学療法士
　　　　生活相談
　　安否確認・話し相手　　　　　　　　　　リハビリテーション
　　　　　　　　　　　　　　　　　　　生活機能訓練
ボランティア　　　　民生委員　　　　　作業療法士　　　言語聴覚士

住み慣れた土地で暮らしたい要介護者にとっては民生委員や地域ボランティアも「欠かせないチームメンバー」

出典：筆者作成。

実践できる介護支援専門員の養成を図る[15]」ことが記されてあり，介護支援専門員の実務において多職種協働のスキルアップが重要であることがわかる。さらに，主任介護支援専門員の研修では医療との連携に関する研修に加え，社会資源の活用に向けた関係機関との連携事例を学ぶ研修が加わっており，現場における多職種協働の領域や範囲が拡大していることがわかる。

　例えば，高齢者ケアの現場であれば，介護支援専門員，医師，看護職，リハビリテーション専門職，医療ソーシャルワーカー，地域包括支援センターや社会福祉協議会の職員，介護施設・介護サービス事業所の職員に加え，民生委員・児童委員，NPO スタッフ，ボランティア団体のメンバー，自治会等の地域支援者などによる多職種協働が展開される（図表6-1）。

　特に在宅ケアでは多職種協働が推奨されている。その理由は，在宅で療養している者をチームで対応することで，その身体的，心理的，社会的な問題や家族も含めた複雑なニーズへの対応が可能になり，状態の回復や QOL の向上につながる。また，多職種間で知識や技能を分かち合うことにより，各専門職のスキルや特色が明確になり，その結果，各職種の専門性が強化される。さらに，

各専門職が患者や家族に必要なケアや地域に必要なシステムなどを俯瞰的にみる視点を養うことができることなどが，その利点として挙げられる。

（2）生活支援全般に関わるネットワーク

保健・医療・福祉分野における多職種協働は，専門職間の情報共有やカンファレンスなどによる協議・連絡等を中心に行われているが，地域では医療や介護のみならず生活全般にわたり，様々な問題を抱えている人たちも少なくない。これらの人たちへの支援は前述した生活支援コーディネーターの役割が重要になってくる。

もともと市町村による「介護予防・日常生活支援総合事業」で，高齢者を支援していくための地域住民やボランティアなどを活用したサービスが実施されていたが，さらに「生活支援体制整備事業」を実施することになり，住民が主体となった生活支援・介護予防サービスを充実し，地域全体で高齢者の生活を支えていく体制づくりを進めることになった。

「生活支援体制整備事業」で中核的な役割を担う生活支援コーディネーターの主な仕事は，高齢者の在宅生活を支える様々な生活支援サービスについて，住民やボランティアをはじめ，地域の様々な主体と連携を取りながらネットワークを形成し，地域全体を包括する協力体制を築いていくことである。

地域の様々な主体としては，個人としての住民やボランティアはもとより，自治会・町内会，老人クラブ，地区社協，民生委員・児童委員，ボランティア団体，NPOなどが挙げられる。また，社会福祉法人などは地域の福祉資源としての役割を担う組織として重要であり，生活協同組合や農業協同組合なども，助け合いの精神による生活支援には協力的な組織である。さらに，地域住民とのつながりが強い地元の民間企業や商店などによる協力・連携，郵便局や銀行なども見守りや声掛け，場合によって情報提供等の協力・連携が可能である。

生活支援コーディネーターには，当該地域の特色を踏まえ，多様な主体が積極的に関わって地域の活性化を目指していく活動の促進とネットワークの構築を図っていくことが求められている（図表6-2）。そして，その活動の延長線上には高齢者のみならず障害者や子ども，そのほかに多様な生活課題を抱えた

図表6-2 生活支援全般に関わるサービス内容とネットワーク主体

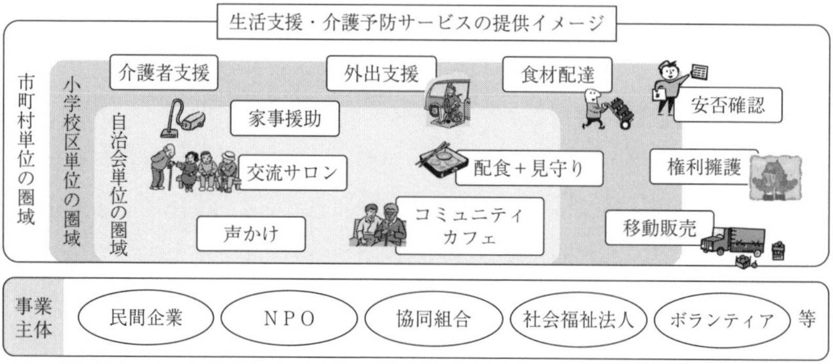

出典：厚生労働省老健局振興課「介護予防・日常生活支援総合事業の基本的な考え方」。

人たちへの支援のネットワークとのつながりが想定される。

（3）多職種協働における個人情報保護

　多職種協働において最も留意しなければならないのが個人情報の保護である。ケアを受ける対象者については，名前，年齢，生年月日，住所，保険証情報などの基本情報や，病名，病状，治療内容，看護状況などの医療関連情報，あるいは要介護の状況，認知症関連の情報，介護状況などの介護関連情報，さらに家族構成，家族関係，経済状況などの社会的背景の情報などを把握しておく必要がある。

　加えて，ケアを受ける本人の様子や家族の反応，医療者や介護職との関係性など，本人を取り巻く人間関係や，ケアを受けている際の不安や希望などの心理的状況も，ケアに関わる場合に重要な情報である。これらの極めて繊細でプライベートな情報について，個人情報保護法の上からも厳しく守秘義務が求められている。個人が特定できる情報を共有する際には，第1に本人，それが難しい場合には家族の承諾が必須である。

5　福祉以外の分野との機関協働

（1）社会的企業

　社会的企業とは，「第1章　地域福祉の基本的な考え方」で述べたように，介護や子育て，生活困窮や福祉，まちづくり，環境保護といった様々な社会的課題の解決に向けて，住民やNPO法人，企業などがビジネスの手法を用いて取り組む事業体であり，その活動はソーシャルビジネスともいわれているが，時代の急激な変化に伴い，人々の生活を脅かす社会的課題は多様化・複雑化している。行政による対応のみではこれらの社会的課題を解決することは難しい。そこで，社会的課題やニーズを市場と捉え，ビジネスの手法でそれらを解決しながら，同時に収益も上げていくという，ソーシャルビジネスによる画期的な発想の転換とその方法に注目が集まっている。

　このソーシャルビジネスと一般企業の営利事業との違いは，事業目的の第1が社会的課題の解決であり，それが利益の追求より優先されることである。一方，ソーシャルビジネスがボランティア活動と異なるのは，社会的課題に取り組むための活動資金を寄付や行政からの助成に頼らず，ビジネスによって自ら稼ぎ出すことに重点を置いている点である。ちなみに，経済産業省の「ソーシャルビジネス研究会報告書（2008年4月）[16]」には，ソーシャルビジネスの定義として，①社会性（現在解決が求められる社会的課題に取り組むことを事業活動のミッションとすること），②事業性（①のようなミッションにビジネスの手法で取り組み，継続的に事業活動を進めていくこと），③革新性（新しい社会的商品・サービスやそれを提供するための仕組みを開発，活用すること）が挙げられているが，ビジネスマンのみならず，定年退職した人や子育てを終えた女性，学生など若者たちで，「困っている人を助けたい」「自分の力を役立てたい」と考える人なら誰でもソーシャルビジネスの担い手になれる。ソーシャルビジネスは，社会的課題の解決と同時に，活動をする人のやりがいが高まり，新たな雇用を生み出すことにも期待が寄せられている。

（2）農福連携

　農福連携とは，障害者等が農業分野で活躍することを通じ，自信や生きがい
を持って社会参画を実現していく取り組みである。農林水産省は厚生労働省と
連携し，農業・農村における課題と障害者福祉における課題について双方の課
題を解決し，かつメリットを見出していく方法として農福連携の推進を図って
いく方針を打ち出している。

　農業・農村における主な課題は，農業労働力の確保が難しいこと（毎年，新
規就農者の2倍の農業従事者が減少している状況）と，荒廃農地の問題（現在，全国
で佐賀県と同程度の面積が荒廃農地となっている）がある。一方，障害者福祉にお
ける主な課題としては，障害者等の就労先の確保が難しいこと（障害者約964万
人のうち雇用施策対象となるのは4割弱の約377万人，うち雇用されているのは約94万
人にとどまる）と，工賃の引き上げが求められていることがある。

　この農福連携の事業展開によって，双方の課題が解決へ向かい，かつ次のよ
うなメリットも生まれる。とりわけ，農業・農村においては農業労働力が確保
され，農地の維持や拡大を見込むことができる。また，農地の荒廃が防止され，
地域コミュニティの維持も可能となる。一方，障害者福祉の分野でも障害者等
の雇用の場が確保され，賃金が上がることも期待される。さらに，障害者自身
のリハビリにもつながり，生きがい・やる気を向上させ，次の段階としての一
般就労への訓練にもなる。

　農福連携が目指す方向は，①農業生産における障害者等の活躍の場の拡大
（→障害者等の雇用・就労の場の拡大を通じた農業生産の拡大），②農産物等の付加価
値の向上（→障害の特性に応じた分業体制や，丁寧な作業等の特長を活かした良質な
農産物の生産とブランド化の推進），③農業を通じた障害者の自立支援（→障害者
の農業への取り組みによる社会参加意識の向上と賃金の上昇を通じた障害者の自立を支
援）である。

（3）観光・商工労働などとの連携

　農福連携で掲げられた過疎化や後継者不足の問題は，かつて賑わった商店街
が今やシャッター街と化している地方の商工会の多くが抱えている共通の課題

でもある。人口減少化が進む地方都市では，観光業や商工業などの事業継続が困難になっている。このような状況の中，農福連携に類似した方法で地域経済の再生を測ろうとする商工会も現れている。

それらの取り組みには，商工業者の経営改善や持続的な発展のため，地域の資源を再認識し，独自の方法で地域経済の再生を図ることが目的とされ，取り組みのプロセスがまちづくりにつながっていくものも多い。農福連携と同様に，障害者は場合によっては正式に雇用され，地域再生のパートナーとして協働する主体となる。

社会的企業はソーシャルビジネスともいわれるが，農福連携における農家はソーシャル・ファームと言い換えることができる。これと同様の理念で，障害者を雇用し，通常の賃金と労働条件で生産活動を行い，利益を事業に再投資する形で，社会的目的を実現していくことに活路を見いだす商工会や商店街が増えていくことも期待できる。そして，まちづくりの目標は，障害者が活躍するビジネスを育てる町を目標にして差別化を図り，福祉コミュニティを目指していくことにつながっていく。

（4）地方創生

2014年9月の内閣改造で地方創生担当大臣が新設された。同年11月に「まち・ひと・しごと創生法（地方創生法）」が成立し，翌月，内閣に「まち・ひと・しごと創生本部」が設置された。翌12月に閣議決定された「まち・ひと・しごと創生総合戦略」は，地方創生法第8条の規定に基づき，まち・ひと・しごと創生に関する5か年（2015〜2019年）の目標と施策に関する基本的方向が定められている。

その基本目標は，①地方における安定した雇用の創出，②地方への新しい人の流れをつくる，③若い世代の結婚・出産・子育ての希望を叶える，④時代に合った地域をつくり，安心な暮らしを守るとともに地域と地域を連携する，である。このため，①地域産業の競争力強化に取り組み，地域が必要とする人材を大都市圏で掘り起こして地域へ還流する仕組みを強化する，②潜在的移住希望者の移住を的確に支援する環境を整備し，「しごと」と「ひと」の好循環を

確立する，③こうした好循環に向けた取り組みが次の世代に引き継がれ，真に持続的な好循環が確立されるため，若い世代の結婚・妊娠・出産・子育ての希望を実現できる環境整備を行う，④「しごと」と「ひと」の好循環を地域に根づかせ，活気にあふれた「まちづくり」により，まち・ひと・しごと全体の好循環実現を目指す，とされている。

　現在，地方創生の取り組みは全国各地で行われており，国の地方創生サイトには数多くの事例が紹介されている。一例を挙げれば，県と市が連携して地域の課題の効率的・効果的な解決を図っている「農と観光ネットワーク計画」（新潟県十日町市：2015年 3 月27日〜2020年 3 月31日），ハード事業とソフト事業を効果的に組み合わせた「みんなが住みたい『住み心地100点』のまちづくり計画」（宮城県七ヶ宿町：2016年 3 月15日〜2020年 3 月31日），NPO や地域住民等と連携して廃校の活用・運営をしている「地域に活力と賑わいを再び──廃校校舎を活用した『ちらいおつ遊び塾』の開校」（北海道月形町：2007年 8 月 1 日〜2017年 3 月31日）など，内容も子育て・人づくり，まちづくり，しごとづくり，移住・交流支援，観光，農林水産業及びこれらの複合型など多岐にわたっている。

　地域再生ではなく，地域創生としたのは新しい発想や考え方により，より良いものを創り出すという意味が込められていると考えられる。国も地域創生のために様々な交付金を設けており，地域住民を中心に自らの創意工夫で魅力ある地域を新たに誕生させ，住民一人ひとりが安心して暮らせる，豊かな地域社会の形成が期待されている。

注

(1) 厚生労働省「地域共生社会の実現に向けて」(https://www.mhlw.go.jp/stf/seisakunitsuite/bunya/0000184346.html)。

(2) 内閣府「経済財政運営と改革の基本方針2016」(https://www5.cao.go.jp/keizai-shimon/kaigi/cabinet/2016/decision0602.html)。

(3) 内閣府「ニッポン一億総活躍プラン」（平成28年 6 月 2 日閣議決定）(https://www.kantei.go.jp/jp/singi/ichiokusoukatsuyaku/pdf/plan1.pdf)。

(4) 総務省「自治会・町内会について」(https://www.soumu.go.jp/main_content/000307324.pdf)。

(5) 全国老人クラブ連合会「老人クラブについて」(https://www.zenrouren.com/

about/history.html)。

(6)　全国社会福祉協議会地域福祉部/全国ボランティア・市民活動振興センター「地域福祉・ボランティア情報ネットワーク」(https://www.zcwvc.net/…)。

(7)　全国民生委員児童委員連合会「民生委員児童委員協議会（民児協）とは」(https://www2.shakyo.or.jp/zenminjiren/minzikyo_summary/)。

(8)　内閣府「子供・子育て支援制度」(https://www8.cao.go.jp/shoushi/shinseido/index.html)。

(9)　厚生労働省「地域共生社会の実現に向けた地域福祉の推進について（概要）」(https://www.mhlw.go.jp/file/06-Seisakujouhou-12600000- Seisakutoukatsukan/0000189732.pdf)。

(10)　全国社会福祉協議会「平成28年度多機関の協働による包括的相談支援体制に関する実践事例集──『我が事・丸ごと』の地域づくりに向けて」平成28年度厚生労働省委託事業「多機関の協働による包括的相談支援体制に関する調査・研究事業」報告書（平成29年3月）6-9頁。

(11)　厚生労働省「制度の紹介」(https://www.mhlw.go.jp/stf/seisakunitsuite/bunya/0000073432.html)。

(12)　生活困窮者自立支援全国ネットワーク「困窮者支援情報共有サイト──みんなつながるネットワーク」(https://www.minna-tunagaru.jp/about/#a-03)。

(13)　厚生労働省「要保護児童対策地域協議会とは」(https://www.mhlw.go.jp/bunya/kodomo/dv11/05-01.html)。

(14)　厚生労働省「『介護予防・日常生活支援総合事業ガイドライン案』についてのQ&A（平成26年9月30日版）」18頁（第3．生活支援・介護予防サービスの充実　問11地域ケア会議と協議体との関係，および構成メンバーについて）(https://www.mhlw.go.jp/file/06-Seisakujouhou-12300000-Roukenkyoku/0000188229.pdf)

(15)　厚生労働省「介護支援専門員の実務研修実施要綱」(https://www.hfkensyu.com/wp-content/uploads/2019/07/jitumujisshiyoko.pdf)。

(16)　経済産業省「ソーシャルビジネス研究会報告書」(2008年4月) (https://www.meti.go.jp/policy/local_economy/sbcb/sbkenkyukai/sbkenkyukaihoukokusho.pdf.)。

参考文献

田中滋監修，岩名礼介編著『新版 地域包括ケア サクセスガイド──住み慣れた地域で自分らしい暮らしを実現する』メディカ出版，2020年。

共生社会システム学会編『地域再生の新たな担い手と"農"の現場』農林統計出版，2016年。

駒崎弘樹『社会を変えたい人のためのソーシャルビジネス入門』PHP研究所，2015年。

広井良典『人口減少社会のデザイン』東洋経済新報社，2019年。
山崎亮『ケアするまちのデザイン──対話で探る超長寿時代のまちづくり』医学書院，
　2019年。

── 現場は今 ──

　名古屋市北区は高齢率が28.7%（2019年9月現在）と，市内16区のうち2番目に高齢化が進んでおり，中でも一人暮らし高齢者数は9,938人（2019年4月現在）で市内第1位である。また，自宅で暮らす認知症の人の割合が56.1%（2019年4月現在）と，これも市内第1位。このような北区の特徴を住民と共有して課題解決に取り組み，住み慣れた地域で安心して最期まで暮らし続けられるように，名古屋市北区地域包括ケア推進会議による「北区まるっとすまいる大作戦」の取り組みが始まった。希望する生き方を自ら選び実現できるまち（年をとっても安心して暮らし続けられ，高齢者に選ばれるまち）を目指し，区民や大学生，区政協力委員や民生委員，事業者などが集まり，「みんなでつくる高齢者が安心して暮らし続けられる2025年の北区の未来」についてディスカッションが繰り返された。その成果として2020年3月に「北区地域包括ケアみらい図」が発行されたが，その内容は北区オリジナルとして評判が高い。

<table>
<tr><td>第7章</td><td>災害時における総合的かつ包括的な
支援体制</td></tr>
</table>

学びのポイント

　本章では地域福祉との関連で，災害時や非常時の法制度の役割を整理するとともに，総合的，かつ包括的な支援の必要性を示し，緊急時対応に向けての地域福祉のあり方をハード，ソフトの両面から述べる。ここで真に必要なことは，平時から"他者の心の痛み"を共感できる学習活動を展開しておくことである。その活動は現実の地域社会における生活の場，当事者とともにあるだけではない。心安らかに生きていくことができるコミュニティ創造の体験学習であり，その場での実践であるため，その実践活動それ自体を重視して学びたい。

1　災害時における法制度

（1）災害対策基本法，災害救助法

1）災害対策基本法

　災害対策基本法は1959年の伊勢湾台風を契機に，1961年に制定された。この法律の制定によって防災体制を新しくし，かつ災害対策全体を体系化し，総合的，かつ計画的な防災行政の整備および推進を図ることになった。国土ならびに国民の生命，身体および財産を災害から保護し，もって社会の秩序の維持と公共の福祉の確保に資することを目的に様々な規定がある。法の概要をまとめると次の①～⑥のようになる。

　①　防災に関する責務の明確化

　国，都道府県，市町村，指定公共機関などの責務として，防災に関する計画の作成・実施，相互協力などの責務があり，住民の防災計画・災害の備えといった自発的な防災活動への参加についても定めている。

　②　防災に関する組織——総合的防災行政の整備・推進

総合調整機関に国，都道府県，市町村それぞれに中央防災会議，都道府県防災会議，市町村防災会議の設置を定めている。そして，都道府県，または市町村に災害対策本部を設置すること，国においても非常（緊急）災害対策本部を設置し，対策を実施することを定めている。

③　防災計画――計画的防災行政の整備・推進

　防災計画として，中央防災会議が作成する防災基本計画（災害対策の根幹となる最上位計画），中央省庁や指定公共機関が作成する防災業務計画，都道府県防災会議・市町村防災会議が作成する地域防災計画などを定めている。

④　災害対策の推進

　災害対策を災害予防，災害応急対策⁽³⁾，災害復旧という段階ごとに各実施責任主体の果たすべき役割や権限を定めている。

⑤　財政金融措置

　災害予防および災害応急対策費用は原則として実施責任者の負担だが，特に激甚な災害については国の特別の財政援助，被災者に対する助成などを定めている。

⑥　災害緊急事態

　災害緊急事態の布告，緊急災害対策本部の設置，緊急措置を定めている。

2）災害救助法

　災害対策では，一般法の災害対策基本法は災害の予防，発災後の応急期，復旧・復興の各段階を網羅的にカバーするが，各段階では災害のタイプに合わせ，各々の特別法が対応するような仕組みとなっている（図表7-1）。そこで，ここでは発災後の応急期における応急救助に対応する主要な法律である災害救助法の成り立ちや救助の流れ，運用例，原則などに着目してみる。

　この法律は1899年制定の罹災救助基金法を前身としており，制定された年は前年の南海地震を契機とした1947年であった。また，災害に際し，国が自治体，日本赤十字社，その他の団体及び国民の協力のもとに，応急的に必要な救助を行い，被災者の保護と社会の秩序の保存を図ることを目的としている（図表7-2）。

　運用例として住家被害状況の場合でみてみると，半壊か大規模半壊かで被災者生活再建支援法との棲み分けが行われていることがわかる（図表7-3）。

図表 7 - 1　災害対策法制上の位置づけ

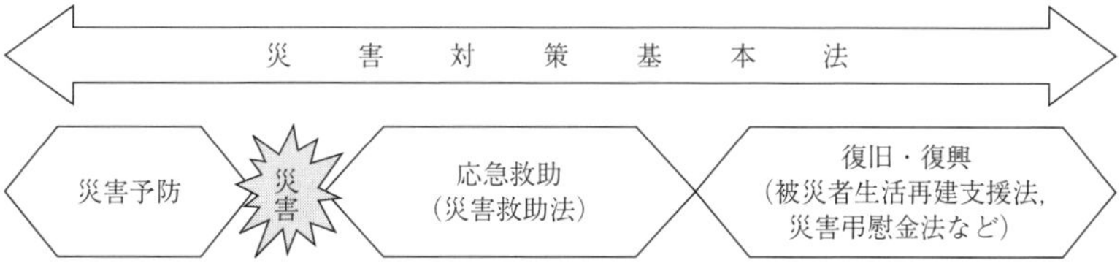

災　害　対　策　基　本　法

| 災害予防 | 災害 | 応急救助
（災害救助法） | 復旧・復興
（被災者生活再建支援法，
災害弔慰金法など） |

出典：内閣府 HP「防災情報」。

図表 7 - 2　災害救助法の流れ

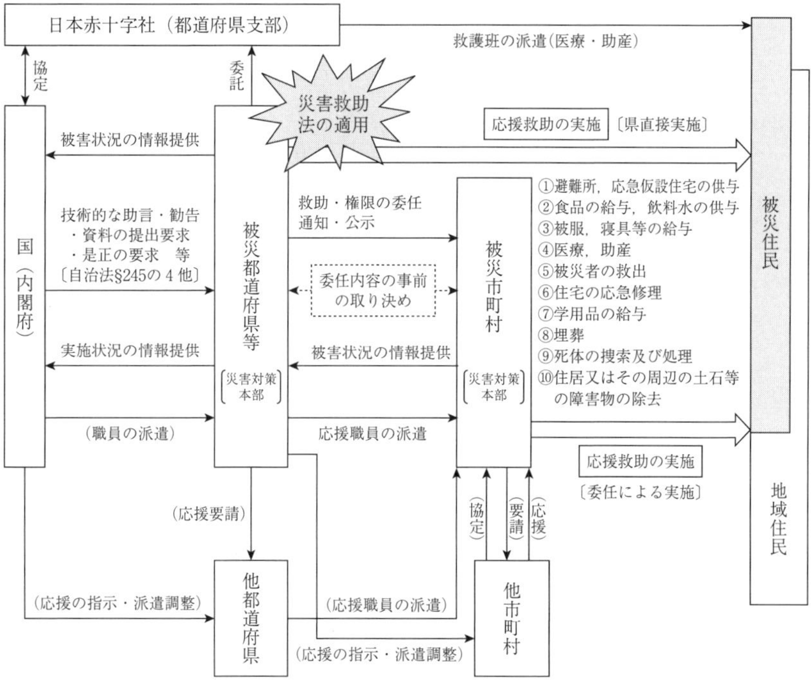

日本赤十字社（都道府県支部）

協定　委託

災害救助法の適用

救護班の派遣（医療・助産）

応援救助の実施〔県直接実施〕

国（内閣府）

被害状況の情報提供

技術的な助言・勧告・資料の提出要求・是正の要求　等〔自治法§245の 4 他〕

実施状況の情報提供

被災都道府県等（災害対策本部）

救助・権限の委任通知・公示

委任内容の事前の取り決め

被害状況の情報提供

被災市町村（災害対策本部）

①避難所，応急仮設住宅の供与
②食品の給与，飲料水の供与
③被服，寝具等の給与
④医療，助産
⑤被災者の救出
⑥住宅の応急修理
⑦学用品の給与
⑧埋葬
⑨死体の捜索及び処理
⑩住居又はその周辺の土石等の障害物の除去

被災住民

地域住民

（職員の派遣）　応援職員の派遣

応援救助の実施〔委任による実施〕

（応援要請）　協定　要請　応援

他都道府県

（応援の指示・派遣調整）　（応援職員の派遣）

他市町村

（応援の指示・派遣調整）

出典：図表 7 - 1 と同じ。

　また，災害救助法の基本原則は次のとおり 5 つある。これらを基準にし，救助に当たることが大事である。

図表 7 - 3 災害救助法の運用

住家被害状況	災害救助法	被災者生活再建支援法
全　壊	応急仮設住宅の供与	基本支援金 100万円 ※半壊解体等含む ／ 加算支援金 建設・購入200万円　補　修 100万円　賃　貸 50万円
大規模半壊		基礎支援金 50万円
半　壊	住宅の応急修理（59万5,000円以下）	※併給不可 応急仮設住宅は元の住家に住めなくなった方に仮住まいを提供するものであり、元の住家で住むための支援との併給はない。
床上浸水	生活必需品の供与（被服・寝具等）／ 学用品の給与 ／ 障害物の除去（13万7,900円以内）	
「一部損壊（準半壊）」（仮称）	（損害割合10%以上20%未満） 住宅の応急修理（30万円以下）	
住家被害にかかわらず実施可能な救助	避難所の設置 ／ 炊き出し・飲料水 ／ 医療・助産 ／ 被災者の救出 ／ 死体の捜索・処理 ／ 埋葬	

出典：図表 7 - 1 と同じ。

① 平等の原則

救助を要する被災者に対しては事情のいかんを問わず，また，経済的な要件を問わず，等しく救助の手を差しのべる。

② 必要即応の原則

応急救助は被災者への見舞制度ではない。画一的，機械的に救助を行わず，個々の被災者ごとに救助の内容と程度を判断して救助を行う。

③ 現物給付の原則

救助は確実にし，物資や食事，住まいなどの法による救助は現物で行う。

④ 現在地救助の原則

被災者が現在いる場所で実施する。旅行者，訪問客，土地の通過者などを含む。

⑤ 職権救助の原則

応急救助の性質に鑑み，被災者の申請を待つことなく救助を実施する。

（2）各自治体などの避難計画

1）地域防災計画，地区防災計画

　自然災害大国といわれて久しい日本だが，各自治体が地域の特性に応じて策定する地域防災計画が住民の安全安心を守るための大きな役割を担っている。この計画の根拠になっているのは災害対策基本法である。地域によって比較的起こりやすい自然災害の種類は異なる。その地域が都市部か郊外かといった地理的条件，年間平均降雨量などの気候特性といった地域の事情や自然条件に応じ，各自治体は地域防災計画を策定している。

　また，地域コミュニティにおける共助[4]による防災活動の推進の観点から，市町村内の一定の地区の居住者および事業者（地区居住者など）によって防災活動が自発的に行うことができるよう，2013年に災害対策基本法の改正により地区防災計画制度が新たに創設された。2014年には内閣府が「地区防災計画ガイドライン――地域防災力の向上と地域コミュニティの活性化に向けて」を公表している。

　この地区防災計画は，住民などが居住する地区の災害リスクを把握し，その対処法を検討した上，それを実施する方策などを自ら定めて作成する地区の特性に応じた計画であり，継続的に地域防災力を向上させる計画である[5]。

　ところで，地域防災計画を策定するにあたっては地理的条件や気候特性などだけではなく，地域住民について把握しておくことも非常に重要なことである。特に女性や高齢者，乳幼児，障害者といった支援や援護が必要な災害時要配慮者に対する自治体のサポートの優先度は高くなくてはならない。さらに付け加えれば，昼間と夜間の人口の違い，帰宅困難者の発生の可能性なども考慮した，減災の目標を据えた地域防災計画の策定が最低限のラインとして望まれる。

2）避難確保計画

　2017年の「水防法等の一部を改正する法律」の施行により，要配慮者利用施設の避難体制の強化を図るため，水防法および「土砂災害警戒区等における土砂災害防止対策の推進に関する法律（土砂災害防止法）」が2017年に改正された。また，同年の水防法の一部を改正する法律の施行により，要配慮者利用施設[6]の避難確保計画の策定および避難訓練の実施が義務となった。

これらが義務化されたのは，近年の非常に激しい雨や大雨の頻度が増加傾向にあることが背景にある。年間の降雨日数は減少傾向にあり，気候の変化によるリスクの高まりが懸念されている。風水害被害も頻発している。⁽⁷⁾

　さて，避難確保計画について確認する。この計画は，水害や土砂災害が発生するおそれがある場合における利用者の円滑，かつ迅速な避難の確保を図るために必要な次の事項を定めたものである。

・防災体制，避難誘導，施設の整備，防災教育および訓練の実施

・自衛水防組織の業務（※水防法に基づき自衛水防組織を置く場合）

・このほか，利用者の円滑，かつ迅速な避難の確保を図るために必要な措置に関する事項

　避難確保計画の作成・訓練の実施が義務化されているのは，洪水による浸水が想定される浸水想定区域や土砂災害（特別）警戒区域内で地域防災計画で定められた災害時要配慮者利用施設についてである。計画を作成しない場合に市町村長からの指示，それに従わない場合にはその旨が公表されることがある。国はこの計画の義務化により，逃げ遅れによる人的被害ゼロの実現を目指している。

2　災害時における総合的かつ包括的な支援

（1）災害時要援護者支援

1）災害時要援護者，避難行動要支援者，災害弱者，避難行動要支援者

　災害時要援護者という表現は，2013年の災害対策基本法の一部改正に伴い，現在では避難行動要支援者という呼称に変更されている。⁽¹⁰⁾災害時要援護者の言葉自体は災害対策基本法にはないが，2006年の「災害時要援護者の避難支援ガイドライン」が示された頃には広く定着した。このガイドラインでは，いわゆる災害時要援護者とは，必要な情報を迅速，かつ的確に把握し，災害から自らを守るため，安全な場所に避難するなどの災害時の一連の行動をとるのに支援を要する人々をいい，一般的に高齢者や障害者，外国人，乳幼児，妊婦などが挙げられている。

図表7-4　避難行動要支援者の名簿提供までの流れ

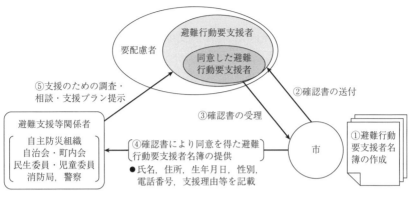

注：災害発生時には本人の同意を得ていない方も含めた避難行動要支援者の名簿を提供。
出典：神奈川県藤沢市避難行動要支援者避難支援プラン全体計画，2020年。

　また，災害対策基本法には高齢者や障害者，乳幼児，その他とくに配慮を要
する者として災害時要配慮者を定めている。かつては災害弱者と呼ばれていた
が，被災者にもできることがあるため，今日ではほとんど使われなくなった。
当事者にとって使われることにも抵抗があるため，2006年，内閣府における災
害時要援護者の避難対策に関する検討会において，災害弱者を災害時要援護者
と呼ぶようになった。このようにして災害時要援護者の用語は広く定着しては
いるが，法律上の定義づけはなく，ほぼ同じ意味で要配慮者の用語も使用され
ている。

2）避難行動要支援者への支援

　「災害時要援護者の避難支援ガイドライン」（2006年）が全面改定されたのが
避難行動要支援者の避難行動支援に関する取組指針（2013年）である。

　この指針では，平時から避難行動要支援者の名簿の作成などの必要性や発災
時などにおける避難行動要支援者名簿の活用についてまとめられている。これ
まで個人情報保護法により，入手が困難であった個人情報が名簿作成等に使え
るようになった。2013年の災害対策基本法の見直しによるものであるが，名簿
提供に基づく活動として，避難支援など関係者，とりわけ，民生委員・児童委
員などのコーディネーターに寄せる期待は大きい（図表7-4）。

ところで，近年，災害時要援護者のニーズを視覚的に把握するため，デジタル地図上にさまざまな情報を表示するGIS（地理情報システム）が用いられるようになった。Geographic Information Systemの略称でジー・アイ・エス（GIS）という。

　人の活動に際しては，場所情報を得たいという場面は数多ある。最近でも「感染症の発生者が多い地域はどこか？」といった問いに，GISは場所に関する問いへの答えを地図上にビジュアルに表現する。避難行動要支援者名簿の作成が各自治体に求められ，平時から要支援者（要援護者）の情報収集・管理や効果的な避難計画が策定できるよう，GISが多くの自治体で活用されている。

3）災害時要援護者支援におけるそれぞれの役割

　災害時要援護者の支援対策の中核は市町村が担っている。もっとも，実効性のある要援護者支援の鍵を握るのは市町村だけではない。要援護者自身，地域，福祉事業者，都道府県，国それぞれに役割があることも確認しておきたい[13]。

　① 要援護者自身の役割

　平常時においては，可能な範囲で災害から自らの命を守るための準備をすること，当事者団体や福祉関係者等との関係づくりなど，可能な範囲内で主体性を発揮する。発災時や発災後は自ら支援を受けられる所に連絡をとる。避難所等において必要な支援を求めるなど，主体性を持って行動する。

　② 地域の役割

　平常時においては，避難支援者として実効性のある避難支援が行えるよう，要援護者本人や関係者等とともに，地域のルールづくりや具体的な支援方法などを決めておく。発災時には事前の役割分担に基づき，自らの生命や身体の安全の確保を図りながら，要援護者の避難支援や情報提供，発災直後の安否確認を行う。発災後は避難所において，要援護者の支援や在宅生活を余儀なくされている要援護者の支援に当たる。

　③ 福祉事業者の役割

　平常時においては，防災訓練や防災に関する研修などへの参加，地域の要援護者の情報把握や福祉サービス事業の早期再開等を図るための準備に取り組む。

　発災時においては，事前の役割分担に基づき，自らの生命や身体の安全の確

保を図りながら要援護者の避難支援情報提供，発災直後の安否確認を行う。そして，発災後は避難所等の要援護者への福祉サービスの提供や必要に応じ，施設緊急入所等を行うなど避難所等で生活する要援護者の支援に当たる。また，在宅避難を余儀なくされている要援護者の居住環境等を踏まえた支援を行う。

④　都道府県の役割

都道府県においては大規模な災害により市町村機能が一時的に喪失，または著しく低下する可能性も考慮し，要援護者の安否確認を行うことができるよう，平常時から市町村とのバックアップ体制を築く(14)。実際に大規模な災害が発生した場合には災害対策基本法に定める応援スキームを活用し，被災市町村に対し，職員などの応援や物資等の支援を行う。さらに，災害救助法が適用された場合には迅速，かつ的確に要援護者対策も含めた応急救助を実施する。

⑤　国の役割

国においては，要援護者支援の基盤となる法制度などを整える。また，都道府県や市町村で実施されている好事例を調査し，紹介する。大規模な災害の発生時には必要な物資の調整や避難生活の長期化に対応できる幅広い専門職，マンパワーの確保を目的とした支援部隊等の派遣・調整を図る。

（2）BCP（事業継続計画）

BCP（Business Continuity Plan）は，文字どおり，ビー・シー・ピーと呼ばれている。日本語では事業継続計画のほかにも業務継続計画と訳される。2020年に感染拡大し，パンデミックとなった新型コロナウイルス感染症などの感染拡大や大地震，原発事故といった災害が発生すると通常通りに業務を行うことが困難になることがあるが，このような不測の事態が発生した場合でも重要な事業（業務）を中断させない，または中断しても可能な限り短期間で修復（回復）できるよう，あらかじめ検討して対策をまとめたものがBCPである（図表7-5）。

内閣府は2013年，業種・業態・規模を問わず，すべての企業・事業所を対象にした「事業継続ガイドライン――あらゆる危機的事象を乗り越えるための戦略と対応（改定）」を公表している。BCPは継続計画であることから，いざと

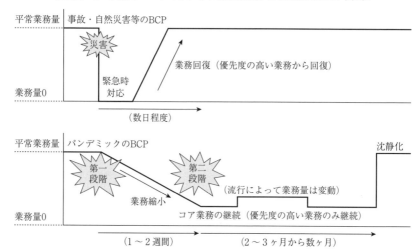

図表7-5 災害とパンデミック等の発生後業務の時間的経過に伴う変化

資料:「社会福祉施設・事業所における新型インフルエンザ等発生時の業務継続ガイダンス」インターリスク総研，2015年，10頁の図を一部改変。
出典:厚生労働省資料。

　いうときであっても止めてはならない／早期に復旧すべき事業（業務）を早期に復旧させ，必要なレベルで継続するため，事前に策定しておくことになる。
　具体的には，不測の事態（危機・災害など）の発生によりヒト・モノ・情報など（資源）が被害を受け，通常の活動が中断せざるを得ない場合，残っている力のみで優先すべき事業（業務）の継続を図り，許容されるサービス水準を維持するとともに，許容される期間内の復旧ができるよう，組織体制や事前対策，危機・災害発生時の対応方法など，拠りどころとなる事柄をまとめた計画である。
　一方，防災マニュアルとの関係でいえば，その違いは防災マニュアルが発災時の初動対応を定めることにより，人命を確保することにその役割があるのに対し，BCPは事業（業務）の継続・復旧過程を手順化することにより，確保できた人命を守り続けていくことにあるといえる。
　社会福祉事業を考えた場合，福祉施設における事業（業務）の停止は利用者の生命や身体に直接好ましくない影響を及ぼすことになる。また，危機・災害

発生時には勤務時間帯によって職員の確保が困難な場合もあるため，職員にかかる負荷が増加することも考えられる。[15]このため，福祉施設での事業（業務）の継続のためにはいかに人員を確保できるか，がキーポイントとなる。職員に対する事前調査を行い，無理のない実態に即した検討を行うことが求められる。

　以上のように，BCP は不測の事態発生時における事業への対応計画書であり，被災時における重要な業務の継続行動を起こすための計画文書でもある。もっとも，予測を超えた事態が発生した場合には策定した BCP における個々の対応には必ずしも固執せず，これらを踏まえながらも臨機応変に判断していくことも大切となる。このため，BCP が有効に機能するためにはそれを管理する者の資質が問われるだけでなく，適切なリーダーシップが求められる。

（3）福祉避難所運営

1）避難先の考え方

　「難」を「避」けると書いて避難である。もし自宅での安全が確保できるのであれば，当然，避難先となる避難所や避難できる場所（避難場所）に行く必要はまったくない。真に避難所・避難場所を必要としている者が適切に受け入れられることが肝要である。また，友人・知人，親戚宅も避難先になり得る。

2）避難所の種類と多様性

　避難所といっても多様な形態があり，一時的にホテルなどをそれとみなすことや車中泊などの避難を選択する場合もあろう。ここでは市町村指定（長野県松本市）のものをまとめる。

　①　指定緊急避難場所

　災害の危険が切迫した場合の一時的な緊急避難先として，災害の種別ごとに安全性等の基準を満たす施設や場所。

　②　指定避難所

　被災者などが一定期間滞在する施設として必要な施設規模や設備など生活環境の基準を満たす施設で，主に小・中・高校など。行政職員が配置され，避難生活が長期になる場合，食料や生活用品などの物資の配給がある。

③　広域避難場所（指定緊急避難場所）

火災の広がりなどで避難所にとどまることができない場合の避難広場で，面積が10ha以上の大きな公園など。

④　一時避難場所（指定緊急避難場所）

一時的な避難広場で様々な防災機能を備えた公園など。

⑤　津波避難所（指定避難所）・津波避難場所（指定緊急避難場所）

津波浸水想定区域外の施設で，高台にある学校など。

⑥　津波避難ビル（指定緊急避難場所）

津波浸水想定区域内にある3階以上の建物で，津波からの一時的な緊急避難場所。緊急時や逃げ遅れた場合，近くの津波避難ビルを利用。

⑦　浸水時緊急避難場所

浸水想定区域内にある建物で一時的な緊急避難場所。高齢者等避難開始・避難勧告・避難指示（緊急）が発令された場合にはまずは浸水想定区域の外の避難所に避難することが基本で，逃げ遅れた場合など緊急時に限り利用。

⑧　届出避難所

避難所への避難が困難か，避難所に行くまでに危険箇所があったりする地区で，自主防災組織が災害時，地域の集会所などを避難所として運営する場合，事前に届け出たものを市が認定。認定されると毛布や食料の配給あり。

⑨　福祉避難所（指定避難所）

高齢者や障害者，乳幼児，妊産婦などの要配慮者で避難所での生活において特別な配慮を必要とする者（家族を含む）が避難することができる施設を指定する。福祉避難所は，災害時に必要に応じて開設される二次的避難所で，最初から避難所として利用することはできないため，注意が必要である。このため，まず近くにある一般の避難所へ避難し，次に避難した人の身体などの状況から避難所での生活が困難と判断される場合，福祉避難所が開設され，必要性の高い人から優先的に移っていく（図表7-6）。

⑩　医療救護所

医療救護所は大地震などの災害が発生し，多数の傷病者が発生したとき，既存の保険医療機関以外で処置や治療ができるよう設置される。これには病院を

図表7-6　発災から避難までの流れのイメージ

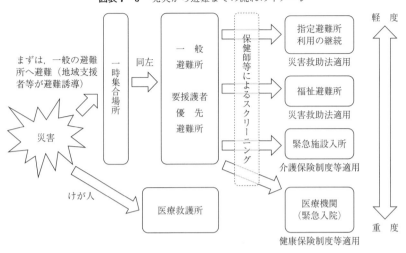

出典：松本市「福祉避難所開設・運営マニュアル」2018年。

サポートするために設置される病院前医療救護所，避難者数が多い学校などの避難所や近隣に設置される避難所医療救護所などがある。

3）福祉避難所の開設・運営

　内閣府は2016年，「福祉避難所の確保・運営ガイドライン」を打ち出し，要配慮者の避難時の生活環境改善を目指した対応に力を入れている。

　福祉避難所に指定されているのは社会福祉施設の一部で，要配慮者に配慮した一定の設備が整備される。高齢者や障害者などの要配慮者は，災害による一般の避難所での生活など住環境の変化への対応が困難なことがあるが，福祉避難所があることで，必要なときに必要な支援が適切に受けられる。もっとも，施設数やスペースなどの限りがあるため，一般の避難所で保健師等の健康調査などによる所見に基づき，福祉避難所への移送対象者が決定する。

　また，福祉避難所の開設には準備が必要で，発災後，3日目以降に開設することが基本となっている。このため，まずは命を守ることを優先し，地域の集合場所に参集した上，学校など一般避難所へ避難することになる。そして，開設期間は原則として災害発生日から7日以内であるが，状況などによって延長することがある。

ところで，トイレ，キッチン，ベッドのいわゆる<u>TKB</u>の整備が今後の避難所に必要との指摘もある。⁽¹⁶⁾TKBの整備は48時間以内，簡易ベッドは3日以内，避難所は単なる緊急ではなく，日常の場所ととらえることが肝要である。

　なお，<u>新型コロナウイルス感染症</u>についてであるが，感染経路が特定できない症例もあり，いつ，どこで急速に感染拡大するかはわからない。こうした状況においては<u>感染予防</u>が必要なため，避難所の<u>3密</u>（密閉・密集・密接）の回避やソーシャルディスタンス（社会的距離）の確保などによる<u>感染症対策</u>を徹底する等，<u>公衆衛生</u>に万全を期すことが重要である。

（4）災害ボランティア

　ボランティアとは個人の意思にもとづいた自発的な社会的活動のことで，時間労力や結果にはこだわらない活動である。ボランティアの性格条件としては，自発性，福祉性，無給性，継続性などが挙げられ，活動のメリットについては，自分はこれから何をすべきなのか，という先見性が養われることにあると考える。

　ボランティアという言葉がぐっと身近に感じられるようになったのは，「ボランティア元年」と呼ばれている<u>阪神・淡路大震災</u>（1995年1月17日）からという人も多いのではないか。当時，テレビジョンを通じての生々しい被災の状況は，1000年に一度といわれる<u>東日本大震災</u>（2011年3月11日）や<u>熊本地震</u>（2016年4月14日）などと同様，私たちの脳裏に今もなお焼きついている。いかに自然の持つ脅威を感じとったことか。そして，ボランティアの熱気や行動力にどれほど共鳴し，いかに感激したことか。<u>災害ボランティアセンター</u>の立ち上げや運営も今では当たり前のことになった。

　今，改めてその時の惨状に心動かされ，被災地支援に参加した人たちの活動を考えてみると，ボランティアの動機・原則は人権思想に支えられる価値理念，行動規範の論理のみでは説明し尽くすことはおそらく無理だと思われる。すなわち，生命と生活の危機にさらされた人たちの悲痛な叫びに対し，「人間として放っておけない，何かしたい」という心の衝動に動機づけられた<u>ボランタリズム</u>の思想を基盤とした活動の展開がそこにはあったのだ，ということを考え

たい。このため，災害ボランティアはボランタリズムの真骨頂を発揮したものとみなせよう。

　災害ボランティアが活躍して久しいが，現地へ出向かなくてもできることがあることに目を向けておきたい。募金だけではない。現地で生産された物の購入や観光によって足を運ぶこともすぐれた被災地支援である。

　いずれにしても，誰であってもリスクに遭遇しないという保証はない。生誕すれば，いつの日か，誰でも平等に死を迎える。このため，平常時の常態のなかで，共に人生の重荷を背負っていく意識，姿勢，態度を持ち続けることがきわめて重要となる。もっとも，私たちはどうしたらそれを持ち続けることができるのか。災害ボランティアの活躍から，うかがい知ることができよう。[17]

　必要なことは日々の暮らしにおいて，他者の心の傷みが共感できる学習活動を展開することではないだろうか。新型コロナウイルス感染症が世界中を席巻し，全世界的に危機意識を共有できた経験を持つ今日こそ，真の意味で，すべての人々が大切に扱われることが必要な時代を迎えている。

注

(1)　紀伊半島から東海地方を中心に全国で死者・行方不明者5,000人以上，負傷者は4万人近くに達し，経済的被害は全国規模に及んだ（安田孝志「過去の災害に学ぶ⑳　伊勢湾台風（その1）」『ぼうさい』47，内閣府（防災担当），2008年9月，30-31頁）。

(2)　公益的事業を営む法人のうち，電気，ガス，電話などの生活インフラを担う組織，高速道路や鉄道，空港など交通インフラを担う組織，赤十字社や医師会など医療に関係する組織，専門的知識提供を担う各種研究所，食料品や日用品の供給を担うコンビニエンスストア，スーパーなど。

(3)　市町村長に避難の指示，警戒区域の設定，応急公用負担等の権限が付与されている。市町村は防災対策の第一次的責務を負っている。

(4)　伝統的な互助との概念の整理が不明との異見もある（川村匡由『防災福祉のまちづくり』水曜社，2017年，153-163頁）。

(5)　この計画は，各地区の特性から想定される災害に応じ，計画の作成や防災活動の主体，防災活動を行う地域コミュニティの範囲，計画の内容等を自由に決められる。このことにより，さらにきめ細かく，かつ実効性のある防災計画が策定・推進ができるようになった。

⑹　社会福祉施設，学校，医療施設その他の主として防災上の配慮を要する者が利用する施設。

⑺　たとえば，岡山県倉敷市では2018年の「平成30年7月豪雨」（西日本豪雨）での期間合計（7/3〜7/8）の降水量は294.5mmであった。建物被害は全壊4,646棟，大規模半壊439棟，半壊382棟，一部損壊121棟，床上浸水26棟で，広い範囲で被害が発生した（2019年6月30日時点）。ちなみに，西日本豪雨は豪雨災害では平成最大の200人を超える死者・行方不明者が発生するなど，その後の内閣府「避難勧告等に関するガイドライン」（2019年）の改定に結びつき，自分の命は自らが守る意識と行動の確認といった避難対策の強化につながっている。

⑻　河川が氾濫した場合に浸水が想定される区域で，河川等管理者である国，または都道府県が指定する。

⑼　建築物に損壊が生じ，住民等の生命，または身体に著しい危害が生じるおそれがある区域であり，都道府県が指定する。

⑽　この改正により避難行動要支援者名簿を活用した実効性のある避難支援が可能となるよう，内閣府（防災担当）が2013年に「避難行動要支援者の避難行動支援に関する取組指針」を提示した。

⑾　その他の特に配慮を要する者については妊産婦，傷病者，内部障害者，難病患者等が想定される。

⑿　かつては次の条件に1つでも当てはまれば「災害弱者」であると説明されたことがある（『防災白書　平成3年版』123頁）。
　・自分の身に危険が差し迫ったとき，それを察知する能力がない，または困難な者。
　・自分の身に危険が差し迫ったとき，それを察知しても適切な行動をとることができない，または困難な者。
　・危険を知らせる情報を受け取ることができない，または困難な者。
　・危険を知らせる情報を受け取ることができても，それに対して適切な行動をとることができない，または困難な者。

⒀　内閣府「災害時要援護者の避難対策に関する検討会報告書」2013年3月，56-58頁を要約。

⒁　災害時要配慮者が避難所等において長期間の避難生活を余儀なくされ，必要な支援が行われない結果，生活機能の低下や要介護度の重度化などの二次被害が生じている場合もある。このため，可能な限りそのニーズを把握して対応し，生活機能の維持を支援していく体制の構築が課題となっている。このような観点から各都道府県が取り組むべき基本的な内容について，「災害時の福祉支援体制の整備に向けたガイドライン」が策定されている（厚生労働省社会・援護局長「災害時の福祉支援体制の整備について」〔平成30年　社援発0531第1号〕）。

⒂　平常時と異なり，災害時には特有の業務が追加される。これらは要配慮者の受入

れ（福祉避難所），ボランティアの受け入れ，倒壊物や瓦礫の除去，建物や設備の補修，帰宅困難者への対応，職員の心のケア，事業用ゴミや廃棄物の処理等々である。災害時にはゴミ収集もストップするため，ゴミの取扱いを定めておくことも肝要である。このように災害発生時には通常業務にプラスし，災害時特有の業務があることを念頭に置いておきたい。

⒃　榛沢和彦「被災者の避難所運営の進化と課題」『月刊ガバナンス』227，2020年 3 月号，20頁。

⒄　黒田裕子は阪神・淡路大震災後，病院看護師を辞職し，孤立していく被災者に寄り添い，災害ボランティアの礎を築いたといわれる。東日本大震災の被災地でも，若いボランティアを指導しながら見守り活動に取り組んだ。2014年に亡くなったが，黒田の遺志は神戸や気仙沼など各地の災害ボランティアに受け継がれている（NHK かんさい熱視線「そのひとりを大切に――黒田裕子と災害ボランティア」〔2019年 1 月18日放送〕）。

参考文献

上野谷加代子監修，日本社会福祉士養成校協会編著『災害ソーシャルワーク入門』中央法規出版，2013年。

大島隆代『地域生活支援の理論と方法を探る――東日本大震災の支援フィールドにおける実践分析から』中央法規出版，2017年。

三浦英之『南三陸日記』朝日新聞出版，2012年。

峯本佳世子『地震災害と高齢者福祉――阪神淡路と東日本大震災の経験から』久美出版，2015年。

山内三郷監修，ユニベール財団編著『思いやりを力に変えるために――阪神・淡路大震災で集まった「ボランティア一年生」のための講座』ブロンズ新社，2000年。

　新型コロナウイルス感染症の感染拡大が始まった2020年，報道されるニュースや
SNSには「＃医療関係者に感謝」のタグが目を引く。最前線では確かにそうなの
かもしれない。

　しかし，もっともっと目を向けてほしいところもある。例えば，社会福祉関係者
である。特に介護関係者も見えないところで踏ん張っていた。果敢に利用者一人ひ
とりの生命と生活を守っていたはずである。だが，彼らは世間に対して感謝してく
れとはいわないだろう。当然のことと認識している。畏敬の念を抱かずにはおられ
ない。

　ところで，ウイルスの感染拡大に伴い，圧倒的に供給不足となったのがマスクで
ある。このため，手作りを初めて経験した人も少なくないだろう。2020年4月7日
から同年5月25日までの期間に発令された緊急事態宣言だが，ゴールデンウイーク
の頃までに果たしてマスクを入手できた人はいかほどだったであろうか。

　ある社協のコミュニティソーシャルワーカーは，民生委員から「公園にいる子ど
もたちの中にマスクをしていない子どもが多い」という情報をもらうと，独自のマ
スク募集事業で集めたマスクの一部を民生委員と一緒に公園で配布を行うといった
アウトリーチを展開した。困っていても支援につながることができない「制度の
狭間」の問題を抱える人々に，支援が行き届くような取り組みは今も続いている。

| 第8章 | 地域福祉と包括的支援体制の課題と展望 |

学びのポイント

　本章では，これまで述べてきた「地域福祉と包括的支援体制」における課題と展望について，地域福祉におけるガバナンスや地域共生社会の構築，住宅および住環境対策の充実，利用者の権利擁護と従事者の待遇改善，集権国家から分権国家への転換の5つに分けてまとめ，そのあり方を考える。このため，「社会福祉の原理と政策」や「高齢者福祉」「障害者福祉」「児童・家庭福祉」「貧困者に対する支援」「保健医療と福祉」「ソーシャルワーク」などと関係づけて学びたい。

1　地域福祉ガバナンス

（1）ガバナンスの考え方

　前述したように，地域福祉と包括的支援体制を関係づけ，地域福祉を推進するためには地域福祉の意義や概念，理論，歴史，最近の動向，推進主体の形成，および福祉行財政システムや福祉計画の意義と種類，策定と運用，評価，さらにはその地域社会の変化や多様化・複雑化した地域における生活課題，地域共生社会の実現に向けた包括的支援体制の実現に向けた多機関協働，また，災害時における総合的，かつ包括的な支援体制に整備することが課題である。

　そこで，これらの課題を解決すべく展望すると，まず第一は真の地域福祉ガバナンスを発揮し，多様化・複雑化した課題と他機関協働の必要性や社会福祉法における包括的な支援体制づくり，市民参加と協働，住民自治，プラットホームの形成と運営に努めることが必要である。

　ガバナンスとは一般に国家と国民との政治・経済・社会の関係のあり方に対する考え方だが，地域福祉におけるそれは，国民のボトムアップによるソーシャルガバナンス，すなわち，国民協治である。

思うに，社会福祉は社会保障の下位概念とされ，ややもすると地域福祉はその社会福祉の一つとしてとらえられやすいが，まったくの誤解である。⁽¹⁾なぜなら，社会福祉は社会保障の上位概念としてとらえられるものであり，かつ地域福祉はその社会福祉を地域社会における社会福祉，すなわち，市民自治・主権にもとづく参加および公私協働により一般コミュニティから福祉コミュニティへと止揚し，福祉行財政システムや福祉計画の意義などの普及・啓発も包含した概念だからである。

　したがって，政府の介護保険法の改正に伴う地域共生社会の実現は実はソーシャルガバメントとしての国家統治によるもので，ソーシャルガバナンスとしての国民協治としての地域福祉ではない。なぜなら，地域共生社会の実現はあくまでも集権国家による「3割自治」のもと，東京一極集中の加速化，行財政改革の一環である社会保障構造改革および社会福祉基礎構造改革，「平成の大合併」によって自治体が疲弊，限界集落や限界自治体，限界団地が急増している問題に何ら対応する制度・政策ではないからである。

　そこへ，今般のコロナショックに伴い，地域福祉の推進上，保健・医療・福祉サービスの縮減やボランティア・市民活動への自粛など地域福祉の推進上，脆弱化が憂慮されているだけに，今後，いかに市民自治・主権にもとづく公私協働により官製でない真の地域福祉を推進し，福祉コミュニティを実体化していくかが問われている。

（2）多様化・複雑化した課題と多機関協働の必要性

　次に，このような地域福祉ガバナンスの視点に立った多様化，複雑化した課題と多機関協働の必要性だが，そのためには，前述したように，介護保険法および障害者総合支援法を中心とした地域包括ケアシステム，要介護・要支援高齢者および障害児者を対象とした共生型サービスの制度・政策にとどまらず，高齢者や障害児者，児童，母子・父子・寡婦世帯，妊産婦，貧困者・生活困窮者，ホームレス，外国人など地域に在住するすべての住民を包含した福祉コミュニティを構築することが必要である。

　具体的には，当該地域における国民・住民・市民の多様化，複雑化した課題，

　言い換えれば福祉ニーズを把握し，多機関協働，すなわち，保健所や保健（福祉）センター，救急センター，感染症専門医療機関，基幹病院，大学附属病院などの保険医療機関や保険調剤薬局，介護保険施設など各種福祉施設に従事する保健師や医師，歯科医，薬剤師，看護師，理学療法士，作業療法士，言語聴覚士，社会福祉士，精神保健福祉士，ホームヘルパー，介護支援専門員（ケアマネジャー）など多職種の連携による個別ケースの支援のための地域ケア会議やケアマネジメントによる自立支援，社会基盤の整備，地域での尊厳のあるその人らしい生活の継続のため，保健・医療・福祉の連携が必要である。市町村によっては保健師や看護師のほか，主任介護支援専門員，社会福祉士を複数増員し，4〜6人体制で当該地域の高齢者や母子・寡婦・父子の居宅介護や初期認知症への集中支援，介護予防，在宅療養，見守り・安否確認，権利擁護など地域包括ケアシステムの深化などに務めている。

　中でも重要なのはこれらの多様化・複雑化した福祉ニーズを把握し，調査・分析し，関係する多機関・多職種との協働のため，調整する地域包括支援センターだが，同センターは介護保険制度上，いずれの市町村においても保健師，または看護師のほか，主任介護支援専門員，社会福祉士の3人の配置を義務づけているため，財政的に厳しい市町村にあってはその増員も困難な上，多様化・複雑化した住民の福祉ニーズを把握し，充足すべく多機関との協働には至っていない。しかも，同センターは介護保険法が施行される2000年までは高齢者保健福祉推進十か年戦略（ゴールドプラン）によりすべての市町村に中学校通学区域を単位に整備された在宅介護支援センターを再編した介護老人福祉施設（特別養護老人ホーム）への委託型地域包括支援センターが大半のため，小学校通学区域を単位により地域に密着し，きめ細かい小地域福祉活動を推進する上で広域的になりやすく，市民の多様化・複雑化した課題，すなわち，福祉ニーズの充足のための多機関協働の必要性にとって困難なのが実態である。

　また，保健・医療・福祉の連携の担う保健所は1997年，旧保健所法の地域保健法への改正・改称に伴い，それまで全国の主な市および町村にあった848カ所あったものが2017年までに481カ所に統廃合され，保健（福祉）センターに縮減されたほか，感染症指定医療機関は2018年現在，全国で351カ所，1,758床

しかない。このため，今般の新型コロナウイルス感染症の感染防止に関し，発症の疑いがあって保健所に相談しようにも保健（福祉）センターで即，PSR（ポリメラーゼ連鎖反応）検査や抗原・抗体検査を受けられなかったり，最寄りの保健所で相談を受け，「陽性」と判定されても遠方の感染症指定医療機関や基幹病院，大学附属病院の救命救急センター，集中治療室への入院・治療・療養に至らず，かつ医師や看護師の不足のため，ホテルなどでの宿泊施設療養や自宅療養を強いられたり，ECMO（人工心肺装置）を装着されながら死亡したりして患者や医師，看護師などがクラスター（感染者集団）を招き，"医療崩壊"を招いている。中には院内感染をおそれ，新型コロナウイルス感染症の患者の対応に消極的なところもある。

そこで，期待されるのが市町村社協に常駐する社会福祉士などのコミュニティソーシャルワーカー（CSW）の存在である。もっとも，そのためには小地域福祉活動の推進の必要性を自覚することはもとより，その条件整備に欠かせないヒト・モノ・カネ，すなわち，人財の養成・確保や自治体，社協，地域包括支援センター，保健（福祉）センター，各種福祉施設，介護事業所などとの連携，地区社協の設置，CSWなどマンパワーの養成・確保に関わる人件費の調達がポイントとなる。

この点，都市部はヒト・モノ・カネに余裕があるものの，小学校通学区域を単位とする小地域福祉活動といっても住民が数万人から十数万人程度の上，肝心の市民もややもすれば無関心の傾向にあるため，コミュニティ力に欠けるきらいがある。また，高度経済成長期，郊外に建設された団地はその後の少子高齢化や戸建て住宅，あるいは生活が至便な都市部のタワーマンション（タワマン）に転居する人が多いため限界団地となり，一人暮らし高齢者世帯の孤独死や買物難民，介護事業所などへの通所難民が問題となっている。

一方，地方は都市部に比べ，旧来からの自助や互助などコミュニティ力が比較的残っているものの，少子高齢化や親子別居のため，過疎化が進んで空き家が急増，役場や公民館，コミュニティセンター（コミセン），社協，農協などは閉鎖され，限界集落や限界自治体が出現している。また人口も数千人程度のため，診療所，各種福祉施設，介護事業所はもとより，保健所や保健（福祉）セ

ンター，救命救急センター，感染症専門医療機関，基幹病院，大学附属病院などの保険医療機関や保険調剤薬局などもほとんどなく，かつ公共交通機関も赤字で廃止されているため，移動はマイカーや福祉・買い物バス，デマンド型（予約式）交通が頼りで，小地域福祉活動どころか，認知症高齢者による交通事故の急増をも招いている。

　いずれにしても，多様化・複雑化した課題と多機関協働は本来，政府の公的責任としての公助によりヒト・モノ・カネの手立てのもと，推進し，地域共生社会の実現および地域包括ケアシステムの深化を図るべきだが，その実態は社会保障構造改革および社会福祉基礎構造改革，すなわち，行財政改革によって措置制度から契約制度および地方への権限の移譲，民活導入，市民の自助と互助に依存したものである。このため，地域福祉の推進主体である市民はこの根本的な問題を解決すべく政府および自治体の公的責任としての公助を基本にしながらも，自助，互助によって多様化，複雑化した福祉ニーズを充足し，保健・医療・福祉などにおける多機関協働に努め，地域福祉を推進すべく，ソーシャルガバナンスとしての地域福祉の推進を図り，福祉コミュニティを構築すべきである。わけても社会福祉士などCSWは地域福祉の推進の前面に立ち，ソーシャルアクションを通じ，ヒト・モノ・カネに関わる要望を政府に訴えることも求められる。

（3）社会福祉法における包括的な支援体制づくり

　次に，社会福祉法における包括的な支援体制づくりだが，前述したように，政府は2000年，介護保険法の施行と併せ，社会福祉事業法を社会福祉法に改正・改称後，2017年，「地域共生社会の実現」を提起，翌年，介護・障害報酬の同時改定に併せ，介護保険と障害福祉サービスを共生型サービスとして位置づけ，地域を基盤とする包括的支援の強化，すなわち，地域包括ケアシステムの深化や地域包括支援センターに配置している生活支援コーディネーターによる生活支援，および生活困窮者自立支援法を含めた全世代型・全体対象型の包括的支援体制の必要性を提起し，すべての人を対象とした多様化・複雑化した課題の解決のため，多機関協働による地域づくりを提唱している。

具体的には，すべての団塊世代が75歳以上の後期高齢者となる2025年を見据え重度な要介護状態となっても住み慣れた地域で自分らしい暮らしを人生の最後まで続けることができるよう，住まい・医療・介護・予防・生活支援が一体的に提供される地域包括ケアシステムの深化，生活支援コーディネーターによる生活支援，および生活困窮者自立支援制度を普及したいとしている。もっとも，その対象は要介護・要支援高齢者や生活困窮者で，妊産婦や母子・父子・寡婦，貧困者，ホームレス，外国人までは対象とされておらず，名実とも地域福祉としての制度・政策に至っていない。この点について，政府は地域包括ケアシステムおよび生活困窮者自立支援制度は市町村や都道府県が地域の自主性や主体性に基づき，それぞれの地域の特性に応じた地域づくりが必要としており，要は自治体や市民次第と責任を転嫁している。

　思うに，地域福祉は前述した社会福祉法改正によって「地域福祉の推進」が明記されたが，そのねらいは長年，政府主導の施設福祉から在宅福祉，さらには市町村主導による地域福祉への転換，すなわち，市民の自助と互助による地域福祉へと転嫁する一方，少子高齢社会や人口減少が進み，1989年，消費税を導入し，その後，相次いで引き上げた。にもかかわらず，その財源とすべき社会保障給付費は抑制する半面，赤字国債の返済や対米従属による防衛費，新幹線や高速道路の延伸，地方空港の整備，果ては東京五輪の再度の招致など大地主・大企業の利益誘導による土建型公共事業を強行，全産業の雇用者に比べ，月額6〜7万円低い介護職員などの報酬の大幅な増額はせず，人手不足の解消を外国人技能実習生に担わせようとしている有様である。

　しかも，その外国人技能実習生は移民扱いとしないため，社会保険の適用とされず，また，折からのコロナショックのため，施設福祉も在宅福祉も「3密」によるクラスターをおそれ，"介護崩壊"をも招いている。それだけに，社会福祉法における包括的な支援体制づくりはますます困難な状況にあるため，今こそ市民自治・主権によるソーシャルガバナンスとして地域福祉の推進を図り，福祉コミュニティを構築すべき課題が改めてクローズアップされている。

　そこで，社会福祉士などCSWはこの根本的な問題の解決のため，市民の多様化・複雑化した福祉ニーズを把握し，保健・医療・福祉など多機関協働に努

め，地域福祉を推進するとともに，現状を打開すべくソーシャルアクションと併せ，市民自治・主権によるソーシャルガバナンスとしての地域福祉の推進を図り，福祉コミュニティを構築したい。

　なお，共助について，伝統的な住民同士の助け合いである互助と混乱した政府の概念をそのまま受け入れた傾向が見受けられるが，公助（扶助），自助，互助は江戸時代，米沢藩の財政を改革した上杉鷹山の「三助論」にもとづく概念であるため，共助が他地域の国民・市民が支援物資や寄附金の支給，災害ボランティア活動などと区別すべきだと思われる。

（4）住民参加と協働，住民自治

　地域福祉ガバナンスに欠かせないのは住民参加と協働・住民自治だが，これについては日本国憲法第92条に定めた地方自治の本旨に基づき同法が1946年に公布，制定された翌年，制定，施行された地方自治法に規定されている。

　具体的には，同法第10～13条の2で住民とその権利と義務や選挙権，条例の制定・改廃請求権，監査請求権，議会解散請求権，議員・長らの解職請求権および住民基本台帳について規定，その主体は当該市町村および所轄する都道府県の住民とされ，政府から独立した地方公共団体（自治体）が地方の事務を処理する団体自治，および事務処理の決定過程に住民が参加すべく住民自治からなる。このうち，団体自治は地方自治の分権的な面，住民自治は地方自治の民主主義的な面をそれぞれ示す理念と解するのが通説である。この説に基づくと，政府による自治体への権限を抑制するねらいもあるといえる。地方自治が「民主主義の学校」といわれるゆえんである。

　したがって，地域福祉の推進にあたっても住民参加が求められるため，住民参加は住民自治の本旨によって支えられていると解すべきである。そればかりか，日本国憲法の三大原則である国民主権，基本的人権の尊重，平和主義を踏まえれば，地域福祉は市民自治・主権にもとづく公私協働，すなわち，ソーシャルガバナンスとして地域福祉を推進し，誰でも住み慣れた地域で自分らしい暮らしを人生の最後まで続けることができるよう，住まい・医療・介護・予防・生活支援が一体的に提供される地域包括ケアシステムの深化，生活支援

コーディネーターによる生活支援，および生活困窮者自立支援制度の普及はもとより，安全・安心な福祉コミュニティを構築すべきであることがわかる。

そして，そのためには官製の地域福祉でない事業・活動が必要である。その意味で，市町村および国民・住民の有志からなる民間組織である市町村社協のアイデンティティが問われている。そこで，地域福祉の推進にあたっては，自治型地域福祉や地域生活課題への社会的対策，地域福祉政策の拡充のため，ボランティア・市民活動およびソーシャルアクションによる社会福祉の普遍化，言い換えれば自治・分権・共生が重要となる。⁽⁶⁾

（5）プラットホームの形成と運営

さて，ポイントとなるのが地域福祉の推進のためのヒト・モノ・カネのうち，モノ，すなわち，市民によるボランティア・市民活動の拠点となるプラットホーム（カフェ・サロンなど）の形成と運営である。

このプラットホームは一般的には公民館などが考えられるが，いずれも市町村教育委員会所管の社会教育施設であるため，地域福祉の推進上のプラットホームとしての活用が困難である。このため，自治体は地域福祉を所管する福祉部署と市町村教育委員会との"縦割り行政"の壁を取り外し，福祉教育とともに地域福祉推進の場として提供することが望まれるが，多くの市町村の場合，そこまでの判断と実行ができないのが現状である。

そこで，例えば小学校の空き教室や消防団・商工会の会議室，団地の集会所，空き店舗，各種福祉施設の多目的ホール，病院のロビー，喫茶店，アパートの空き室，空き家，古民家，自宅の一室や離れを活用したプラットホームの形成と運営が必要である。私事で恐縮だが，筆者は20年前，静岡県の実家，そして，14年前，都下の自宅の1階を地域に開放，前者は宅老所（カフェ），後者は地域サロンとして年金や医療，介護，地域福祉，防災，終活などをテーマにしたミニ講座などを主宰している。

また，その運営では有志によって運営団体を組織化，非会費制とし，日常生活の見守りや安否確認，自主講座，市町村の地域福祉計画および社協の地域福祉活動計画，地域防災計画の策定委員会への委員公募，傍聴を通じ，ボランテ

ィア・市民活動，さらには災害時を想定した防災・減災などにも関心を寄せて
活動を展開している。

2　地域共生社会の構築

（1）地域共生社会
　第2は，前述したように，政府は地域包括ケアによる地域共生社会の実現を
めざしており，これを受け，市町村も介護保険事業計画や障害（者）福祉計画，
児童健全育成計画，また，市町村社協は地域福祉活動計画の策定により施設福
祉から在宅福祉へ，さらに地域福祉の推進をしたい。もっとも，地域共生社会
の実現のねらいは，2020年度末現在，対GDP（国内総生産）比197％に相当す
る約1,125兆円に膨れ上がっている国および地方の長期債務残高のなか，2065
年の本格的な少子高齢社会および人口減少に伴い，自然増の社会保障給付費を
抑制，政府の公的責任としての公助を縮小し，自治体，とりわけ，市町村に移
行するとともに民活導入と併せ，市民の自助と互助に福祉サービスを委ねたい
思惑も働いている。このため，このような官製の地域福祉の推奨に注意しなが
ら，当該地域でのボランティア・市民活動によって地域福祉の推進に努めるべ
きである。

（2）地域力の強化，包括的支援体制
　とりわけ，ボランティア・市民活動による地域福祉の推進にあたっては当該
地域の地域力，すなわちコミュニティ力を強化し，包括的支援体制を確立すべ
く政府，さらには自治体の公的責任としての公助を基本としながらも当該地域
の市町村や市町村社協，市民，さらには民生委員・児童委員，老人クラブ，商
店会，生協，農協，漁協，森林組合，消防団，各種グループ，個人有志が協働
して共生型サービスおよび地域共生社会の実現に向けた取り組みを推進し，誰
もが住み慣れた地域で自分らしい暮らしを人生の最後まで続けることができる
包括的支援体制，すなわち，住まい・医療・介護・予防・生活支援が一体的に
提供される地域包括ケアシステムを構築すべきである。その際，重要なことは

市町村による3年ごとの介護保険事業計画の見直し，および地域福祉計画と市町村社協の地域福祉活動計画，さらには災害時を想定した地域防災計画の一体化，または連携を図ることである。

　また，中学校通学区域，あるいは人口1万人規模をエリアに整備されている地域包括支援センターとの連携もさることながら，より地域に密着した小学校通学区域を日常生活圏域としてとらえ，それぞれの小学校通学区域ごとに区社協を設置し，小地域福祉活動を推進するにあたっては市町村の基本構想である総合計画との連動が重要となる。なぜなら，総合計画は市町村の最上位の行政計画であり，事業・活動に必要なヒト・モノ・カネを手立てする中長期的な行政計画だからである。もとより，所轄の都道府県の指導や地域福祉支援計画，災害対策などの情報提供と共有が必要不可欠であることはいうまでもない。

3　住宅および住環境対策の強化

（1）住宅対策の強化

　第3は，住宅および住環境対策の強化である。なぜなら，住宅は長年住み慣れた地域で誰でもいつまでも自立し，安全・安心な生活に必要なものだからである。もっとも，訪日した外国人が一様に驚くのは「ウサギ小屋」と揶揄される日本の貧弱な住宅である。

　確かに，前述したように，都市部では老朽化した戸建て住宅が密集した木密の問題があるかと思えば，エレベーターが整備されていない低層マンションや大規模団地など限界団地がある。一方，地方では都市部の若者が移住したり，ウェブサイトで農作物の通信販売や就農，また，企業経営のノウハウを活用した農業生産法人化による農業経営に乗り出す農家や農業協同組合（農協），漁業協同組合（漁協）など新たな動きもみられるが，限界集落や限界自治体も増加している。

　いずれにしても，今後，在宅福祉を地域福祉の中心的なサービスとするためには住宅対策の強化，すなわち，住宅福祉[(7)]の視点も必要である。もっとも，肝心の住宅対策は近年，都市部を中心に高齢者や障害者に配慮した住宅の増改築

のため，住宅資金を低利融資したり，高齢者世話付き住宅（シルバーハウジング），民間のシルバーサービスとしてのサービス付き高齢者向け住宅（サ高住）や有料老人ホームの建設ラッシュがみられるが，住宅担当部署は国土交通省，地域福祉など福祉部署は厚生労働省と“縦割り行政”になったままで，かつ民活導入や持ち家制度という名の市民の自助に委ねられている。このことは自治体行政においてもしかりである。

　しかし，住宅は市民にとって生活の本拠であるため，このような“縦割り行政”を是正するとともに民活導入や持ち家制度を見直し，在宅福祉や居宅介護，在宅療養を可能とした制度・政策に改めるべきである。また，市町村社協など地域福祉の推進主体は，UR（独立行政法人都市再生機構）や自治体の住宅供給公社など住宅関係機関・団体との連携を通じ，総合福祉としての地域福祉への展開が望まれる。

（2）住環境対策の推進

　もう一つは住環境対策の推進である。なぜなら，住宅は単に住居としての構造や設備にすぐれ，かつ居住空間に恵まれ，安心・安全で快適であっても日照や通風，高湿度，騒音，大気汚染および公共交通機関など移動手段も整備されなくては人間の尊厳が守られないからである。また，アクセス権，すなわち，移動の自由も保障され，地域社会とのコミュニケーションの形成が行われてこそ，生活基盤となってはじめて生活の本拠となるからである。

　具体的には，住宅は生活の本拠との考えのもと，医療や福祉，建築などに関する知識を活用し，建築士など各専門職と連携を図り，都市計画も含めた周辺の住環境の整備，すなわち，福祉のまちづくりにも配慮する。そして，住宅福祉から居住福祉，(8)さらには住環境福祉へと推進し，住環境におけるバリアフリーからユニバーサルデザインへと志向することで，高齢者や障害児者，児童およびその保護者などにとって住み慣れた地域でいつまでも安心・安全で，かつ快適に住み続けることができるのである。

　しかも，住環境福祉は単に地域福祉や防犯・防火だけでなく，防災・減災などと密接に関連するほか，歩車分離による交通事故の防止など地域再生として

取り組むことが必要である。すなわち，点としての住宅から線としての住環境，さらには面としての福祉のまちづくりの実現を推進すべきである⁽⁹⁾。この点，1995年の阪神・淡路大震災で密集した老朽家屋が相次いで被災し，多数の犠牲者を出したことは日本の住宅政策に災害対策が十分考慮されていなかったことを露呈した惨事としてまだ記憶に新しい。

4　利用者の権利擁護と従事者の待遇改善

（1）利用者の権利擁護

　また，地域福祉を推進していく上で重要なことは福祉ニーズを有する利用者へのサービスの提供に関わる権利擁護（アドボカシー）である。

　この点，いずれの市町村の法律相談や社協の日常生活自立支援事業，司法書士，行政書士，弁護士など法律の専門職による成年後見制度が制度化されている。とりわけ，最近は終活がクローズアップされているが⁽¹⁰⁾，日本の場合，その普及・啓発は十分でなく，必要に迫られないと身近な問題として認識されていないのが実情である。それでも，近年，市町村社協を中心とした「終活講座」や「老いじたく」などをテーマにした市民講座が高齢者を中心に人気を集めている。

　そこで，今後，市町村や市町村社協はこのような行政相談や市民講座，法律の専門職による無料相談の普及・啓発に努め，福祉サービスや制度の活用，高齢者虐待，困難事例，消費者被害の防止など必要な支援も多職種・多機関の連携によって取り組みたい。ちなみに，日常生活自立支援事業は認知症高齢者や知的障害者，精神障害者などのうち，判断能力が不十分な者を対象に，当該地域で自立した生活を送ることができるよう，市町村社協がその利用者との契約にもとづき支援を行う事業で，かつての地域福祉権利擁護事業である。これに対し，成年後見制度は2000年の介護保険法の施行に併せ，高齢者や障害者の財産管理と身上監護（保護）のため，制度化されたものだが，福祉サービスは長年，租税を財源とし，かつ行政サービスとして提供されていたせいか，また，契約に対する権利意識が希薄なせいか，なお，関係者の理解は決して十分では

ない。

　このようななか，2000年に改正，施行された社会福祉法第82条で「社会福祉事業の経営者は，常に，その提供する福祉サービスについて，利用者等からの苦情の適切な解決に努めなければならない」旨の規定に関連し，各社会福祉事業者は苦情受付担当者と苦情解決責任者を設け，利用者からの苦情の受付やその内容，改善などに務めている。また，都道府県，あるいは都道府県社協は各種福祉サービス情報の公表に取り組んでいるほか，市町村によっては福祉公社や社会福祉事業団，国民・住民・市民の有志による民間オンブズパーソン団体が福祉サービスの利用者からの苦情受付や施設への立ち入り調査も行っており，これら関係団体との連携も必要である。

（2）従事者の待遇改善

　もう 1 つは，このような福祉サービスを提供する従事者（マンパワー）の待遇改善である。

　周知のように，介護老人福祉施設（特別養護老人ホーム）の介護職員の配置基準は1963年，老人福祉法が制定されて以来，この半世紀もの間，基本的には入所者 3 人に対し，職員は 1 人という割合にとどめたままである。また，施設の経営においても介護サービスの質の向上はもとより，採算面を重視した企業努力が従来にも増して求められているため，どこの施設もそのジレンマに陥っているのが実態である。このほか，異性の介護職員による入浴介助や排泄介助，あるいは必要な介助の放棄や入所者による虐待が一向に減っておらず，認知症高齢者などに対する身体の拘束も各地で見聞される有様である。

　そこで，各種福祉施設における職員の配置基準の緩和や都道府県による社会福祉従事者の広域的な職員の採用に伴う市町村への補充・派遣制度の確立はもとより，給与体系の整備およびフレックスタイム制の導入による勤務形態の多様化，時間短縮，週休 2 日制，業務の省力化，福祉職を希望する学生に対する奨学金の支給，大学入試・入社試験におけるボランティア活動歴の評価，当該地域の社協，民生委員・児童委員，老人クラブ，町内会，自治会などの社会資源と連携していくことが必要である。また，介護報酬の改定による報酬の引き

上げや育児・介護休業制度の普及・啓発，社会福祉施設内保育所の設置，介護ロボットなどIT（情報技術）やAI（人工知能）の導入による省力化，介護業務の効率化，介護保険サービス利用者の要介護度を軽減し，介護報酬の増額など雇用・労働環境の改善などに努めるべきである。

5　分権国家と国際地域福祉への地平

（1）社会福祉の普遍化

そして，最後は，分権国家と国際地域福祉への地平である。

具体的には，まずは社会福祉の普遍化である。すなわち，社会保障の下位概念とされる社会福祉を社会保障の上位概念とし，地域共生社会および福祉のまちづくり，言い換えれば市民福祉社会を構築すべく社会福祉の文化化，情報化，総合化，地域化，国際化の5つからなる新たな視座に立ち，社会福祉の普遍化に努めるべきである。

具体的には，文化化とは社会福祉に関わる様々な問題や課題の解決にあたり，公助としての政府および自治体を基本としながらも社協やNPO，各種福祉施設，介護事業所，保険医療機関などの社会資源と政府および自治体，社協などが協働していくべきである。また，2065年の本格的な少子高齢社会および人口減少においても社会保障・社会福祉の持続可能性はもとより，再生のためのグランドデザイン（将来像）を提起すべきである。

また，情報化とは官民一体によって社会保障・社会福祉に関わるさまざまな情報を発信，共有し，その利活用によって利用者の福祉ニーズを充足し，かつ充実することである。その際，利用者のプライバシーなど個人情報の保護や権利擁護，関係機関・団体のディスクロージャー（情報開示）やコンプライアンス（法令順守）などが求められることはいうまでもない。

総合化とは社会保障・社会福祉に関わる制度・政策および事業・活動の総合化を図ることである。すなわち，ノーマライゼーションの理念にもとづき各社会保険の給付や福祉サービスの充実のため，"縦割り行政"を"横割り行政"に是正すべきである。それはまた，日本国憲法で定めている国民の基本的人権

図表 8-1　21世紀の新たな視座

国家地域福祉から国際地域福祉へ

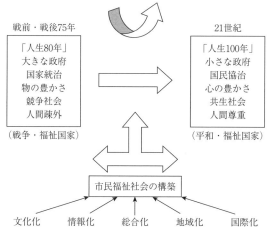

戦前・戦後75年

| 「人生80年」 |
| 大きな政府 |
| 国家統治 |
| 物の豊かさ |
| 競争社会 |
| 人間疎外 |

（戦争・福祉国家）

21世紀

| 「人生100年」 |
| 小さな政府 |
| 国民協治 |
| 心の豊かさ |
| 共生社会 |
| 人間尊重 |

（平和・福祉国家）

市民福祉社会の構築

文化化　情報化　総合化　地域化　国際化

出典：川村匡由『社会福祉普遍化への視座』ミネルヴァ書房，
　　　2004年，4頁を改変。

の享有，個人の尊重と幸福の追求権[11]および法の下の平等[12]に努めるものでもある。

　これに対し，地域化とは各種社会保険の給付や福祉サービスを提供していくため，それぞれの地域の特性を把握するとともに，市民自治・主権にもとづく公私協働によって地域福祉を推進していくことである。その意味では「大きな政府」から「小さな政府」への転換ともいえるが，この場合の「小さな政府」とは集権国家における福祉社会をめざすのではなく，分権国家に転換し，市民福祉社会を構築することを意味する。

　一方，国際化とは日本のみの社会保障，すなわち，国家社会保障を再生するだけでなく，新興国や途上国における社会保障の整備・拡充のため，国際貢献すべく国際社会保障，および国家社会福祉から国際社会福祉，さらには国家地域福祉から国際地域福祉への転換を推進することにより国際貢献することである（図表8-1）。[13]

（2）集権国家から分権国家への転換

次は集権国家から分権国家への転換である。

具体的には，社会保障の主務官庁である厚生労働省は本来，内閣で総合行政の視点に立って必要な施策を検討し，一層充実すべき施策や新規の施策の場合，必要な財源を計上，政府案としてとりまとめられた上，国会で審議して予算化すべきだが，実態はこれらの連絡・調整が不十分なまま毎年度，あらかじめ厚生労働省内に配分された予算の範囲内で省の予算案を作成，政府案として国会で審議し，可決・成立して実施している。このため，必要な施策も財源も省内で調整せざるを得ず，結果，少子高齢化に伴い，毎年約3,000億円と自然増の社会保障給付費を抑制する一方，消費税など租税や社会保険料，さらには利用料の引き上げの半面，利用要件の縮減のため，国民の負担は増えるばかりである。

そこで，総額約1兆円強ともいわれる東京五輪の再度の招致やリニア中央新幹線の開通，新幹線の延伸，高速道路，地方空港の建設など政官財の癒 着（ゆちゃく）による土建型公共事業の見直しなどによる大地主・大企業の利益誘導，および対米従属の経済政策から国民生活を最優先した社会保障・社会福祉の拡充，さらには東京一極集中の集権国家から分権国家へと転換すべきである。すなわち，社会保険は国レベル，福祉サービスは都道府県および市町村レベルに権限を移譲し，地方分権化を図り，国からのトップダウンによる集権国家を都道府県および市町村のボトムアップによる分権国家に転換すべきである。

（3）国家地域福祉から国際地域福祉への止揚

そして，最終的には国家地域福祉から国際地域福祉への止揚である。

具体的には，国内における地域福祉の推進にとどまらず，その概念や理論，推進主体の主体形成，さらには福祉行財政システムや福祉計画の意義などの普及・啓発のため，国家地域福祉から国際地域福祉へと止揚すべきである。すなわち，地域福祉の意義や概念，機能，体系，対象と財源，実施体制，学問的位置と専門職の養成との関係，国内外の発展，人口動態と雇用・労働環境との関係および各社会保険や社会福祉サービスなど具体的な内容を把握し，諸外国，

とりわけ，新興国や途上国における社会保障の整備・拡充のため，ILO（国際労働機構）のさまざまな条約や勧告による社会保障のグローバルスタンダード（国際・世界標準）に照らし併せ，その普遍化を図るべく，この点においても国際地域福祉へと止揚し，国際貢献すべきである。その意味で，日本など先進国は国内における地域福祉の推進にとどまらず，国際地域福祉としてアジアやアフリカ，南米，中東諸国など途上国に対し，地域福祉の概念や理論，推進主体の主体形成，福祉行財政システム，各種福祉計画の意義などの普及・啓発のため，国際貢献に努めたい。日本の関係団体による IFSW（国際ソーシャルワーク連盟）や IASSW（国際ソーシャルワーク学校連盟），「国境なき医師団」など NGO（非政府機関）を通じ，途上国における国際活動がそれである。

　その上で，近年，自国第一主義やポピュリズム，排外主義が台頭，国家間の分断や格差と貧困が拡大しつつあるほか，今般のコロナショックに伴い，グローバリズムが疲弊しつつある国際社会を人々の安全・安心，さらには持続可能な国際社会の発展のため，共生し，いまだに戦争や内紛，食糧，保健，医療，福祉，教育などが十分行き届いていない途上国や地域を問わず，国際社会を構成するすべての人々にとって恒久平和と人間尊重，すなわち，基本的人権の尊重に基づく世界平和を基本原理とし，誰でも国籍や居住地，人種，思想，信条などによって差別されず，幸福でいつまでも安全・安心な生活を営む権利を保障される平和・福祉国家を建設すべきである。それはまた，2015年に開催された国連サミットで定められた SDGs（持続可能な開発目標），すなわち，飢餓の撲滅やジェンダー平等の実現，働きがいと経済成長，人や国の不平等の除去，安全・安心に住み続けられるまちづくり，平和と公正，パートナーシップによる目標達成など計17の国際社会共通の目標達成のため，国際社会をあげて取り組むことも必要である。併せて今般のコロナウイルス感染症の感染源といわれる地球上のあらゆる野生生物など自然との共生，気候温暖化の防止など環境の保全にも努めたい。ポストコロナに向けた地域福祉の推進の意義もそこにある。

注
(1)　川村匡由『地域福祉とソーシャルガバナンス』中央法規出版，2007年。

(2)　川村匡由『地域福祉源流の真実と防災福祉コミュニティ』大学教育出版，2016年。

(3)　日本国憲法第92条「地方公共団体の組織及び運営に関する事項は，地方自治の本旨に基いて，法律でこれを定める」。

(4)　地方自治法第10条第1項「市町村の区域内に住所を有する者は，当該市町村及びこれを包括する都道府県の住民とする」，同条第2項「住民は，法律の定めるところにより，その属する普通地方公共団体の役務の提供をひとしく受ける権利を有し，その負担を分任する義務を負う」，第11条「日本国民たる普通地方公共団体の住民は，この法律の定めるところにより，その属する普通地方公共団体の選挙に参与する権利を有する」，第12条第1項「日本国民たる普通地方公共団体の住民は，この法律の定めるところにより，その属する普通地方公共団体の条例（地方税の賦課徴収並びに分担金，使用料及び手数料の徴収に関するものを除く。）の制定又は改廃を請求する権利を有する」，同条第2項「日本国民たる普通地方公共団体の住民は，この法律の定めるところにより，その属する普通地方公共団体の事務の監査を請求する権利を有する」，第13条第1項「日本国民たる普通地方公共団体の住民は，この法律の定めるところにより，その属する普通地方公共団体の議会の解散を請求する権利を有する」，第2項「日本国民たる普通地方公共団体の住民は，この法律の定めるところにより，その属する普通地方公共団体の議会の議員，長，副知事若しくは副市町村長，選挙管理委員若しくは監査委員又は公安委員会の委員の解職を請求する権利を有する」，第13条の2「市町村は，別に法律の定めるところにより，その住民につき，住民たる地位に関する正確な記録を常に整備しておかなければならない」。

(5)　長谷部恭男『憲法　第6版』新世社，2014年，447-448頁。

(6)　川村，前掲(1)，2-26頁。

(7)　一番ヶ瀬康子編著『これからの社会福祉』（現代の社会福祉Ⅱ）ミネルヴァ書房，1983年，155頁。

(8)　早川和男・岡本祥浩『居住福祉の論理』東京大学出版会，1993年，29頁。

(9)　川村匡由編著『住環境福祉論』ミネルヴァ書房，2011年。

(10)　川村匡由『老活・終活のウソ，ホント70』大学教育出版，2019年。

(11)　日本国憲法第13条「すべて国民は，個人として尊重される。生命，自由及び幸福追求に対する国民の権利については，公共の福祉に反しない限り，立法その他の国政の上で，最大の尊重を必要とする」。

(12)　日本国憲法第14条第1項「すべて国民は，法の下に平等であつて，人種，信条，性別，社会的身分又は門地により，政治的，経済的又は社会的関係において，差別されない」。

(13)　川村，前掲(1)，川村匡由編著『国際社会福祉論』ミネルヴァ書房，2004年。

参考文献

川村匡由・石田路子編著『地域福祉の理論と方法』久美出版，2010年。

川村匡由・島津淳・佐橋克彦編著『福祉行財政と福祉計画 第2版』久美出版，2011年。

川村匡由編著『地域福祉論』ミネルヴァ書房，2005年。

川村匡由編著『ボランティア論』ミネルヴァ書房，2006年。

川村匡由『地域福祉とソーシャルガバナンス』中央法規出版，2007年。

――― 分権国家は今 ―――

　分権国家といえばスウェーデンやデンマークなどの社会民主主義国家をイメージされるかも知れないが，資本主義国家でもアメリカやイギリスなどでも分権国家として知られている。なかでもスイスは国民の税金の3分の1は連邦政府だが，残りの3分の2は州政府と基礎自治体（市町村）に配分される。このため，国民生活に関わる社会保険や教育，保健・福祉などは州政府と基礎自治体の所轄とあって，山村の公共交通機関は赤字でも連邦政府の補助によって廃止されないほか，農家の戸別所得補償によって過疎化し，限界集落となることはない。また，市民は生まれ故郷で農林業や観光業で生計を立て，自治と連帯によって地域福祉を推進している。

　このようなスイスの取り組みは，スイスと同じ国土の約7割が山岳部の日本にとって，今後，地域福祉と包括的支援体制を構築していくうえで示唆に富むのではないだろうか。

あとがき

　「まえがき」でも述べたように，社会福祉士および精神保健福祉士の国家資格取得志望の学生向けの養成教育内容である現行の新カリキュラムは約10年ぶりに改定され，2021年4月以降，全国の福祉系の大学や短期大学，専門学校などの一般養成施設および短期養成施設はその資格取得を志望する学生に対し，この新々カリキュラムにもとづいた養成教育を実施，2024年度（2025年2月）以降，国家試験に合格し，ソーシャルワークのプロフェッショナルとして輩出するよう，努めることになった。

　その中で，『入門 地域福祉と包括的支援体制』は基本的には従来の「地域福祉の理論と方法」を踏襲しながらも，「福祉行財政システム」をはじめ「地域福祉計画の意義と種類，策定と運用」「地域社会の変化と多様化・複雑化した地域生活課題」「地域共生社会の実現に向けた包括的支援体制」および「地域共生社会の実現に向けた多機関協働」や「災害時における総合的かつ包括的な支援体制」「地域福祉と包括的体制の課題と展望」を加えている。

　ただし，2020年2月以降の新型コロナウイルス感染症の感染拡大への対応については新々カリキュラム改定当時，予想もできなかったため，地域福祉の視点よりこれへの対応については言及されていない。また，政治・経済のグローバル化にも触れていないため，本書ではこれらの点にも目を配り，今般の新々カリキュラムの内容を総括するとともに，全体を見通した課題と展望を述べた。

　最後に，共著者各位ならびに本書を刊行するにあたり企画から編集まで多大なご助言およびご苦労をおかけしたミネルヴァ書房編集部の音田潔氏に改めて深く感謝したい。

　2021年3月

武蔵野大学名誉教授

川村匡由

索　引

著者紹介（所属，分担，執筆順，＊は編者）

＊川村匡由（かわむらまさよし）（編著者紹介参照：第1章1・2，第8章）

小野篤司（おのあつし）（宇都宮短期大学人間福祉学科准教授：第1章3・5）

岡部由紀夫（おかべゆきお）（西九州大学健康福祉学部准教授：第1章4）

豊田宗裕（とよだむねひろ）（聖徳大学心理・福祉学部教授：第2章1〜4）

松永尚樹（まつながなおき）（群馬医療福祉大学社会福祉学部准教授：第2章5・6）

倉持香苗（くらもちかなえ）（日本社会事業大学社会福祉学部准教授：第3章）

梶原浩介（かじわらこうすけ）（西南女学院大学保健福祉学部専任講師：第4章）

山村靖彦（やまむらやすひこ）（久留米大学文学部教授：第5章）

石田路子（いしだみちこ）（名古屋学芸大学看護学部教授：第6章）

谷川和昭（たにがわかずあき）（関西福祉大学社会福祉学部教授：第7章）

編著者紹介

川村匡由（かわむら・まさよし）

1969年，立命館大学文学部卒業。
1999年，早稲田大学大学院人間科学研究科博士学位取得。博士（人間科学）。
現　在　武蔵野大学名誉教授（社会保障・地域福祉・防災福祉），行政書士有資格，シニア
　　　社会学会理事，世田谷区社会福祉事業団理事，福祉デザイン研究所所長，地域サロ
　　　ン「ぷらっと」主宰。
主　著　『社会福祉概論』（共著，2007年），『社会保障論』（編著，2005年），『地域福祉論』
　　　（編著，2005年）以上，ミネルヴァ書房，『改訂 社会保障』（編著，2020年）建帛社，
　　　『現代社会と福祉』（監修，2018年）電気書院，『地域福祉の理論と方法』（共編著，
　　　2009年）久美出版，『地域福祉とソーシャルガバナンス』（2007年），『三訂　福祉系
　　　学生のためのレポート＆卒論の書き方』（2018年）以上，中央法規出版，『地域福祉
　　　源流の真実と防災福祉コミュニティ』（2016年）大学教育出版，『防災福祉先進国・
　　　スイス』（2020年）旬報社ほか。

＊川村匡由のホームページ（http://kawamura0515.sakura.ne.jp）

入門 地域福祉と包括的支援体制

2021年5月30日　初版第1刷発行　　　　〈検印省略〉
2024年2月20日　初版第2刷発行

定価はカバーに
表示しています

編 著 者　　川　村　匡　由
発 行 者　　杉　田　啓　三
印 刷 者　　中　村　勝　弘

発 行 所　株式会社　ミネルヴァ書房
607-8494　京都市山科区日ノ岡堤谷町1
電話代表　(075)581-5191
振替口座　01020-0-8076

© 川村匡由ほか，2021　　中村印刷・吉田三誠堂製本

ISBN978-4-623-09124-9

Printed in Japan

入門 社会保障

川村匡由 編著

Ａ５判／250頁／本体2600円

福祉政策とソーシャルワークをつなぐ

椋野美智子 編著

四六判／264頁／本体2800円

福祉の哲学とは何か

広井良典 編著

四六判／332頁／本体3000円

社会を変えるソーシャルワーク

東洋大学福祉社会開発研究センター 編

Ａ５判／242頁／本体2600円

主体性を引き出す OJT が福祉現場を変える

津田耕一 著

Ａ５判／232頁／本体2500円

福祉専門職のための統合的・多面的アセスメント

渡部律子 著

Ａ５判／272頁／本体2800円

ミネルヴァ書房

https://www.minervashobo.co.jp/